冷链物流研究丛书

粤港澳大湾区冷链物流发展研究

丁　艳　耿如花　左连村　主编

中国财经出版传媒集团
中国财政经济出版社

图书在版编目（CIP）数据

粤港澳大湾区冷链物流发展研究/丁艳，耿如花，左连村主编．--北京：中国财政经济出版社，2021.5

（冷链物流研究丛书）

ISBN 978-7-5223-0476-2

Ⅰ.①粤…　Ⅱ.①丁…　②耿…　③左…　Ⅲ.①冷冻食品-物流管理-研究-广东、香港、澳门　Ⅳ.①F252.8

中国版本图书馆CIP数据核字（2021）第057597号

责任编辑：闫　娟　　　　责任校对：徐艳丽

封面设计：陈宇琰

粤港澳大湾区冷链物流发展研究

YUEGANGAO DAWANQU LENGLIAN WULIU FAZHAN YANJIU

中国财政经济出版社 出版

URL：http：//www.cfeph.cn

E-mail：cfeph@cfeph.cn

社址：北京市海淀区阜成路甲28号　邮政编码：100142

营销中心电话：010-88191522

天猫网店：中国财政经济出版社旗舰店

网址：https：//zgczjjcbs.tmall.com

北京财经印刷厂印刷　各地新华书店经销

成品尺寸：170mm×240mm　16开　16.25印张　273 000字

2021年11月第1版　2021年11月北京第1次印刷

定价：68.00元

ISBN 978-7-5223-0476-2

（图书出现印装问题，本社负责调换，电话：010-88190548）

本社质量投诉电话：010-88190744

打击盗版举报热线：010-88191661　QQ：2242791300

冷链物流研究丛书

编委会

总　序

冷链物流是指冷藏冷冻类物品在生产、贮藏运输、销售，直到最终消费前的各个环节始终处于低温环境，以保证产品质量，减少物品损耗的低温物流过程。冷链物流适用于蔬菜、水果、肉、禽、蛋、水产品、加工食品、速冻食品、花卉产品、巧克力、冰淇淋和奶制品以及快餐原料、包装熟食、药品（疫苗、血液）、特殊商品等领域，是具有复杂性、协调性及高成本性特征，并以冷冻工艺为基础、以制冷技术为手段的复杂的物流系统工程。

冷链物流是物流业的重要组成部分，冷链物流的发展不仅对国民经济的发展具有重要意义，而且对建立人们的优质生活具有直接的促进作用。第一，冷链物流业的发展壮大，为国内外的生鲜产品、加工食品、医药产品等提供全程冷链物流，从而确保这些产品的高质量和多品种的供给，有助于提升居民的生活质量。第二，冷链物流的发展可以促进冷链物流标准化建设，形成食品检验检疫标准、食品质量安全标准以及冷链物流标准的统一，打造全程温控冷链物流服务体系，实现全程可追溯，从而有效避免生鲜产品和药品等在运输过程中衍生的食品安全事件。第三，冷链物流的发展有利于促进冷冻工艺技术的提高和冷链物流操作效率，从而降低冷链产品损耗，有利于减少企业运营成本，增加企业收益。以农业为例，农产品冷链物流的发展，可以减少农产品产后损失，并可以带动农产品跨季节均衡销售，促进农民稳定增收。第四，冷链物流业的发展壮大，使更多企业进入冷链物流行业提供冷链运输、冷链配送、冷藏、冷链物流信息共享等服务，以及由此带来的冷链物流企业的专业化和规模化发展，将直接提供更多的就业岗位，有助于推动经济、社会、文化等各领域的融合发展，对整个社会经济秩序的稳定都将起到很好的作用。第五，冷链物流产业的发展壮大，有利于促进国际贸易的发展。特别是在开放的环境下，电商迅速发展的大环境必然促进冷链物流的国际化发展，对人们优质生活的建立将会产生明显的促进作用。

冷链物流发展的快慢与一个国家经济发展水平有着直接的关系。从世界范围来看，一般表现为发达国家的冷链物流发展水平较高，而发展中国家的冷链物流发展比较缓慢。改革开放以来，中国经济快速发展，居民收入水平得到稳步提高，高质量的生活成为人们的普遍追求目标。对于食品、医药等消费品的高质量需求逐步成为标准生活方式。同时，在互联网消费、配送方式升级支持下生鲜电商迅速成长。这些因素都在推动冷链物流及冷库需求持续走高。目前，我国的冷链物流发展迅速，冷链物流规模持续扩张，已进入高速发展时期。但冷链物流运营成本较高，在冷链物流基础设施设备、冷链物流管理体系、冷链物流技术水平、冷链物流标准化建设以及冷链物流人才支持等许多方面与发达国家相比还有一定差距。未来我国冷链物流系统将加速完善，冷链流通率及运输率将逐步提升，冷链配送服务及装备产业将迎来快速扩容机遇。数据显示，我国的冷藏冷冻食品的总量以每年 10% 的比例增长，冷藏冷冻食品的销售量占到食品销售总量的 10% 左右。初级农产品、速冻食品、包装熟食、奶制品的产量和流通量逐年增加，相关的冷链物流运作越来越受到关注。随着生活水平日益改善，人们的食品安全意识，食品质量理念进一步提高，全社会对生鲜食品的安全和品质提出了更高的要求。人们开始更多地关注产品的整体市场表现力，从而开始关心与产品生产、流通、销售有关的活动。

伴随着中国冷链物流业的快速发展，相应的冷链物流理论、政策、管理和技术等领域的不断探索显得十分必要。本套“冷链物流研究丛书”就是基于这样的背景策划和出版的。本套丛书尽力站在学科发展的前沿，结合我国冷链物流发展的实际，初步探讨了冷链物流的相关问题。对发达国家冷链物流发展的透视和总结，可以为国内冷链物流发展提供借鉴。区块链背景下的冷链物流和智慧冷链物流的讨论则是基于冷链物流技术的最新发展而展开的探索。粤港澳大湾区冷链物流的发展，则是基于这一国家战略所提出的建立粤港澳大湾区优质生活圈的目标定位而进行的思考，也有我国冷链物流案例分析的含义。针对我国冷链物流人才缺乏的现状，本丛书专门论述了冷链物流人才培养问题。当然，冷链物流业的发展涉及的内容十分广泛，我们的研究是很初步的，我们将在祖国腾飞的进程中，在冷链物流快速发展的进程中，不断深化我们的研究。

本套“冷链物流研究丛书”是广东省省级特色重点学科建设项目的研究成果，由广州工商学院物流系教师集体完成，经过一年多的努力，现在终于与读者见面了。我们期望这套丛书有助于人们深化对冷链物流的认识，并期望在习近平新时代中国特色社会主义思想的指引下，对我国冷链物流的理论研究、政策实施、技术进步和管理水平的提高产生积极影响。特别是希望在推动粤港澳大湾区建设中，从理论和实践两个方面对粤港澳大湾区建设优质生活圈作出积极贡献。

左连村

2019 年 12 月

前　言

2017 年 7 月 1 日，国家发改委会同粤、港、澳三地政府在香港签署《深化粤港澳合作　推进大湾区建设框架协议》，粤港澳大湾区建设正式开始。2019 年 2 月 18 日，中共中央、国务院印发了《粤港澳大湾区发展规划纲要》，明确指出坚持以人民为中心的发展思想，提升居民生活质量，到 2035 年，将粤港澳大湾区建成宜居宜业宜游优质生活圈的国际一流湾区。研究粤港澳大湾区冷链物流发展，是保证食品安全，实现粤港澳大湾区优质生活圈的必要条件之一。

然而，国内冷链物流在 20 世纪 50 年代才开始萌芽，研究才刚刚起步，2004 年 6 月，美国农业部冷链改善项目组曾对中国华南冷链物流现状进行了调查，专家认为中国基本上没有建立起真正意义上的冷链体系。另外，粤港澳大湾区各市存在地区与制度差异，建立完善的冷链物流体系需要对粤港澳三地协同发展机制进行深入探讨，然而，国内对冷链物流的区域协同发展理论和实践成果的文献研究尚处于起步阶段，所以，粤港澳大湾区冷链物流发展如何突破机制体制障碍，借助国家关于冷链物流发展政策红利，在大湾区经济快速发展引领下，发挥示范效应，促进区域冷链物流产业一体化发展，实现湾区冷链产业整体优化升级，成功构建服务业领域“一国两制”下区域协同发展的世界样本是亟须研究的重要热点问题。

本书基于粤港澳大湾区冷链物流发展实际，通过冷链物流体制协同创新发展，研究粤港澳大湾区冷链物流一体化建设，实现冷链物流快速无缝对接；构建粤港澳大湾区冷链物流标准化体系，引导湾区冷链行业健康有序发展，强推湾区三地冷链产业衔接与整体优化升级，促进冷链企业降本增效，保障食品安全；构建极点带动、轴带支撑的冷链空间格局，完善城市群和城镇冷链物流发展体系，借鉴世界湾区冷链物流发展经验，大力发展冷链物流信息技术，利用“互联网+”、云平台、智慧冷链物流技术构建粤港澳大湾区基于电商、连锁超市等的现代化冷链物流体系，实现湾区冷链物流产业升级；做好湾区绿色冷链物流发展规划与布局，实现湾区冷链物流发展的可持续性，助力湾区打造宜居宜业宜游的世界级一流湾区。以上研究对加快大湾区冷链物流产业升级，满足居民消费升级需要，保障食品消费安全，提升居民生活质量，助力湾区优质生活圈全面建成具有重要意义。

本书是广东省省级特色重点学科物流管理学科建设项目研究成果，也是广东省教育厅青年创新人才类项目（人文社科类）（2018WQNCX221）的研究成果。全书内容共十一章，广州工商学院丁艳负责第一章和第三章的第二节至第六节的撰写，耿如花负责第二章、第三章的第一节和第六章的撰写，鲁罗兰负责第五章和第九章的撰写，王国庆负责第四章和第七章的第二节、第三节的撰写，尹红媛负责第八章和第十一章的撰写，李文豪负责第七章的第一节和第十章的撰写。丁艳、耿如花、左连村确定写作大纲，并负责统改定稿。

粤港澳大湾区作为国家战略，发展非常迅速。粤港澳大湾区冷链物流发展研究面临的新问题和新机遇也不断显现，我们的研究仅仅是初步的。加之编者的水平所限，本书的不足之处在所难免，欢迎读者和学术界的朋友们批评指正。

作　者

2021年1月

目 录

第一章 粤港澳大湾区冷链物流发展环境和基础

第一节　发展环境

一、政策环境

近年来，国家对冷链物流产业给予了高度关注，相继出台了相关政策文件，加快部署冷链物流工作，要求推进以鲜活农产品、食品为主的冷链物流发展，完善健全冷链物流体系，尤其是农产品全程冷链流通系统，为冷链物流健康快速发展提供了良好的政策指引。为支持冷链物流发展，从2014年至2019年5月国家共出台冷链物流发展相关政策42项（见表1－1），其中第24项《深化粤港澳合作　推进大湾区建设框架协议》和第41项《粤港澳大湾区发展规划纲要》从国家高度直接明确了粤港澳大湾区冷链物流发展政策。广东省也提出了一系列冷链物流发展规划与相关政策（见表1－2）。

表1－1　国家冷链物流发展相关政策

序号	发布时间	主要政策	与冷链物流行业有关的主要内容	发布部门
1	2014年1月19日	关于全面深化农村改革　加快推进农业现代化的若干意见	加快发展主产区大宗农产品现代化仓储物流设施，完善鲜活农产品冷链物流体系。	国务院

续表

序号	发布时间	主要政策	与冷链物流行业有关的主要内容	发布部门
2	2014 年 8 月 6 日	国务院关于加快发展生产性服务业 促进产业结构调整升级的指导意见	明确继续推进制造业与物流业联动发展示范工作和快递服务制造业工作，加强仓储、冷链物流服务。	国务院
3	2014 年 11 月 16 日	国务院办公厅关于促进内贸流通健康发展的若干意见	提出我国应支持农产品预冷、加工、储存、运输、配送等设施建设，形成若干重要农产品冷链物流集散中心，提高物流专业化水平，支持电子商务与物流快递协同发展，大力发展冷链物流。	国务院办公厅
4	2014 年 12 月 26 日	关于进一步促进冷链运输物流企业健康发展的指导意见	1. 在资本运作方面，明确提出政府将鼓励冷链运输物流企业通过参股控股、兼并重组、协作联盟等方式做大做强； 2. 在食品和药品质量安全控制方面，明确提出要加强冷链食品、药品在生产流通各环节的温度监控和追溯体系建设； 3. 在食品冷链的操作标准上，要求食品冷链配送操作规范、食品冷链温度控制等冷链基础、冷链管理、冷链设备、冷链技术等层面的标准； 4. 在配送终端方面，还要求我国鼓励建设集配送、零售和便民服务等多功能于一体的冷链物流配送终端。	国家发展改革委员会、财政部、商务部、税务总局、交通运输部、公安部、食品药品监管总局、人民银行、证监会、国家标准委员会
5	2015 年 2 月 1 日	关于加大改革创新力度加快农业现代化建设的若干意见	要求加强农产品产地市场建设，加快构建跨区域冷链物流体系，继续开展公益性农产品批发市场建设试点。	中共中央、国务院
6	2015 年 5 月 7 日	国务院关于大力发展电子商务加快培育经济新动力的意见	加强鲜活农产品标准体系、动植物检疫体系、安全追溯体系、质量保障与安全监管体系建设，大力发展农产品冷链基础设施。	国务院
7	2015 年 7 月 4 日	关于积极推进“互联网 +”行动的指导意见	鼓励发展社区自提柜、冷链储藏柜、代收服务点等新型社区化配送模式，结合构建物流信息互联网络，加快推进县到村的物流配送网络和村级配送网点建设，解决物流配送“最后一公里”问题。	国务院

续表

序号	发布时间	主要政策	与冷链物流行业有关的主要内容	发布部门
8	2016年5月11日	国务院办公厅关于印发《2016年食品安全重点工作安排》的通知	健全食用农产品和食品冷链物流建设和运行标准，提高冷链物流水平。	国务院办公厅
9	2016年5月30日	国务院办公厅关于开展消费品工业“三品”专项行动营造良好市场环境的若干意见	支持有条件的婴幼儿配方乳粉等消费品企业在国内外建设优质原料生产基地及配套设施，加强鲜活农产品冷链物流设施建设，从原料源头保障消费品质量。	国务院办公厅
10	2016年6月21日	国务院办公厅关于转发《国家发展改革委营造良好市场环境推动交通物流融合发展实施方案》的通知	规划建设危险品、冷链等专业化物流设施设备，建立和完善危险品物流全过程监管体系和应急救援系统，完善冷链运输服务规范，实现全程不断链。	国务院办公厅
11	2016年8月8日	国务院关于印发《“十三五”国家科技创新规划》的通知	力争到2020年，在营养优化、物性修饰、智能加工、低碳制造、冷链物流、全程控制等技术领域实现重大突破，形成较为完备的现代食品制造技术体系，支撑我国现代食品制造业转型升级和持续发展。	国务院
12	2016年9月26日	国务院办公厅关于转发《国家发展改革委物流业降本增效专项行动方案（2016—2018年）》的通知	1. 加快对农产品冷链物流设施和农产品批发市场建设的支持力度。 2. 中央和地方资金要通过现有渠道积极支持符合条件的多式联运转运设施、城乡配送网络、农产品冷链物流、物流标准化和信息化等物流项目建设。	国务院办公厅
13	2016年10月20日	国务院关于印发《全国农业现代化规划（2016—2020年）》的通知	1. 实施农产品产区预冷工程，建设农产品产地运输通道、冷链物流配送中心和配送站。 2. 加快发展农产品电子商务，完善服务体系，引导新型经营主体对接各类电子商务平台，健全标准体系和冷链物流体系。	国务院
14	2016年11月28日	关于进一步扩大旅游文化体育健康养老教育培训等领域消费的意见	加强冷链物流基础设施网络建设，完善冷链物流标准和操作规范体系，鼓励企业创新经营模式，加快先进技术研发应用，扩大冷链物流覆盖范围、提高服务水平。	国务院办公厅

续表

序号	发布时间	主要政策	与冷链物流行业有关的主要内容	发布部门
15	2016年12月2日	国务院关于印发《“十三五”脱贫攻坚规划》的通知	推动农产品批发市场、产地集配中心等流通基础设施以及鲜活农产品冷链物流设施建设，促进跨区域农产品产销衔接。	国务院
16	2016年12月24日	电子商务“十三五”发展规划	1. 创新仓储、运输及配送模式，加强智能冷链物流体系建设，大幅提高配送效率； 2. 加大城乡之间仓储配送、冷链物流等和农林地区物流服务站基础设施投入力度； 3. 鼓励骨干快递企业拓展服务领域，健全仓储、冷链、运输、供应链管理等能力。	商务部、中央网信办、发展改革委
17	2017年1月9日	国务院关于印发《“十三五”深化医药卫生体制改革规划》的通知	深化药品流通体制改革。鼓励绿色医药物流发展，发展第三方物流和冷链物流。	国务院
18	2017年1月10日	国务院关于印发《“十三五”卫生与健康规划》的通知	探索建立预防接种异常反应补偿保险机制。改革完善第二类疫苗集中采购机制，加强疫苗冷链管理，推进疫苗全程追溯体系建设，严禁销售非法疫苗。	国务院
19	2017年1月12日	国家发展改革委、工业和信息化部关于促进食品工业健康发展的指导意见	1. 健全食品冷链物流建设和运行标准，提高冷链物流效率和水平； 2. 推动产业科技发展。重点围绕食品加工制造、机械装备、质量安全、冷链物流、营养健康等主要领域。	国家发展改革委、工业和信息化部
20	2017年1月15日	国务院办公厅关于进一步加强疫苗流通和预防接种管理工作的意见	加强疫苗冷链配送管理。指导建立健全疫苗冷链配送管理体系。加强冷链储运过程的规范化管理。疫苗生产企业可采取“干线运输+区域仓储+区域配送”的分段接力方式配送疫苗，干线运输可委托专业冷链运输企业，区域仓储和区域配送可委托具备冷链储运条件的配送企业。	国务院办公厅
21	2017年1月20日	国务院办公厅关于创新管理优化服务培育壮大经济发展新动能加快新旧动能接续转换的意见	利用新技术推进服务业转型升级。加快建设跨行业、跨区域的物流信息服务平台，提升仓储智能化水平和冷链物流服务水平，发展物流新模式，推动降本增效和创新发展。	国务院办公厅

续表

序号	发布时间	主要政策	与冷链物流行业有关的主要内容	发布部门
22	2017年2月21日	国务院关于印发《“十三五”国家食品安全规划和“十三五”国家药品安全规划》的通知	1. 重点支持研发冷链装备关键技术、过程控制技术、检验检测技术等； 2. 全面落实企业主体责任。加强冷链物流基础设施建设，提升冷链物流管理标准和管理水平。	国务院
23	2017年4月21日	国务院办公厅关于加快发展冷链物流保障食品安全促进消费升级的意见	健全冷链物流标准和服务规范体系、完善冷链物流基础设施网络、鼓励冷链物流企业经营创新、提升冷链物流信息化水平、加快冷链物流技术装备创新和应用、加快行业监管力度、创新管理体制机制、完善政策支持体系，并明确要求各地区、各有关部门加强对冷链物流行业的指导、管理和服务； 到2020年，初步形成布局合理、覆盖广泛、衔接顺畅的冷链基础设施网络，基本建立“全程温控、标准健全、绿色安全、应用广泛”的冷链物流服务体系。	国务院办公厅
24	2017年7月1日	深化粤港澳合作推进大湾区建设框架协议	明确推进基础设施互联互通、构建协同发展现代产业体系、共建宜居宜业宜游的优质生活圈为合作重点领域。冷链物流产业作为现代产业体系之一，必将得益于粤港澳三地在基础设施方面和实现优质生活圈的建设工作。	国家发改委会同粤、港、澳三地政府
25	2017年8月24日	交通运输部关于加快冷链物流保障食品安全促进消费升级的实施意见	充分发挥交通运输在冷链物流发展中的基础性作用，着力提升设施设备技术水平、健全全程温控体系、优化运输组织规模、强化企业运营监管； 力争到2020年，初步形成全程温控、标准规范、运行高效、安全绿色的冷链物流服务体系，“断链”问题基本解决，全面提升冷链物流服务品质，有效保障食品流通安全。	交通运输部

续表

序号	发布时间	主要政策	与冷链物流行业有关的主要内容	发布部门
26	2018年1月2日	关于实施乡村振兴战略的意见	加强农产品产后升级、包装、营销，建设现代化农产品冷链仓储物流体系，打造农产品销售公共服务平台，支持供销、邮政及各类企业把服务网点延伸到乡村，健全农产品产销衔接机制，大力建设具有广泛性的促进农村电子商务发展的基础设施，加快推进农村流通现代化。	中共中央、国务院
27	2018年1月30日	2018年种植业工作要点	推进产加销结合，依托农民合作社和龙头企业，大力发展订单生产，积极发展保鲜、贮藏、分级、包装等采后处理、冷链物流，支持主产区农产品就地加工转化增值。	农业部办公厅
28	2018年2月5日	2018年农产品质量安全工作要点	完善绿色农业标准体系，重点制定蔬菜水果和特色农产品的农药残留限量标准和畜禽屠宰、饲料卫生安全、冷链物流、畜禽粪污资源化利用、水产养殖尾水排放等国家标准和行业标准。	农业部办公厅
29	2018年2月14日	2018年兽医工作要点	深入推进生猪屠宰标准化创建活动，主攻“集中屠宰、品牌经营、冷链物流、冷鲜上市”，提升屠宰行业规模化、机械化、标准化生产水平，促进行业转型升级，做好品牌强农的加法。	农业部办公厅
30	2018年3月2日	2018年农业部网络安全与信息化工作要点	加强农产品分等分级、加工包装、物流仓储、冷链等基础设施建设，实施农产品供应链管理，集中实现农产品商品化、品牌化、电商化，创新农产品电商销售机制和模式。	农业部办公厅
31	2018年3月5日	关于开展农业产业化联合体支持政策创新试点工作的通知	对龙头企业重点支持其发展农产品加工、冷链、物流和其他新业态；对家庭农场重点支持其提升农业专业化、标准化、规模化、集约化生产水平。	农业部办公厅、国际农业综合开发办公室、中国农业银行办公室
32	2018年3月6日	农业部办公厅关于做好2018年屠宰行业管理工作的通知	开展标准化建设，主攻“集中屠宰、品牌经营、冷链物流、冷鲜上市”，激发企业内生动力，促进行业转型升级，提升屠宰行业规模化、机械化、标准化生产水平。	农业部办公厅

续表

序号	发布时间	主要政策	与冷链物流行业有关的主要内容	发布部门
33	2018年3月22日	商务部办公厅　国家标准化管理委员会办公室关于开展农产品冷链流通标准化示范工作的通知	在农产品冷链温度监控、全程冷链、农产品产地预冷等方面对试点城市和试点企业加强指导和服务，推进试点城市和试点企业对照《工作通知》中评估考核要求加快示范达标工作。	商务部办公厅、国家标准化管理委员会办公室
34	2018年5月16日	关于开展2018年流通领域现代供应链体系建设的通知	推动辐射范围广、标准化水平高、综合服务能力强的商贸物流园区、专业批发市场升级改造，形成集交易、分拨、仓储、冷链物流、电子商务等多功能于一体的流通服务中心。 积极推广以标准托盘、周转箱（筐）为单元进行全程货物监控、“不倒托、不倒箱（筐）”的标准化冷链，推动具有适销对路农产品的产区合作社、新型农村经营主体等建设产地公用型预冷库或推广使用冷藏集装箱，弥补冷链“短板”，鼓励生鲜农产品的供销合作、农超对接，培育一批综合性冷链服务企业。	财政部办公厅、商务部办公厅
35	2018年8月7日	农业农村部办公厅关于组织申报农民专业合作社质量提升整县推进试点有关事项的通知	推动乡村产业振兴，支持合作社建设田头贮藏、预冷保鲜、分级包装、冷链物流设施，发展直销直供、农产品电商等流通新业态。	农业农村部办公厅
36	2018年8月15日	商务部关于做好农产品产销对接工作的通知	加强农产品产后检测、清洗、分拣、预冷、烘干、定级、包装、标识、仓储、物流、营销等农产品商品化处理设施建设，重点加强农产品冷链设施建设，补上冷链物流短板，提高农产品商品化处理能力和错峰销售能力。	商务部
37	2018年8月23日	关于政协十三届全国委员会第一次会议第0837号（农业水利类106号）提案答复的函	重点打造农产品网络销售的服务体系、供应链体系和支撑保障体系，加快推动产地基础设施建设、冷链物流基础设施建设和农业品牌建设，引导农业高质量发展，促进贫困地区农民脱贫增收。	农业农村部

续表

序号	发布时间	主要政策	与冷链物流行业有关的主要内容	发布部门
38	2018年8月29日	关于促进海洋经济高质量发展的实施意见	加强传统海洋产业改造升级，支持海水健康养殖、深水抗风浪网箱养殖和工厂化循环水养殖，新型渔业养殖装备、大型综合性冷链物流项目、远洋渔业设施装备、海外渔业综合服务基地，渔政渔港等基础设施建设。	农业农村部
39	2018年10月11日	海关集约封闭式集装箱查验场地设置规范（试行）	海关集约封闭式集装箱查验场地设置独立的冷链货物查验区，满足对有低温环境、特殊防疫要求的货物查验作业需求，配备制冷设备，应保证查验区域温度控制在12℃以下。同时设置冷链货物暂存库（区），并配套设置冷冻产品无菌取样间。	海关总署
40	2019年2月19日	中共中央国务院关于坚持农业农村优先发展做好“三农”工作的若干意见	统筹农产品产地、集散地、销地批发市场建设，加强农产品物流骨干网络和冷链物流体系建设。	中共中央、国务院
41	2019年2月18日	粤港澳大湾区发展规划纲要	明确提出大力发展冷链物流。	中共中央、国务院
42	2019年5月	关于深化改革加强食品安全工作的意见	完善从“最先一公里”到销售“最后一公里”冷链全链条； 鼓励全链温控，防止食物变质； 鼓励发展第三方冷链物流企业。	中共中央、国务院

资料来源：中国报告网，http：//zhengce. chinabaogao. com/jiaotong/2018/04232H462018. html；中国产业信息，http：//www. chyxx. com/industry/201904/733795. html。

表1-2　　广东冷链物流发展相关政策

序号	发布时间	主要政策	主要内容	发布部门
1	2016年11月21日	广东省现代物流业发展规划（2016—2020年）	1. 与大湾区冷链物流发展相关的物流综合配套体系建设任务； 2. 粤港澳大湾区冷链发展相关的重点项目为农产品冷链物流项目。	广东省人民政府
2	2017年4月28日	广东省冷链物流发展“十三五”规划	基本形成冷链全程可追溯体系；明确加快优化区域网络布局；构建全程冷链物流体系；加快实施冷链物流标准化的主要任务；推进重点产品冷链物流建设工程等。	广东省商务厅

续表

序号	发布时间	主要政策	主要内容	发布部门
3	2019 年 1 月 2 日	关于推动电子商务跨越式发展的若干措施	1. 加快以鲜活农产品、食品为主的电子商务冷链物流发展，依托先进设备和信息化技术手段，构建电子商务冷链物流体系； 2. 构建服务医药电子商务的网络化、规范化和定制化的物流体系，确保药品安全。	广州市人民政府办公厅
4	2019 年 5 月 8 日	粤港澳大湾区“菜篮子”建设实施方案	提出用三年时间构建以广州为枢纽的粤港澳大湾区“菜篮子”生产及流通服务体系，提供更多更优的食用农产品。	广州市农业农村局
5	2019 年 7 月 5 日	广东省推进粤港澳大湾区建设三年行动计划（2018—2020 年）	1. 明确提出大力发展第三方物流和冷链物流，携手港澳建设国际物流枢纽； 2. 提出加强食品食用农产品安全合作，完善港澳与内地间的食品安全溯源体系。	广东省推进粤港澳大湾区建设领导小组

资料来源：作者搜集整理。

综上所述，为支持冷链物流发展，国家和粤港澳大湾区地方政府政策相继出台，从 2017 年 7 月 1 日签署的《深化粤港澳合作　推进大湾区建设框架协议》，到 2019 年 2 月 18 日印发的《粤港澳大湾区发展规划纲要》，粤港澳大湾区冷链物流发展政策环境持续改善。

二、经济环境

（一）全球经济第一方阵

湾区经济依托天然海港及优越的自然地理条件，具备构建发达的国际交通网络、实现资源优化配置、形成强大集聚外溢功能、发展开放型经济等诸多优势。据世界银行数据显示，港口海湾地带及其直接腹地集聚了全球经济总量的 60%，经济体量相当大，在距海岸 100 公里的海岸带地区集中了全球 70% 的工业资本和 75% 的大城市，经济密度高，产出高。粤港澳大湾区包括香港特别行政区、澳门特别行政区和广东省广州市、深圳市、珠海市、佛山市、惠州市、东莞市、中山市、江门市、肇庆市。凭借优越的海湾资源条件，2017 年，粤港澳大湾区 GDP 约 1. 5 亿美元，以不足 1% 的土地面积和不足 5% 的人口比重创造了全国国内生产总值的 13%，拥有世界 500 强企业 17 家，2018 年更是达到20家。港口集装箱吞吐量与机场旅客吞吐量更是不负众望，成为四大湾区之首，与日本东京湾区、美国纽约湾区和旧金山湾区一起位居全球经济第一方阵（见表1－3）。

表1－3 2015年四大湾区经济指标对比

指标	东京湾区	旧金山湾区	纽约湾区	粤港澳大湾区
人口（万人）	4347	715	2340	6671
GDP（万亿美元）	1.8	0.8	1.4	1.36
人均GDP（万美元/人）	4.14	11.19	5.98	2.04
占地面积（万平方公里）	3.68	1.79	2.15	5.6
港口集装箱吞吐量（万TEU）	766	227	465	6520
机场旅客吞吐量（亿人次）	1.12	0.71	1.3	1.75
第三产业比重（%）	82.3	82.8	89.4	62.2
世界100强大学数量（所）	2	3	2	4
世界500强企业总部数量（家）	60	28	22	16

资料来源：粤港澳大湾区研究院，http：//www.dawanqu.org/2017/7-17/3MMDE0MTRfMTQxMzc3Mg.html.

（二）经济影响力位居四大湾区之首

根据2019年1月21日发布的《四大湾区影响力报告（2018）：纽约·旧金山·东京·粤港澳》（见图1－1），与当前全球影响力最大的纽约湾区、旧金山湾区和东京湾区相比，粤港澳大湾区的经济影响力位列四大湾区之首，整体影响力指数排名第3，高于东京湾区。同时，宜居影响力在四大湾区中排名落后，未来打造粤港澳湾区宜居优美环境空间较大，冷链物流作为提高人民生活水平的高端物流服务业，是粤港澳大湾区打造宜居环境不可或缺的一部分，是大湾区现代服务业发展的重点项目。

（三）经济发展潜力大

粤港澳大湾区总面积约5.6万平方公里，2017年末湾区人口6958万人，GDP突破1.5万亿美元。粤港澳大湾区面积是东京湾区的1.5倍、纽约湾区的2.6倍、旧金山湾区的3.1倍，人口规模居四大湾区之最，GDP总量超越了旧金山湾区。从2014—2017年粤港澳大湾区GDP增长速度来看（见图1－2），粤港澳大湾区在经济总量上很快将超过最大湾区，发展潜力极大。

2017年，粤港澳大湾区人均GDP 2.1750万美元（见表1－4），远低于东京湾区、纽约湾区和旧金山湾区，经济密度也是四大湾区中最小的，拥有巨大的发展空间。根据发达国家实践经验，人均GDP达到4000美元，冷链市场将

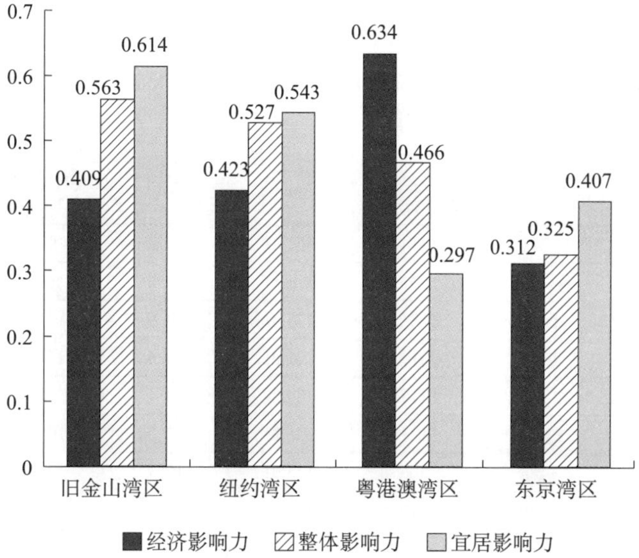

图 1－1　四大湾区影响力

资料来源：“湾区影响力哪家强？旧金山第一，粤港澳大湾区排名令人意外”，21 世纪经济报道（微信公众号 ID：jjbd21）。

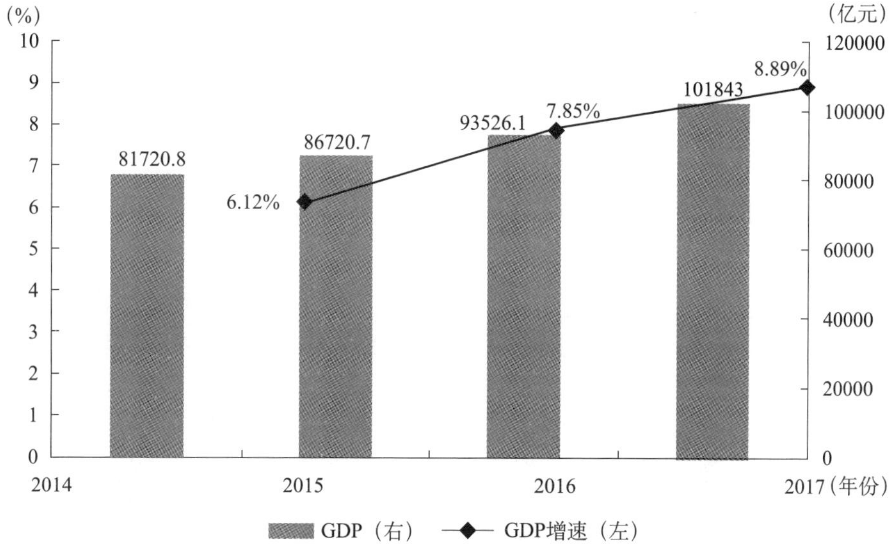

图 1－2　2014—2017 年粤港澳大湾区 GDP

资料来源：《粤港澳大湾区建设报告（2018）》。

快速发展。粤港澳大湾区人均 GDP 远远超过这一水平，并将越来越高，冷链物流将迎来飞跃式发展。

表 1-4 粤港澳大湾区各市主要经济指标（2017 年）

城市	土地面积（平方公里）	人口（万人）	本地生产总值（GDP）（亿美元）	人均 GDP（美元）	第三产业占 GDP 比重（%）	出口（亿美元）	实际利用外商直接投资（亿美元）
粤港澳大湾区	55904	6958	15134.2	21750	65.6	10901.6	1406.87
香港	1106	741	3414.1	46190	92.2	4972.9	1174.0
澳门	31	65	503.6	77600	93.4	14.1	14.77
广州	7249	1450	3181.5	22320	70.9	857.0	62.89
深圳	1997	1253	3319.9	27120	58.6	2446.2	74.01
佛山	3798	766	1412.9	18450	40.1	466.6	16.23
东莞	2460	834	1121.8	13530	52.3	1039.7	17.19
惠州	11347	478	566.8	11880	40.7	330.4	11.44
中山	1784	326	510.5	15750	47.8	304.1	5.09
江门	9505	456	398.0	8740	44.7	159.1	5.11
珠海	1736	177	379.5	22100	48.0	278.6	24.33
肇庆	14891	412	325.6	7940	38.3	32.9	1.81

资料来源：中国国际贸易促进委员会驻香港代表处，http://www.ccpit.org/Contents/Channel_3956/2018/0705/1028781/content_1028781.htm.

（四）第三产业发展良好，外商投资持续增长

2017 年，粤港澳大湾区第三产业占 GDP 比重为 65.6%，超过我国第三产业占比 51.6% 的平均水平，香港与澳门第三产业占 GDP 比重更是超过 90%（见图 1-3），高于美国纽约湾区、旧金山湾区和日本东京湾区，第三产业发展良好。

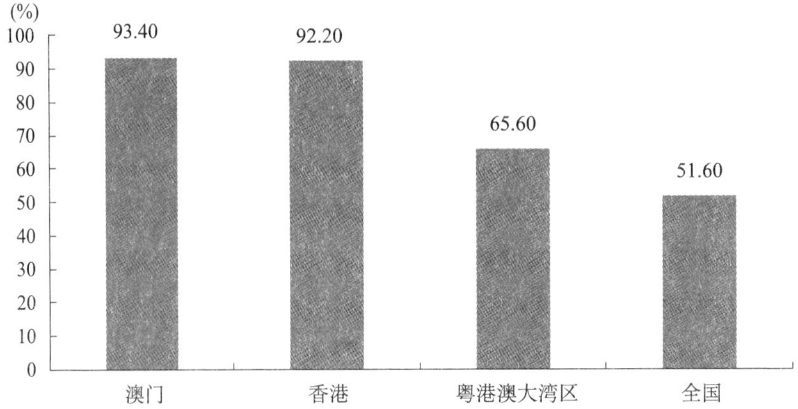

图 1-3 2017 年粤港澳大湾区、澳门、香港、中国第三产业占 GDP 比重

数据来源：中国产业信息，http://www.chyxx.com/industry/201706/534906.html.

根据中国国际贸易促进委员会公布的2017年粤港澳大湾区各市主要经济指标，大湾区实际利用外商直接投资约达1407亿美元。根据广东国民经济和社会发展公报，2018年广东全年新签外商直接投资项目35774个，比上年增长130.4%。实际使用外商直接投资金额1450.88亿元，增长4.9%；其中，“一带一路”沿线国家对广东直接投资金额36.58亿元，增长17.0%。2017年，香港对外金融负债31841.465亿港元，同比增长18.8%，澳门外来直接投资227.422亿澳元，同比下降7.3%，粤港澳外商投资总额呈现高增长趋势。

优越的第三产业发展基础，持续增长的外商投资，必能助力作为第三产业的冷链物流快速发展，加速粤港澳大湾区冷链产业升级。

（五）粤港澳大湾区商贸经济发达

根据广东国民经济和社会发展公报显示，2018年，国内贸易方面，广东省社会消费品零售总额39501.12亿元，比上年增长8.8%，其中餐饮收入3884.59亿元，增长5.6%。对外经济方面，全年货物进出口总额71618.35亿元，比上年增长5.1%，其中，广东省与香港地区进出口贸易总额11675.49亿元。2017年，香港商品贸易总额8232多亿港元，同比增长8.4%，其中进口商品贸易额约4357亿元，同比增长8.7%，出口商品贸易额约3876亿元，同比增长8.0%。2018年，对外贸易进出口总额1022.95136亿澳元，同比增长17.4%，其中进口贸易额901.02580亿澳元，本地产品出口和再出口总额121.92556亿澳元。发达的国内外商贸经济，必将加速粤港澳大湾区与国内各地区各城市之间、与世界各国各地区之间生鲜农产品、冷冻食品等冷链食品的流动，倒逼粤港澳大湾区冷链物流协同发展，优化国内国际冷链食品供应链，保证冷链食品的新鲜度、时效性和安全性。

（六）人均收入高、购买力强

粤港澳大湾区人口多，预计到2030年将达到1亿人，拥有庞大的消费群体。根据智联招聘2019年4月发布的《粤港澳大湾区产业发展及人才流动报告》，粤港澳大湾区11个城市，经济最发达的香港平均薪酬领跑湾区，为23745元/月，澳门和深圳处于第二梯队，平均薪酬均在1万元/月以上（如图1－4所示），粤港澳大湾区总体平均薪酬超过9000元，居全国城市群前列（如图1－5所示），具有强劲的购买力。

根据大公报数据显示，2017年粤港澳大湾区广州人均消费支出高达4万元人民币，领先大湾区内地九市，深圳居民人均消费支出紧随其后，内地城市居民人均消费支出约34194元，显示出极高的消费水平（见表1－5）。

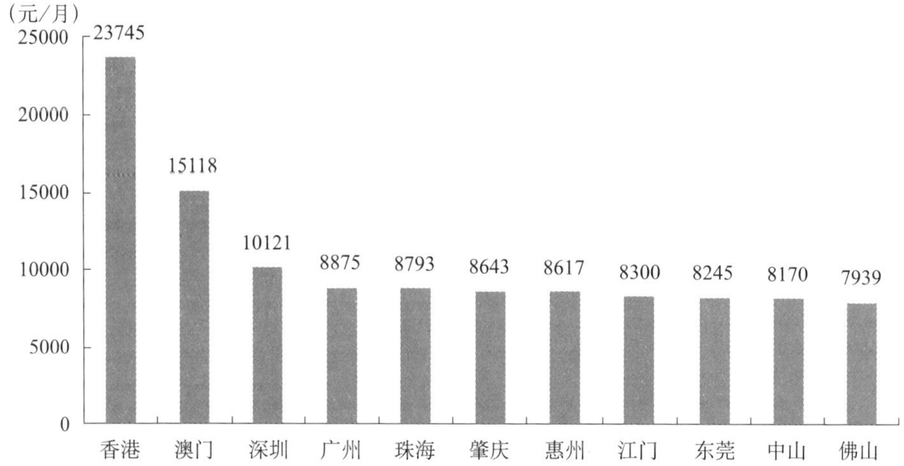

图 1－4　2017 年粤港澳大湾区 11 个城市平均薪酬

数据来源：粤港澳大湾区产业发展及人才流动报告，http：//zj. sina. com. cn/finance/2019-04-10/detail_ f-ihvhiqax1486081. shtml.

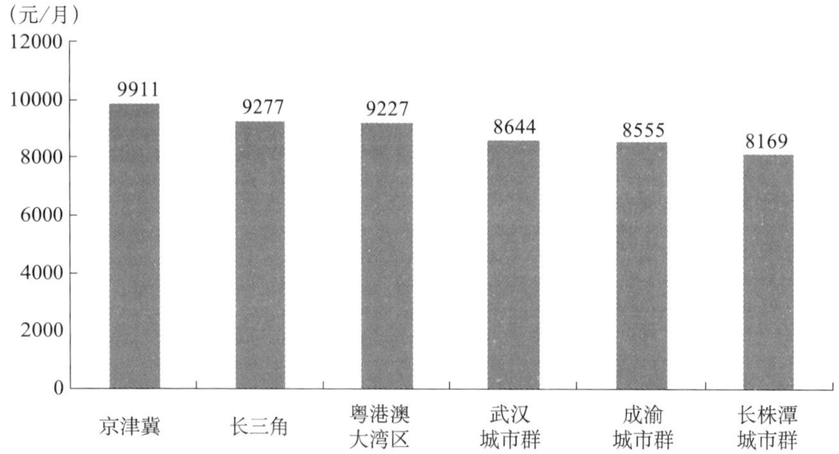

图 1－5　全国主要城市群平均薪酬

数据来源：粤港澳大湾区产业发展及人才流动报告，http：//zj. sina. com. cn/finance/2019-04-10/detail_ f-ihvhiqax1486081. shtml.

表 1－5　港澳大湾区内地九市人均消费支出　单位：元人民币

城市	广州	深圳	珠海	佛山	东莞	中山	肇庆	惠州	江门
金额	40637	38320	34734	33451	32498	30131	28276	26423	22906

数据来源：大公网，http：//www. takungpao. com/finance/236131/2019/0219/248997. html.

如上所述，庞大的消费群体，极高的消费水平，强劲的购买力，必将为粤港澳大湾区冷链物流发展提供良好的拉动力。

三、法制环境

（一）法律强推冷链物流产业升级

近年来，冷链物流产业发展成为国家高度关注点，我国通过出台或修订多项法律法规为冷链物流发展保驾护航。目前，我国冷链物流相关法律主要有《中华人民共和国食品安全法》《中华人民共和国农产品质量安全法》《中华人民共和国农业法》等，这些法律规定了我国冷链物流的标准、流通环节、产品质量及管理等多方面，让冷链物流发展有法可依，强制执法，强推冷链物流产业升级。其中，食品安全法对食品冷链全过程做了特别阐述，开始关注整个供应流程中的食品温控问题，要求整个食品供应链从源头仓储、运输到配送，再到终端消费，都约束在规定的温度范围之内，并增加了食品安全全程追溯制度监管，为冷链物流发展提供了有利的法制基础。

（二）冷链物流标准化发展势头良好

标准化程度是行业发展水平的标志，完善冷链物流标准化体系对于引导行业健康有序发展，推动产业衔接，促进企业降本增效，保障食品安全具有重要意义。近年来，我国越来越重视冷链物流标准建设工作，从 2013 年开始梳理并清理食品标准的工作，重新制定、修订和发布冷链物流标准，为粤港澳大湾区冷链物流标准化发展提供了良好的基础。

根据中国物流与采购联合会冷链物流专业委员会全国物流标准化技术委员会冷链物流分技术委员会发布的 2018 版《中国冷链物流标准目录手册》，冷链物流相关标准目录共 220 项。同时，根据 2018 年冷链物流相关标准情况分析报告，2018 年发布实施的冷链物流相关标准 19 项，2018 年制定、修订的冷链物流标准共 7 项，还有一些冷链物流相关标准正处于项目申报或编制中，也有一些冷链物流相关标准正在推广。2019 年将加强推进《餐饮冷链物流服务规范》行业标准的推广，与此同时，《冷链物流分类与基本要求》国家标准也将进入编制起草阶段。冷链物流标准将越来越健全。

四、行业发展

（一）冷链物流市场规模逐渐增大

随着粤港澳大湾区建设的推进，大湾区经济效应显现，经济水平的提高必然带动大湾区人民生活质量的提高，拉动对农产品的消费需求升级，同时推动农产品供应市场的发展。庞大的农产品消费与供给市场，必然推动冷链物流市场规模逐渐增大。

根据2016年数据统计，广州每天消耗约5000吨大米，6000吨水果，4000吨蔬菜，20000头生猪；香港全年供港蔬菜50806车、474600吨，鲜活产品221.9万吨，总值54亿美元，约占香港市场的50%；澳门日蔬菜需求量160吨左右，大部分来自广东、宁夏、湖南及山东等地。根据2018年版《香港统计年刊》，2017年香港食品及不含酒精饮品消费总量达2481.1亿美元，如此庞大的生鲜消费市场，必然从需求上倒推冷链物流的快速发展。

广东省是粤港澳大湾区农产品消费的主要供应基地，2018年广东省全年果蔬、肉类、水产品总产量高达6160.05万吨。蔬菜产量3330.00万吨，增长4.8%；水果产量1540.99万吨，增长8.4%；猪牛羊禽肉产量440.81万吨，比上年增长1.2%。全年全省水产品产量848.25万吨，增长1.8%。按照全省肉类、果蔬、水产品冷链物流流通率分别在30%、20%、35%左右计算，全省仅农产品冷链物流规模约达1400多万吨，再加之医药品、速冷冻品、乳制品、花卉等，粤港澳大湾区冷链物流市场规模更大。

（二）生鲜电商拓宽冷链物流发展空间

随着生鲜电商行业的发展，食品生鲜、鲜花农资等类目成为湾区居民在线消费新选择。根据2018年6月11日智慧物流研究院发布的“改革开放40年——粤港澳大湾区物流发展洞察报告”数据显示，以京东平台为例，广州、深圳、东莞“食品酒类生鲜特产”类目消费占比位居前三；同时，大湾区效应显现，惠州、江门、中山、佛山、东莞及肇庆7个城市消费订单量和金额同比增长均超过100%。大湾区9市居民消费能力增长飞快，上半年广东全省实现社会消费品零售总额18437.11亿元，同比增长10.5%，而大湾区9市的零售额占据其中七成之多。据报告数据显示，2015—2017年，大湾区在线订单量同比增长排名前5的品类包括食品酒类生鲜特产、礼品鲜花农资绿植。由此可见，生鲜电商的发展极大地推动了湾区生鲜消费升级，大湾区快节奏的生活让人们对消费品的配送速度提出了更高的要求，促进了冷链物流配送的高速发展，并开始关注和重视“最先一公里”冷链物流，为冷链物流发展创造了新的空间。

（三）冷链物流市场主体不断壮大

大湾区内地九市170余家冷链物流相关企业中，代表性企业有顺丰速运、望家欢农产品集团、广东新供销集团、深圳市泛亚物流有限公司、广弘食品集团等；全国冷链物流流通标准化试点企业大湾区内地九市 15 家；2018 年全国冷链物流百强企业大湾区内地九市 14 家（见表 1 -6），作为百强企业的冷链物流公司拥有相对强大的冷链物流体系，完善的冷链设施设备，综合能力较强。例如，全国冷链物流百强企业排名第八位的大昌行物流（中国）总部位于香港，大昌行物流分别在香港、澳门及中国大陆设立物流中心。在香港冷库温度设有急冻、冷藏、空调及常温等多个不同温度，建有冷藏车车队。在澳门设立的物流中心贮存设施拥有不同温度，为酒店及娱乐场所提供冷链物流服务；集团亦是永利赌场及度假村的最大冷链物流服务供应商。

表 1 -6　2018 年大湾区内地九市进入全国冷链物流百强企业名单

在全国百强企业中的排名	大湾区内地九市进入全国冷链物流百强企业名单
1	顺丰速运有限公司
3	京东物流
8	大昌行物流（中国）
11	新夏晖
15	深圳市泛亚物流有限公司
16	深圳招商美冷供应链有限公司
28	佛山市粤泰冷库物业投资有限公司
30	深圳小田冷链物流股份有限公司
41	望家欢农产品集团 深圳登记
42	广州拓领物流有限公司
43	广州鑫赟冷冻运输有限公司
52	东莞市华雪食品有限公司
61	广州保事达物流有限公司
85	广州长运冷链服务有限公司

资料来源：中国报告网：2018 年全国冷链物流百强企业名单，http：//news. chinabaogao. com/jiaotong/201907/0G4300642019. html.

第二节　发展基础

一、良好的交通运输网络

近年来，粤港澳大湾区交通基础设施建设加速，交通运输网络逐渐完善，综合运输服务水平全面提升，为粤港澳大湾区冷链物流发展提供了坚实的基础。

（一）公路铁路网络发达，快速通道正加快形成

1. 公路。

截至2018年底，粤港澳大湾区内地高速公路里程达到4361公里，密度达到7.9公里/百平方公里，是全国高速公路网密度最高的地区之一。核心区密度已超过纽约、东京、巴黎、伦敦都市圈。预计到2020年实现大湾区内地高速公路通车里程5000公里，粤港澳大湾区以高速公路为骨架的干线公路网络将越来越发达。

2. 铁路。

截至2019年7月，湾区9城2区中，共6条既有高速铁路，2条在建高速铁路；既有城际铁路3条，在建城际铁路8条（如表1-7所示）。随着2018年广深港高铁开通运营，广州、深圳、东莞、佛山实现一小时通往香港西九龙站，途径香港西九龙站的香港境内铁路有港铁西铁线、港铁机场快线和港铁东涌线，在东、西面分别设柯士甸站和九龙站，这使大湾区内地城市到香港市中心交通更便捷更快速。2019年7月，汕头、肇庆东两条直达香港西九龙的高铁线开通运营，惠州南作为汕头直达香港高铁线的中途停靠点，到香港仅需1小时12分钟，惠州与肇庆一起加入“粤港澳1小时经济圈”城市行列。

表1-7　2019年粤港澳大湾区已建及在建主要高速及城际铁路（广东地理）

种类	铁路名称
既有高速铁路	京广高铁
	广深港高铁
	贵广高铁
	南广高铁
	深茂铁路（江茂段）
	厦深铁路
在建高速铁路	广汕高铁
	赣深高铁
既有城际铁路	广珠城际
	广佛肇城际
	莞惠城际

续表

种类	铁路名称
在建城际铁路	广清城际
	珠机城际
	新白广城际
	穗莞深城际
	琶洲支线
	佛莞城际
	广佛环线（太和—广州南）
	广佛环线（佛山西—广州南）

资料来源：腾讯网，https：//new. qq. com/omn/20190508/20190508A09ASF. html?pgv_ ref = aio2015&ptlang = 2052.

根据《粤港澳大湾区（城际）铁路建设规划》，粤港澳大湾区（城际）铁路建设项目规划共有 11 条高铁规划，13 条城际铁路规划（不包括广佛江珠城际、肇顺南城际）（如表 1 – 8 所示），从具体的规划可见，大湾区将加快 11 城融合步伐，将连通港澳的轨道交通网络延伸至内地九市的市中心区域，将大湾区建成“一小时城轨交通圈”。

表 1 – 8　2020—2030 年粤港澳大湾区（城际）铁路建设项目规划一览

高铁	近期	广湛、广中珠澳、深汕、广河
	远期	广州—广州南、南深、广清永、广宁联络线
	研究中	珠江肇、广深第二高铁、新干线机场南广联络线
城际	近期	中南虎、深惠、福田联络线
	远期	广佛西环、广佛江珠、肇顺南、莞龙、常龙、深港西部、西九龙联络线
	研究中	深珠、珠三角大环线、深莞增城际

资料来源：腾讯网，https：//new. qq. com/omn/20190508/20190508A09ASF. html?pgv_ ref = aio2015&ptlang = 2052.

综上所述，粤港澳大湾区公路铁路网络发达，发展势头强劲，快速通道正加快形成。实现大湾区交通快速互联互通，实现湾区城市 1 小时达，对两地人口流动、物流、商贸都有非常大的促进作用，尤其对于对时效有严格要求的冷链物流发展意义重大。快速通道能保证冷链物流流通速度，为冷链物流增效，保证流通食品安全，为湾区人民生活提质。

（二）港口航道条件优良

粤港澳大湾区拥有天然良港，具有得天独厚的航运优势。大湾区内地九市港口码头泊位数量大，航道里程长，集装箱吞吐量飞速发展。截至 2018 年底，大湾区内地九市内河航道通航总里程达 6602 公里；港口码头泊位 1827 个，其中有 234 个万吨级泊位。三大核心港香港港、深圳港、广州港航运网络发达，服务能力强。

香港港拥有国际性枢纽港优势，2017 年拥有港区 15 个，国际班轮 80 多条，集装箱班轮服务每周约 500 班，通往全球 500 多个目的地，码头综合服务能力强，拥有集装箱、煤炭、石油、水泥等多种专用码头，尤其在集装箱处理能力上占有优势，仅维多利亚港西北部的葵青货柜码头就有码头 9 个，泊位 24 个，深水岸线总长 7694 米，集装箱处理每年超 2000 万个 TEU。

深圳港是华南地区主枢纽港，2017 年拥有 60 条驳船航线连通珠三角支线 52 个码头，开通海铁联运班列线路 14 条，推进组合港建设，目前已与之签订组合港协议的有内河码头 18 个、内陆无水港 6 个，在 4 个内陆港挂牌运营；国际航运方面，深圳港已有 239 条国际集装箱班轮航线，与 100 多个国家和地区的 300 多个港口相连，凭借盐田港得天独厚的深水泊位优势，以及服务超大型船舶的能力，深圳港靠泊了全球 80% 的超过 1 万标箱以上的集装箱船舶。

广州港是打通国内外航运通道的重要门户，国际集装箱干线港地位突显。2018 年底拥有超过 160 条江海联运驳船航线，36 个内陆无水港办事处；209 条集装箱航线，其中 103 条国际班轮航线，106 条内贸航线；开通了到中国、东南亚等地区的货运海铁联运通道；是地中海、非洲航线核心枢纽港。广州港内贸集装箱吞吐量占我国港口内贸集装箱总吞吐量的 64.87%，排名第一，开启了建设南沙港为内贸集装箱中转中心、国际物流中心等项目，广州港驳运能力与内贸中转功能将得到进一步提升，国际航运枢纽地位得到加强。

同时，大湾区正加快北江干流、西江干线至珠江口港口群高等级航运主通道建设，增强航道服务能力；大力改造建设广州南沙港铁路等疏港铁路，完善多式联运基础设施和专用设备，加强技术标准、信息资源、服务规范等方面的对接，加快海铁联运发展；积极推进深圳港、广州港等港口转型升级，打造港口冷链物流中心，进一步提升港口冷链物流服务能力。

（三）航空基础条件良好

航空具有快速、高效、便捷、安全的运输优势，较其他运输方式更适合生鲜农产品、医药品等的冷链物流运输，航空基础条件成为助力航空冷链物流发展的关键。

粤港澳大湾区拥有香港国际机场、广州白云国际机场、深圳宝安国际机场三大机场，同时有珠海金湾机场与澳门国际机场辅助，完善的机场设施设备、发达的航空运输网络为大湾区冷链物流发展提供了有利条件和保障。

粤港澳大湾区三大机场拥有一流硬件设施，基础设施条件良好。据 2019 年 6 月机场官网信息显示，香港国际机场拥有 2 座航站楼；2 条跑道，跑道长度为 3800 米；停机位 182 个。2018 年 12 月信息显示，广州白云国际机场有 3 条跑道和 2 座航站楼，远期规划为 5 条跑道和 3 座航站楼，有 202 个客机位，43 个货机位；2 座航站楼面积共 140. 37 万平方米。目前，深圳宝安国际机场共有 770 万平方米飞行区；45. 1 万平米航站楼；166 万平方米机场货仓；共有跑道 2 条，其中飞行等级 4F 的第二跑道长 3800 米、宽 60 米，可以满足目前世界上最大型客机空客 A380 客机起降；能提供停机位 199 个，可服务旅客吞吐量达 4500 万人次。

粤港澳大湾区核心机场航线航点多，国内外辐射范围广。截至 2019 年 6 月，香港国际机场拥有基地航空 5 家，航线总数超过 220 条，通航城市超过 220 个。截至 2019 年 4 月，广州白云国际机场拥有基地航空 8 家，覆盖全球 210 多个通航点，其中国际及地区航点超过 90 个，已开通航线 210 多条，其中国际及地区航点超过 80 个，通达全球 40 多个国家和地区；有超过 75 家航空公司在广州白云国际机场运营。目前，深圳宝安国际机场共有 44 家国内外航空公司开通深圳航线，航线总数 188 条，其中，国内航线 154 条、港澳台地区航线 4 条、国际航线 30 条。通航城市 139 个，其中国内城市 108 个、港澳台 4 个、国际城市 27 个，基地航空公司 4 家。澳门国际机场现有 27 家航空公司运营航线，航线到达海峡两岸、东南亚及东北亚等 51 个航点。据统计，东南亚、东北亚航线旅客量占机场总旅客量的比例高达 41%，内地旅客占比 37%。

发达的航空运输网络有利于大湾区与全球各地实现快速互通，为大湾区建设国际冷链物流枢纽提供了有利条件。

二、冷链物流基础设施设备日趋完善

随着粤港澳大湾区建设的推进，大湾区冷链物流基础设施建设不断增强，冷链物流硬件支撑不断完善。据不完全统计，截至 2016 年底，粤港澳大湾区内地九市大小冷库有 1635 多座，冷库容量 288 多万吨，其中广州、深圳、佛山地区最为集中，约占内地九市冷库总量的 83%。据 2018 年港口圈不完全统计，广州主要海港冷库 11. 8 万吨，深圳主要海港冷库 3. 6 万吨。截至 2016 年底，粤港澳大湾区内地九市冷藏车保有量 9340 多辆，其中广州、深圳、佛山、东莞四市占比高达 96. 4%。根据香港物流协会行业统计数据显示，香港冷库总体容量约42万吨，由于香港地价高，冷库经营成本高，近年来香港冷库供应并无增加，原有旧冷库考虑经济效益或业务转换等退出了冷库行业，所以香港冷库供给呈现下降趋势，越来越多的冷藏业务转向广深及珠三角一带。以出口加工业、博彩旅游业、金融服务业、建筑地产业为主的澳门，对农产品、冷冻食品等消费需求更多地依赖珠海，而澳门冷库总容量较低。近年来，粤港澳大湾区内地九市冷链物流基础设施建设遍地开花，2017年6月，珠海斗门预计投资25亿元新建36万平方米深加工厂房，打造广东省最大水产供应基地，将全国各地的优质农产品和远洋捕捞的高端海鲜先运到斗门集中冷冻存储、深加工后再销往大湾区，加工仓储和冷链运输能力进一步提高。粤港澳大湾区冷链物流呈现出新的发展趋势，资源配置越来越优。

三、冷链物流技术加快推广应用

近年来，随着国家对食品安全的重视，初步形成全程温控、标准规范、运行高效、安全绿色的冷链物流服务体系成为冷链物流发展的明确目标。冷链物流技术作为链物流服务体系的根本，越来越受到重视。随着国际先进HACCP体系认证①、GMP②、WMS、虚拟仓储等技术的先后引进，粤港澳大湾区冷链物流技术的推广和应用进一步深入，从保鲜、包装到冷链运输用的冷藏车和冷藏箱等技术逐渐成熟，自动化冷藏、自动化温控、RFID、各类传感技术等快速发展，大数据、云计算等智慧冷链物流技术也在局部尝试，大湾区冷链物流技术水平不断提高。

四、冷链物流发展的区位优势

粤港澳大湾区地处中国南大门，是我国沿海开放前沿，背靠广大内陆腹地，是连接内地和国际市场的重要窗口和桥梁，是“一带一路”建设的重要支撑。交通条件便利，港口较多，海运优势明显，拥有香港国际航运中心和吞吐量位居世界前列的广州、深圳等重要港口，以及香港、广州、深圳等具有国际影响力的航空枢纽，铁路、公路网络都比较发达，立体式综合交通网络正在

---

① HACCP体系是国际上共同认可和接受的食品安全保证体系，主要是对食品中的微生物、化学和物理危害进行安全控制。

② GMP是一套适用于制药、食品等行业的强制性标准，要求企业从原料、人员、设施设备、生产过程、保证运输、质量控制等方面按国家有关法规达到卫生质量要求，形成一套可操作的作业规范帮助企业改善卫生环境，及时发现生产过程中存在的问题并加以改善。

加速形成。得天独厚的区位优势是助力粤港澳大湾区冷链物流发展的天然条件，是建设粤港澳大湾区国际冷链物流枢纽的发展优势。

五、良好的合作基础

香港、澳门与珠三角九市在冷链物流相关领域合作已久，早在 2007 年，粤澳已签订《粤澳食品安全工作交流与合作框架协议》，积极推动了粤澳两地食品安全交流及合作。2018 年 1 月 10 日，在粤澳合作联席会议上，广东省与澳门特区政府民政总署重新签订《粤澳食品安全工作交流与合作协议》，进一步完善粤澳食品安全信息通报、风险交流、合作培训、应急处置等工作机制，至此粤澳关于食品安全交流与合作工作已开展十年之久。在食品安全风险领域，粤港澳三地的交流层次不断深入，话题更加广泛。2016 年起深圳每年组织食品安全风险交流论坛，来自国际食品法典委员会、美国等国际机构、国家以及中国香港、中国澳门地区的食品药品监管部门代表、科研机构专家与学者围绕食品安全热点问题进行深入交流与探讨。自 2015 年起，粤港澳三地通过定期组织食品行业代表开展形式多样的交流互访活动，互相学习先进的食品安全和质量管理经验，增进食品行业之间的了解，建立消费信心，促进湾区食品行业共同健康发展，为粤港澳大湾区冷链物流发展提供了良好的合作基础。

第二章 粤港澳大湾区冷链物流发展的机遇与挑战

第一节 发展的机遇

随着粤港澳大湾区经济的发展，湾区内居民消费能力不断提升，消费结构随之升级，湾区内生鲜易腐类商品的需求量逐渐加大，粤港澳大湾区冷链物流行业迎来了发展机遇。

CEPA 政策的实施、中国—东盟贸易的发展、“一带一路”建设的推进、《粤港澳大湾区发展规划纲要》的实施、高新技术的发展等都为粤港澳大湾区冷链物流发展带来了机遇。

一、CEPA 政策的实施

为了促进内地和香港、澳门特别行政区经济的共同繁荣与发展，加强双方与其他国家和地区的经贸联系，2003 年，内地与香港、澳门特区政府分别签署了内地与香港、澳门《关于建立更紧密经贸关系的安排》（以下简称“CEPA”），并于签署之日起实施。后期又相继签署补充协议及其他相关协议。2018 年 12 月，内地与香港签署了 CEPA 框架下的《货物贸易协议》。《货物贸易协议》是 CEPA 升级的重要组成部分，2019 年 1 月 1 日起正式实施。CEPA 政策的签订与升级惠及整个大湾区，对冷链物流而言更是难得的机遇。

《协议》阐明双方在有关范畴便利两地贸易、简化海关程序、提高有关措施透明度和加强双方合作等承诺，并拟采取有助加快货物通关的措施，以促进粤港澳大湾区货物流动，并提升粤港澳口岸通关能力和效率效益。

（一）加快深港、珠澳等地的通关效率

该政策的正式执行下，口岸部门的监管互认、信息互换的执行互动、口岸通关效率会得到很大的提高，促进进出口冷链物流效率，促进大湾区冷链货物流动。

（二）增加冷链物流进出口业务量

政策中明确规定原产香港、澳门的货物进口内地将全面享受零关税。这里的货物当然也包括生鲜易腐货物，在该政策的影响下，加速港澳品牌到内地发展的速度，促进冷链物流互动。同时，临近地区如新加坡、马来西亚等地的品牌，可考虑将半加工生鲜货物转口到香港进行最后加工或重组，从而增加进/出口生鲜易腐货物的业务流量。可见，CEPA 政策可以大幅增加粤港澳大湾区冷链物流货物流量，进而促进湾区内冷链物流的发展。

（三）为内地与港澳冷链物流企业相关渗透赢得了优势

CEPA 政策中涉及内地在 18 个服务行业扩大对香港、澳门的开放，其中有 5 个与物流相关。在政策的指引下，港澳冷链物流企业在进入内地市场方面有着极大的优势，如时间、进出门槛、合作形式等。同样，CEPA 也使内地冷链物流企业进入香港的障碍逐步消除，尤其是珠三角地区的冷链物流企业可以到港澳地区去发展，利用港澳经济中心的作用，带动珠三角冷链物流行业向国际市场辐射，提升在粤港澳大湾区冷链物流行业的国际竞争力。

总之，CEPA 将加速粤港澳大湾区冷链物流行业的有效融合，对于广东来说，港澳冷链物流行业会给其带来先进的经营观念、服务手段、高新科技等；对于港澳来说，内地将会带给其大量货源、廉价的劳动力、土地资源等。相信在 CEPA 的引导下，粤港澳大湾区冷链物流这个“蛋糕”将越做越大。

二、中国—东盟贸易的发展

中国—东盟自由贸易区（CAFTA），是中国与东盟十国组建的自由贸易区。2010 年 1 月 1 日贸易区正式全面启动。自贸区建成后，东盟和中国的贸易占世界贸易的 13%，成为一个涵盖 11 个国家、19 亿人口、GDP 达 6 万亿美元的巨大经济体，是目前世界人口最多的自贸区，也是发展中国家间最大的自贸区。

粤港澳大湾区被作为国家战略提出以后，已经成为我国开放程度最高、经济活力最强的区域之一，也确定了在国家经济发展和对外开放中的地位和功能。而粤港澳大湾区在亚洲地区的角色及功能也日益受到广泛关注，特别是在与东盟贸易关系的背景下，无疑加深了与东盟十国的经济合作。更不要说中国内地和中国香港都与东盟签署了自由贸易协议，东盟与粤港澳大湾区地理位置相邻，这些都使粤港澳大湾区与东盟关系进一步加强，东盟与粤港澳大湾区成为理想的合作伙伴。自中国与东盟签订了自由贸易协议后，粤港澳大湾区进出口贸易不断增强，特别是在农产品、能源和橡胶方面。随着粤港澳大湾区每年出口的生鲜农产品数量的不断增大，也为粤港澳大湾区冷链物流发展带来了难得的机遇。

（一）区位带来的机遇

粤港澳大湾区与东盟国家的区位优势明显，相互间产业互补性强，再加上双方都拥有良好的交通基建，这无疑给双方的合作带来了便利。

在全球货柜吞吐量前40的大港口中，大湾区及东盟共占有10席，其中新加坡、深圳及香港排名分别为第二、第三及第五。此外，全球最繁忙的20大机场名单上，香港、广州、雅加达及新加坡机场总客运量分别排名第八、第十三、第十七及第十八，而香港的总货运量排名第一。这些数据不单说明大湾区和东盟的对外贸易活动十分活跃，同时凸显出双方作为区域物流中心的枢纽地位。

（二）人缘带来的机遇

中国与东盟签订了自由贸易协议后，广东被国家确定为对外开发的先行地区，除了广东的经济发展在全国名列前茅、广东的地理位置更临近东盟国家以外，还有一个重要原因，就是广东与东盟国家有着特殊的人缘关系，众多的海外华人的出生地、祖籍地在广东，目前广东许多家庭都有海外亲戚（见表2－1）。这些国家的风俗和饮食习惯都和广东特别相似，这也加大了进出口贸易中的生鲜农产品的比例，文化情感上的联系也为粤港澳大湾区与东盟之间的往来提供了便利条件。

表2－1　　东盟国家祖籍在广东所占的比例

国家	祖籍在广东所占的比例（%）
泰国	79
马来西亚	57
印度尼西亚	49

续表

国家	祖籍在广东所占的比例（%）
新加坡	45
菲律宾	12

资料来源：郑一省．中国—东盟自由贸易区：广东面临的挑战与机遇［J］．东南亚研究，2005（1）：48—52．

粤港澳大湾区冷链物流建设应借助这些自由贸易协定和安排带来的双向开放市场，加强与周边东盟国家的设施“硬联通”和机制“软联通”，促进区域冷链物流生产要素流动，挖掘区域经济合作潜力，拓宽发展空间。

三、“一带一路”建设的推进

习近平总书记在党的十九大报告中提出，要以“一带一路”建设为重点，坚持引进来和走出去并重，深化供给侧结构性改革，在中高端消费、现代供应链等领域培育新增长点、形成新动能，加强物流基础设施网络建设。近几年来我国物流发展十分迅速，在国民经济中具有重要的作用，随着人们对生活质量的升级追求，冷链物流备受关注。

如果说市场的需求让冷链物流行业“热”了起来，那么政策的推动则让这个行业“活”了起来，尤其是“一带一路”建设与相关国家及地区的融合，将会给冷链物流发展带来更加广阔的空间。

近年来，粤港澳大湾区农产品产量的不断提升、生鲜电商物流要求提高、消费者对食品安全问题日渐关注的背景下，冷链物流的市场需求也在快速增长，行业前景值得期待。

当前，“一带一路”建设的实施，中国—东盟自由贸易的达成，使跨境冷链业务日益频繁，而移动互联网的崛起，又催生了生鲜电商、冷链宅配的兴起，这些无疑将是冷链物流发展面临的新主题、新机遇。

冷链物流如何才能发展得好？基础当然是冷链设施的建设和冷链技术与设备的升级，如产地预冷和加工设施、城市冷链配送中心、冷链批发市场等的基础建设，以及海陆空的冷链运输设备、超市冷柜、温湿度监控技术等的升级和增长，只有这些“点”布局好了，才有形成线、面、网的可能。“一带一路”倡议下可以推动区域内政策沟通、道路联通、贸易畅通、货币流通、民心相通等，这些都是冷链物流发展的机遇所在，借助这些便利，冷链物流发展的条件也日益成熟，如基础设施互联互通、行业政策法规日益完善、市场监管力度不断加强、冷链物流园区和相关产业投资合作、冷链物流运输仓储设施设备不断完善等，依托沿线基础设施的互联互通，对沿线冷链物流要素进行优化配置，形成以粤港澳大湾区为中心的冷链物流枢纽。

“一带一路”政策带给粤港澳大湾区冷链物流发展的机遇主要表现为以下几个方面：

1. 国际贸易规模增加，促使冷链物流融入国际市场。

“一带一路”建设实施以后，粤港澳大湾区与沿线国家的进出口贸易额显著增加，经贸合作领域也持续扩大，再加上相关基础设施的建设，货物的大规模进出口，必将给粤港澳大湾区冷链物流带来广阔的市场前景。另外，“一带一路”建设联通了大湾区与世界的货物流动，促使冷链物流融入国际市场。

2. 完善的物流基础设施，打通国际物流通道。

“一带一路”倡议提出以后，为了与沿线国家对接，我国积极推进了基础设施互联互通和国际物流大通道建设，粤港澳大湾区更是作为主要的节点城市大力开展基础设施建设。力求借助铁路、公路、航运、水运的多式联运，构建承东启西、连接南北的立体化物流运输网络，打通国际物流大通道的同时，也为湾区冷链物流的发展打下了基础。大湾区应充分利用好“一带一路”这次契机，加快冷链物流的发展。

3. 加强国际间的合作交流，提升冷链物流服务水平。

“一带一路”建设，推动着生产要素在国际市场上有序自由的流动，既解决了流通中的资源优化配置问题，又更好地促进了湾区内冷链物流市场与国际冷链物流市场的有效衔接和深度融合，实现了各国就冷链物流知识间的交流，提升了冷链物流服务水平。

四、《粤港澳大湾区发展规划纲要》的实施

2019 年 2 月 18 日，国务院印发了粤港澳大湾区民众期待已久的《粤港澳大湾区发展规划纲要》（以下简称《纲要》），此《纲要》共十一章，近期规划至 2022 年，远期规划至 2035 年，对粤港澳大湾区的各方面发展做了全面详细的规划。

在《纲要》中，“交通”作为关键词出现了 28 次，“物流”作为关键词出现了 15 次，“运输”作为关键词出现了 9 次，“食品安全”作为关键词出现了 7 次，“农产品”作为关键词出现了 4 次，“供应链”作为关键词出现了 3 次，“流通”作为关键词出现了 2 次。除此之外，纲要还提出推进粤港澳物流合作发展，

大力发展第三方物流和冷链物流，提高供应链管理水平，建设国际物流枢纽。

（一）冷链物流发展优势

从《纲要》中我们可以看出，粤港澳大湾区发展冷链物流具有如下优势：

1. 区域优势。

粤港澳大湾区地处我国沿海开放前沿，以泛珠三角区域为广阔发展腹地，在“一带一路”建设中具有重要地位。交通条件便利，拥有香港国际航运中心和吞吐量位居世界前列的广州、深圳等重要港口，以及香港、广州、深圳等具有国际影响力的航空枢纽，便捷高效的现代综合交通运输体系正在加速形成。

2. 人口上的优势。

与世界三大湾区相比，粤港澳大湾区在人口上具有明显的优势，如图2－1所示：

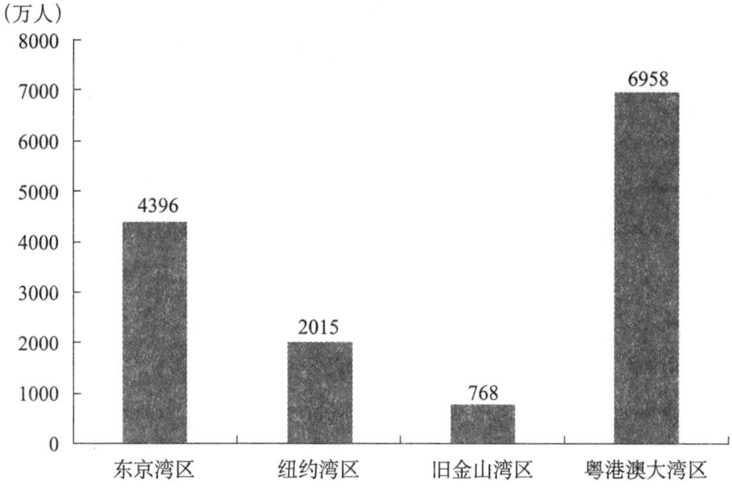

图2－1　2017年四大湾区人口量对比

资料来源：中国国际贸易促进委员会。

3. 交通优势。

《纲要》提出构建现代化的综合交通运输体系，包括提升珠三角港口群国际竞争力、建设世界级机场群、畅通对外综合运输通道、构筑大湾区快速交通网络、提升客货运输服务水平。

4. 国际发展优势。

香港作为国际金融、航运、贸易中心和国际航空枢纽，拥有高度国际化、法治化的营商环境以及遍布全球的商业网络，是全球最自由经济体之一。澳门作为世界旅游休闲中心和中国与葡语国家商贸合作服务平台，其作用不断强化，多元文化交流的功能日益彰显。珠三角九市是内地外向度最高的经济区域和对外开放的重要窗口，在全国加快构建开放型经济新体制中具有重要地位和作用。

5. 经济优势。

粤港澳大湾区经济发展水平全国领先，产业体系完备，集群优势明显，经济互补性强，香港、澳门服务业高度发达，珠三角九市已初步形成以战略性新兴产业为先导、先进制造业和现代服务业为主体的产业结构。

（二）冷链物流发展机遇

综上，我们可以看出《纲要》为冷链物流的发展带来了机遇。

1. 推进粤港澳大湾区综合交通体系的形成，加速形成冷链物流通道。

《纲要》中多次提到交通互联互通建设，提出构建现代化的综合交通运输体系，包括提升珠三角港口群国际竞争力、建设世界级机场群、畅通对外综合运输通道、构筑大湾区快速交通网络、提升客货运输服务水平。在粤港澳大湾区互联互通建设的推进过程中，有助于冷链物流运输大通道的形成，冷链物流行业将直接受益。

2. 湾区内聚集效应及辐射效应，促使冷链物流企业转型升级。

广东既是我国的制造业大省，也是外贸大省，大湾区的发展必将进一步推动广东制造业与外贸的发展。香港作为国际金融、航运、贸易中心和国际航空枢纽，拥有高度国际化、法治化的营商环境以及遍布全球的商业网络，是全球最自由经济体之一，随着大湾区的发展，湾区产业的聚集效应和辐射效应也会越来越强，物流作为发挥聚集与辐射效应的产业将会从中获得更多的机遇。越来越多的冷链物流企业已经开始积极地转型，纷纷将大数据、信息交易、支付结算、产学研等模块纳入企业或园区发展规划中，力求向更高质量方向转型升级，以匹配大湾区经济发展的需求。

3. 通关便利化，促进三地生鲜易腐货物流通。

《纲要》中提出制订港澳与内地车辆通行政策和配套交通管理措施，促进交通物流发展，实现通关便利化。再加上贸易自由化，以及人员、货物跨境往来便利化的举措不断出台，粤港澳三区海关层面必将做进一步对接，将通关数据打通，跨境贸易时效将大幅提升，成本大幅降低，三地贸易必将受到积极影响。生鲜农产品贸易也定会进一步增长，进而刺激冷链物流的发展。

4. 鼓励资源融合，补充冷链物流发展短板。

《纲要》中6次提到“优势互补”，可以看出国家希望粤港澳各地能发挥各自特有的优势，创新完善各领域开放合作体制机制，深化内地与港澳互利合作，实现共同发展。从多方面鼓励粤港澳三地进行资源融合，这将从政策、交通、贸易、科技、人才等方面补齐冷链物流发展短板，助力冷链物流产业腾飞。

5. 加强对外开放合作，推动粤港澳大湾区冷链物流走向国际市场。

《纲要》中提出多项鼓励措施，强调一致对外，加强对外开发合作，例如，提出以“一带一路”建设为重点，构建开放型经济新体制，加快培育国际合作和竞争新优势，以及强调支持横琴与澳门联手打造中拉经贸合作平台，搭建内地与“一带一路”相关国家和地区的国际贸易通道，推动跨境交付、境外消费、自然人移动、商业存在等服务贸易模式创新。支持横琴为澳门发展跨境电商产业提供支撑，推动葡语国家产品经澳门更加便捷进入内地市场。众多举措意味着国家是要将粤港澳大湾区建设成世界一流湾区，向国际市场进发。冷链物流产业也将随着大湾区建设脚步，走向国际市场。

综上所述，粤港澳大湾区各项规划的逐步实施，将为冷链物流企业带来重大机遇。

第二节　发展的挑战

随着《纲要》的印发，各行各业迎来了前所未有的机遇，纷纷整合自身资源，蓄势待发。冷链物流行业更是如此，湾区经济的发展、居民生活水平的提高都对冷链物流行业提出了新的要求，在《纲要》的指导下，各地物流企业纷纷进行升级转型，力求以全新的姿态配合大湾区的建设。然而，粤港澳大湾区冷链物流未来发展也面临一些不可回避的困境和问题。如何破解这些难题，成为影响大湾区冷链物流未来发展的重要因素。

一、社会制度差异

社会制度差异使大湾区内地九市与港澳在经济贸易融合方面存在困难。粤港澳大湾区与世界上其他湾区相比最大的特点表现为“一个国家、两种制度、三个法域和关税区、流通三种货币”，这在世界上也是首例，对粤港澳大湾区来说既是优势也是挑战，具体表现在经济贸易领域主要为经济自由度、市场开放程度、营商便利度及社会福利水平方面的差异，这些差异将对大湾区内地九市与港澳在经济贸易融合方面造成了极大的障碍。比如，与内地相比，香港是一个市场开放程度很高的城市，经济也比较自由，吸引众多的资源进入香港市场，但广东在这方面限制就很多，习惯香港那种自由环境的企业可能不太愿意进驻广东或与其合作。这样，粤港澳大湾区经济市场互联互通水平很难提升，生产要素高效便捷流动的局面也很难形成。粤港澳大湾区冷链物流在这种差异化的社会制度下想要做大做强面临着更大的挑战。

二、物流管理体制差异

物流管理体制差异，增加了物流企业间合作的难度。中国内地和香港在物流管理体制方面也是有差异的，内地从中央到地方均没有专门负责物流规划和管理的机构或部门，都是由发改委牵头，交通运输、国土资源、商务、工业与信息化等多部门联合协作，表现出多方管制、程序烦琐的特点。而香港的物流管理方式正好相反，没有多头管理，而是由地区政府成立了两个新架构：物流发展督导委员会和物流发展局，分别由财政司司长和经济发展及劳工局局长出任主席。物流发展督导委员会负责制定促进物流业发展的政策，以及加快推行各项相关措施。《纲要》中提出鼓励粤港澳三地企业进行融合，共同发展。但对于香港的企业进入广东市场来说，与港澳的自由市场经济体制相比，广东程序的烦琐和政策的时滞就意味着投资环境的不足，而香港的服务行业都是国际水准，物流企业未必会愿意进驻广东。即使企业愿意与广东企业合作，由于信息沟通等问题，企业间、政府间、企业与政府间也容易出现诸多矛盾。

三、基础设施有待完善

虽然国家出台了相关政策，构建粤港澳大湾区交通一体化体系，但这毕竟是一项庞大的工程，不是一朝一夕能完成的，短期内，交通互联互通仍然是阻碍冷链物流发展的重要因素。

另外，粤港澳大湾区冷链物流运输及仓储设施设备也难以满足大湾区冷链物流发展的需求，内容详见第六章。

四、冷链物流企业协同困难

湾区内冷链物流企业协作水平不高，竞争多于合作。广东九市、香港、澳门冷链物流服务水平差距较大，具体表现为冷链物流服务人员水平、服务质量水平、服务品牌战略、服务流程、服务时效、服务态度等方面的差异。这种服务水平的差异以及粤港澳三地不同制度法律致使湾区内冷链物流企业间协作不佳，而且竞争多于合作，即使在深圳和广州之间，也存在缺少合作的问题，各企业都以自己的利益为上而令行动难以协调。

五、缺乏大数据平台支撑

随着社会的高速发展和健康需求的日益增长，未来的粤港澳大湾区冷链物流必将向着智慧、可视化方向发展。智慧冷链以信息化为依托，广泛应用大数据、云计算、物联网等新一代信息技术与手段。信息共享和大数据支撑是粤港澳大湾区打造智慧冷链的关键所在，其中大数据系统关系着信息的真实性、实用性和可靠性。而当前湾区内大数据系统和信息平台的缺失使大量冷链物流信息缺乏衔接机制，导致大量冷链物流资源不能得到合理配置，从而影响冷链物流行业整体效率的提升。

六、冷链物流标准化尚未建立

粤港澳大湾区物流标准化体系尚未建立，冷链物流技术标准不统一，在过关时可能会面临标准不一带来商品滞留等问题，降低了冷链物流效率。关于大湾区冷链物流标准化问题详细内容见第七章。

七、冷链物流管理人才缺乏

从长远来看，冷链物流发展离不开冷链物流专业人才，而国内只有少量院校开设了冷链相关专业，培养的人才远远满足不了冷链物流行业发展的需求，冷链物流管理专业人才十分缺乏。解决的办法通常有两种，一种是培养本地人才，另一种就是吸引外来人才。关于培养本地人才，主要考虑通过院校增设冷链物流专业，并开展校企深度合作，大量培养符合企业需要的冷链物流管理的应用型、复合型、技能型人才。关于这个方法却不是一蹴而就的，至少在短期内，没办法解决冷链物流人才短缺的问题。

另外一种办法就是吸引外来人才。粤港澳三地，香港冷链物流发展较早，水平也较高，冷链物流专业人才也较广东多，如何将香港的人才吸引过来投入广东的冷链物流建设中，从粤港澳大湾区的角度来说是一个人才融合的问题。《纲要》中无论是对吸引国外人才，还是鼓励港澳人才到内地就业创业都提出了相关的举措，但实施起来还是有很大的困难。例如，从香港吸引人才的难点，首先就是税制带来的障碍，香港税率较低，仅有 4 个级别，最低税额 2%，最高仅为 17%，并有众多免税项目，例如已婚人士免税额、子女免税额、单亲免税额等。但内地的税率就高很多，并且按累进税率计算，最高可以达到 45%。虽然从去年开始国家进行了税费的改革，但与港澳相比仍然较高。更不用说还有出入境、医疗保险、住房、社会福利等方面的障碍，所以湾区内人才的聚集以及流动都有一定的难度。海外人才回国后国籍问题也是一个障碍，香港允许双国籍，大陆则不允许。此外，科研费的出入境受到大陆外管局的管制，手续比较烦琐。

八、国际影响力有待提升

虽然粤港澳大湾区在区位、人口、资源、经济等方面具有较大的优势，国家也计划将其建设成为世界一流湾区，同时在世界人民眼里其发展的潜力也是巨大的，可就目前来说它仅仅是一个新兴湾区，和世界知名大湾区如纽约、旧金山、东京等相比还有一定的差距。所以，在吸引国外高端资源方面的能力就显得不足，粤港澳大湾区的国际影响力还有待提升。

第三章 粤港澳大湾区冷链物流一体化建设

第一节　冷链物流体制协同创新发展

物流包括冷链物流，说到冷链物流管理体制主要是指物流管理体制，所以下面主要就粤港澳大湾区物流管理体制创新提出相关建议。

一、物流管理体制对冷链物流的影响分析

物流通过整合其他许多产业的资源来提供服务，所以它的资源比较分散，需要进行管理和整合，否则就不能支持其他产业发展，更谈不上进入国际市场并在国际市场中占有一席之地了。所以，从长远来看，物流的发展必须要有一个有效的、权威的国家管理体制与之相匹配，就像我国早些年出台的跟物流相关的各种政策，虽然都对物流的软硬件方面给予支持，但是由于缺乏一个高效的政府职能部门来管理，最后使规划流于形式，远没有取得预想中的效果。

另外，我国冷链物流产业的发展的典型特点在于它虽然起步较发达国家晚，但发展的速度非常快，尤其是近几年冷链物流的各项经济指标都呈现出高速增长的势头。可是，我国冷链物流发展水平跟发达国家相比还是有一定的差距，各方面都显现出明显的不足，虽然影响因素是多方面的，但现行的物流管理体制在这些因素当中绝对占据着重要的地位。

综上可见一个国家的物流管理体制对冷链物流产业发展的重要影响，任何国家，要想在冷链物流领域取得长远的发展，首先要理顺物流管理体制。

二、粤港澳大湾区物流管理体制的现状分析

（一）广东物流管理体制现状

广东九市（即大湾区内地九市）所采用的物流管理体制和国家的物流管理体制相一致。在我国，体制问题一直是困扰物流行业发展的关键问题，从中央到地方均没有专门负责物流规划和管理的机构或部门，都是由发改委牵头，交通运输、国土资源、商务、工业与信息化等多部门联合协作（见图 3 -1），共同服务物流产业发展。而现实生活中，物流行业的现状经常会产生因利益问题导致的部门不协调，相互推卸责任，工作效率不高，难以形成服务和推动物流产业发展的合力。目前在物流发展过程中，管理体制方面的障碍以及行业垄断、部门分割和地区保护严重存在。这种物流管理体制现状在一定程度上已经阻碍了物流发展。

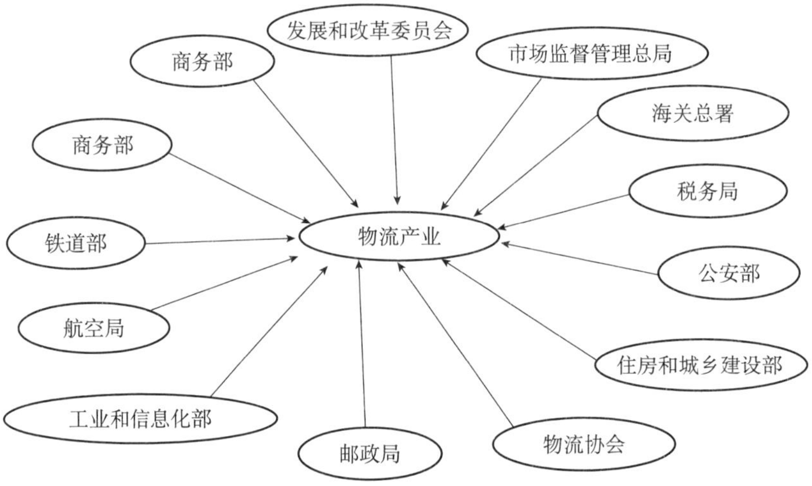

图 3 -1 我国物流产业的相关管理部门

发展物流业也经常存在部门沟通不畅，政令不通等问题。尤其涉及危险品、特大型货物、快件包裹、医疗器械、鲜活农产品等的流通更需要向不同的部门协调。另外，如果出现物流方面的纠纷，很多人都不知道要向哪个政府部门投诉。大众对管理物流产业的部门众说纷纭。

以上这些问题都是体制障碍导致的，在某种程度上增加了各物流企业的交易成本，增加了行业管理成本，同时带来社会资源的浪费。

（二）香港物流管理体制

香港物流管理体制与内地不同，香港政府专门成立了两个物流机构共同管理物流，一个是物流发展督导委员会，由财政司司长担任主席，主要负责制定相关物流业发展政策，同时加快推行各项相关措施；另一个是物流发展局，由经济发展及劳工局局长担任主席，由 39 名委员组成，主要来自政府部门和物流业界，下辖 5 个专项小组，分别是物流基建、资讯、人力资源、市场推广及支援中小企业物流专项小组，主要负责执行物流发展督导委员会的决定。

三、粤港澳大湾区物流管理体制融合的必要性分析

通过对粤港澳大湾区物流管理体制的现状分析，我们知道广东九市与港澳在物流体制方面存在较大的差异，广东在物流管理体制上表现为典型的多头管理，即使涉及本地区的物流事物行政审批程序也相当烦琐，更不用说港澳物流企业或车辆进入广东。港澳地区实行的是自由市场经济体制，物流业更是比内地发达，尤其香港的服务和金融行业更是国际水准，习惯了本地自由的经济市场环境的物流企业未必愿意进入广东区面对不同体制带来的诸多不便利。即使有部分企业愿意进驻，也可能由于行政审批制带来信息不对称等，造成企业间、政府间、企业与政府间的各种摩擦，从而影响湾区经济的协同发展。

综上可知，物流管理体制差异不利于广东九市与港澳物流产业的融合，因此，改革粤港澳大湾区物流管理体制势在必行。

四、国外物流管理体制的先进经验及对粤港澳大湾区的启示

（一）国外发达国家物流管理体制

美国并未设立统一管理物流的职能机构，对物流的各环节实行的按原职能分块管理，同样也存在多头管理、条块分割等问题，所以，为了保障物畅其流，促使各种运输方式的有效衔接，美国也在考虑对现有体制进行有效的改革。例如，美国提出的“大运输部”就展示了美国物流管理体制的发展趋势，而“大运输部”也很有可能成为美国统一管理物流各主要环节的职能部门。

欧盟为了促进物流产业的发展，出台了很多物流方面的政策法规，例如，《欧盟统一法》《马斯特里赫特条约》等，这些政策法规在一定程度上保证了

货物、人员、资金在欧共体的 15 个国家内自由流动，同时也促使了货币的统一，而货币的统一在某种意义上，极大地促进了欧洲物流业的迅速发展，也就是说，欧盟物流业的迅速发展得益于欧洲统一大市场的形成。

欧盟物流管理体制的特点主要表现在以下几个方面：第一，政府对物流业的发展起着引导和监督的作用；第二，发展物流所需要的基础设施由政府兴办，但由企业经营；第三，欧盟组织之间采取一系列协调措施，力求使物流体系向着标准化、通用化发展；第四，积极发挥协会在物流产业发展中的积极作用。

在日本，物流产业并没有统一的管理机构，主要由政府部门管辖大部分物流事物，政府制定发展物流的纲领性政策文件，并从整体上引导本国的物流产业发展。日本虽然没有统一的物流机构，却也有一些相关的协会存在。在对物流的管理过程中不完全放任政府部门对物流发展进行指导，而是采取政府参与和组织物流行业协会的方式，并通过协会这一中介渠道对本国物流业进行较为集中的管理。日本政府为了促进本国物流产业发展还制定了众多的政策和法规。

（二）国外发达国家物流管理体制给粤港澳大湾区的启示

通过对发达国家的物流管理体制的分析，我们发现，虽然很多国家也没有设立专门的政府职能部门来统一管理物流，但是各国仍然存在一个整体性的物流管理模式来协调本国的物流活动。

国外对物流管理的经验固然很值得我们学习，但却不能生搬硬套。粤港澳大湾区物流管理体制改革要遵循两个原则：第一，要符合粤港澳大湾区的物流发展现状；第二，要考虑粤港澳大湾区物流的发展轨迹。

五、对粤港澳大湾区物流管理体制协同创新发展的建议

根据粤港澳大湾区现状，为了加快物流办事效率，促进粤港澳大湾区物流业快速稳定发展，粤港澳大湾区物流管理体制协同创新发展可以考虑以下两点建议。

（一）建立统一的协调机构

现代物流发展的关键在于系统化的管理，那么理顺物流管理体制，完善物流运行机制是非常必要的，根据粤港澳大湾区物流发展特点，并结合粤港澳大湾区现状，建议粤港澳大湾区统一采用香港的做法并对其进行改进，具体做

法：首先，建立一个区域性物流协调管理机构，它的职能主要是针对粤港澳大湾区内物流产业发展进行规划、指导、组织、协调、推动，从本质上解决传统物流多头领导、各自为战、缺乏整体协调的条块分割局面。其次，各地区可以成立专门的物流协调机构，直接隶属于政府，由政府领导出任组长，涉及政府各部门领导为成员，专门负责研究、制订发展现代物流的规划，并负责现代物流发展中相关政策措施以及各地区物流的统筹发展和协调工作，同时选拔一批专业的物流人才专门负责物流新技术的研发及应用。而在发改委、交通运输厅、商务厅、工业与信息化厅、邮政管理局等和物流发展相关的厅局中设立专门的物流发展职能机构。

上述各部门的物流发展职能机构受湾区物流协调机构的业务指导，负责物流发展政策衔接和业务管理工作，定期将本单位服务推动物流产业的统计资料、工作思路、近期规划等上报省物流协调机构，由该机构直接上报省政府统筹决策后，具体落实执行。这种统筹协调、相互配合的物流管理体制和运行机制有利于更好地为物流产业的发展服务。

（二）构建物流“一站式”办公模式

物流行业的管理涉及多个部门，多头管理带来一定的弊端，如因利益问题导致的部门不协调，相互推卸责任，工作效率不高，难以形成服务和推动物流产业发展的合力。例如，某个物流企业就物流业务到相关部门去办理一些手续，可能要跑多个部门，由于这些部门的办公地点不在一起，可能要跑多个地点，又可能由于个别部门办事效率低下，同时又有工作时间限制，那么即使一件小小的物流业务的办理也可能耗时几天。更不用说普通公民遇到物流纠纷需要投诉时，更不知首先要到哪里去反映问题。

鉴于以上原因，并根据粤港澳大湾区现状，建议湾区内实行物流“一站式”办公模式。所谓“一站式”办公模式，简单地讲是指企业一次性为客户提供完整的“一条龙”服务，最早源自商务活动中。其实我国早在 1995 年，这种办公模式就被用在政府相关职能的审批业务中。

建立物流“一站式”办公模式，在湾区内选择一处合理的办公地点，这个地点集中办理物流相关的审批业务，不管是相关的物流企业还是普通公民，只要需要申请事务，就可以在一个指定的地点全部办完。这种模式不但能提高政府部门的办事效率，提高民众对政府的信赖；同时也能促进物流产业的迅速发展，为提高粤港澳大湾区物流业在国际市场的地位打下坚实的基础。

第二节 港口群一体化建设

一、大湾区港口群发展现状

粤港澳大湾区港口众多，广州港、深圳港、香港港、珠海港、佛山港、东莞港、中山港、惠州港、江门港等形成的港口群吞吐量规模已居全球各湾区第一。2018 年粤港澳大湾区香港、深圳、广州三大核心港集装箱货物吞吐量高达 6167 万 TEU，除香港港集装箱吞吐量同比下降外，深圳、广州集装箱货物吞吐量分别达 2573 万 TEU 和 2140 万 TEU，同比增长 2.09% 和 5.1%，在 2018 年度全球十大集装箱港口排名中分别位列第四位和第五位，高于香港港口集装箱吞吐量。预计到 2020 年，大湾区内地港口集装箱年吞吐量将达到 6200 万标准箱。香港是全球供应链上的主要枢纽港，是全球最繁忙和最高效率的国际集装箱港口之一。2018 年香港港集装箱吞吐量 1964.1 万 TEU，与深圳港、广州港一起成就了粤港澳大湾区在 2018 年全球十大集装箱港口排名中独占三席的辉煌（见图 3-2），世界级港口吞吐量地位得到巩固。

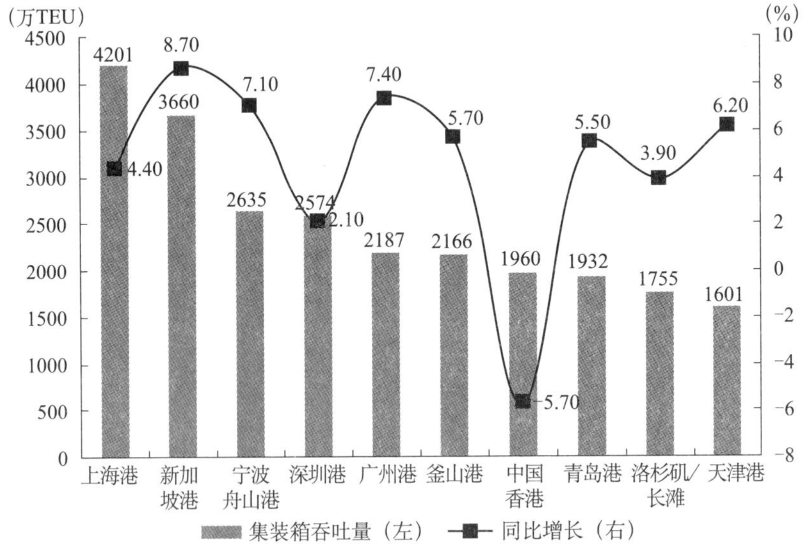

图 3-2 2018 年度全球十大集装箱港口吞吐量及增长情况

资料来源：广州市港务局，http://www.gzport.gov.cn/gzsgwj/picnews/201904/8afde6fc81714ad59289632999ba5c3f.shtml.

与世界级湾区相比，粤港澳大湾区港口集装箱吞吐量居各大湾区之首，2015 年以 6520 万 TEU 遥遥领先日本东京湾区、美国纽约湾区和旧金山湾区（见图 3－3）。

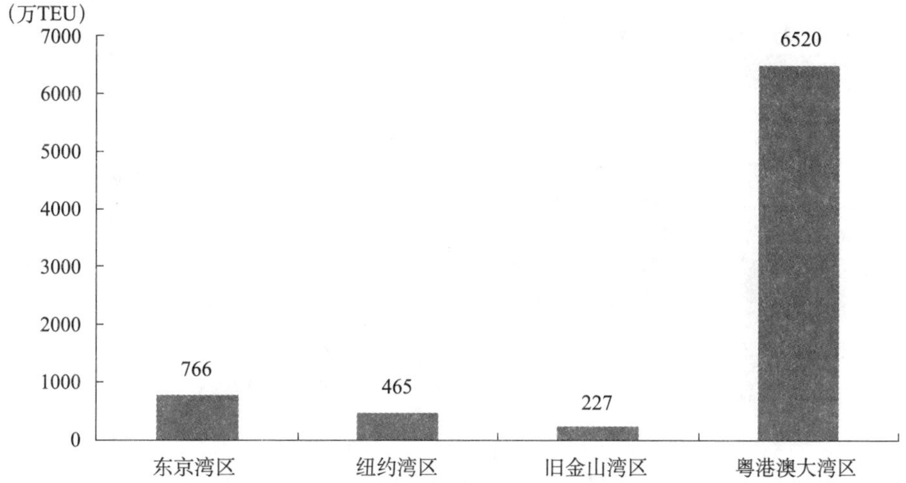

图 3－3　2015 年各大湾区港口集装箱吞吐量

资料来源：粤港澳大湾区研究院，http：//www. dawanqu. org/2017/7-17/3MMDE0MTRfMTQxMzc3Mg. html.

粤港澳大湾区建设元年，除了香港港、深圳港、广州港三个顶级货物吞吐量大港，珠海港作为大湾区港航发展重要战略门户，将与三个核心港口一起成为粤港澳大湾区主要港口，佛山港、东莞港、中山港、惠州港、江门港等作为重要补充港口发展良好。2018 年，珠海港集装箱吞吐量 231 万 TEU，同比增长 1. 6%；佛山港集装箱吞吐量 400 万 TEU，同比增长 2. 5%，完成货物吞吐量 8973. 08 万吨，比上年增长 12. 6%；东莞港 350 万 TEU，同比降低 10. 5%，港口货物吞吐量 16417. 13 万吨，同比增长 4. 48%；中山港集装箱吞吐量 144 万 TEU，与 2017 年港口吞吐量持平，港口货物吞吐量 11965 万吨，同比增长 48. 7%，以上四大港口均凭借集装箱吞吐量优异成绩挤入 2018 年度全球集装箱港口排名前 120 名，珠海港、佛山港、东莞港、中山港分别在排名中居第 82 位、第 42 位、第 46 位和第 115 位。中山港货物吞吐量增长速度高达 48. 7%，佛山港货物吞吐量发展速度在湾区内排名第二，达到 12. 6%。江门港 2018 全年货物吞吐量达 9369 万吨，同比增长 13. 3%。2018 年澳门港集装箱吞吐量发展速度加快，以同比增长 6. 81% 的速度发展到 13. 9 万 TEU。粤港澳大湾区港口群集装箱吞吐量及货物吞吐量大（见图 3－4、图 3－5），外贸吞吐量虽有待提升（见图3－6），但发展势头良好，呈现出整体水平稳步上升的发展趋势，港口群国际核心地位得到加强。

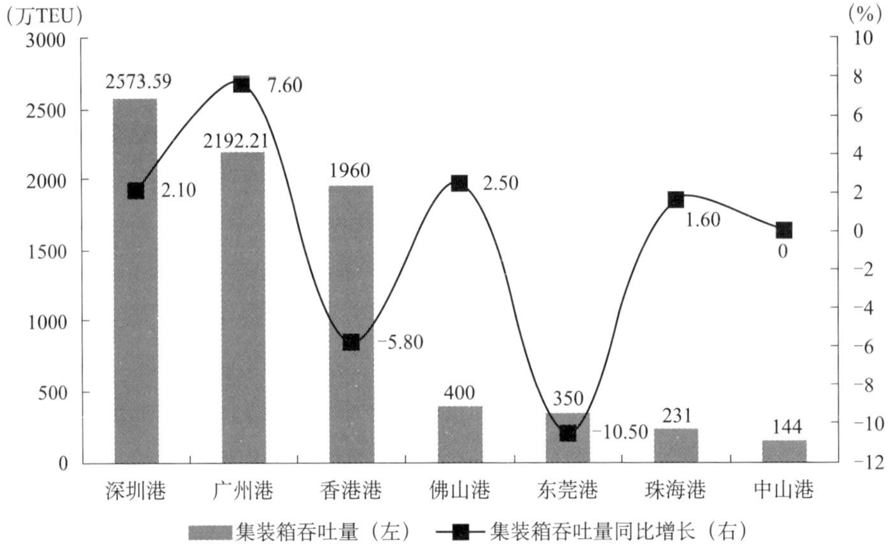

图3－4 2018年粤港澳大湾区港口群集装箱吞吐量

资料来源：根据各市国民经济和社会发展统计公报整理。

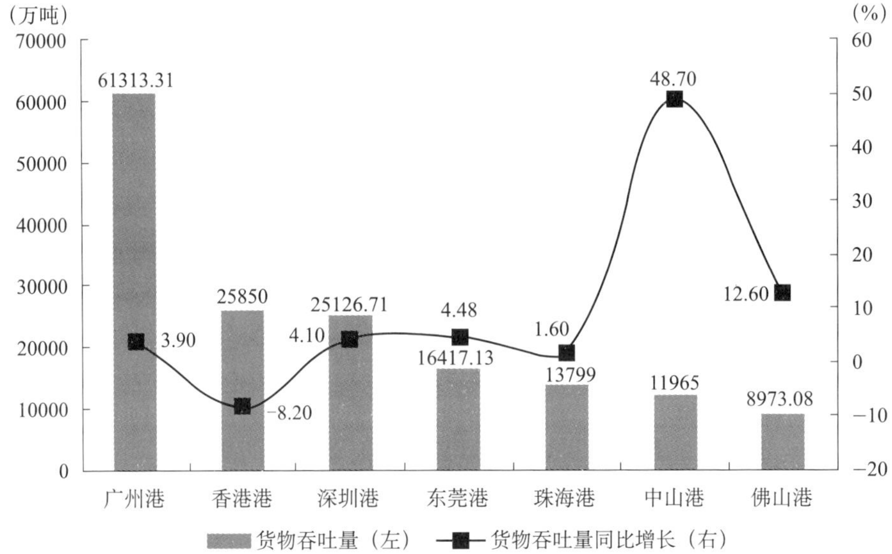

图3－5 2018年粤港澳大湾区港口群货物吞吐量

资料来源：根据各市国民经济和社会发展统计公报整理。

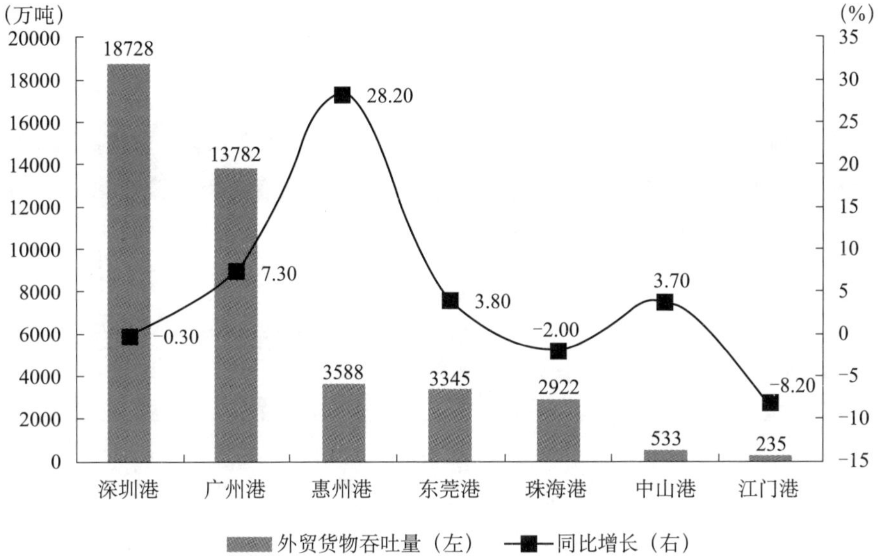

图 3－6　2018 年湾区各港外贸货物吞吐量

资料来源：根据国际海事信息网、各市国民经济和社会发展统计公报整理。

二、大湾区港口群发展存在的问题

（一）港口同质化严重，港口间竞争激烈

从图 3－4 可知，粤港澳大湾区港口集装箱吞吐量集中在深圳、广州、香港三大港口，2018 年香港港集装箱吞吐量同比下跌 5.8%，广州港和深圳港集装箱吞吐量同比上升，深圳港 2013—2017 年来一直保持集装箱吞吐量居全球第三的好成绩，广州港更是凭借南沙港区深水优势和国际航线建设成效，在 2018 年实现集装箱吞吐量飞跃式发展，在 2018 年全球集装箱吞吐量排名中连升两级，广州和深圳两港的快速发展对香港港集装箱吞吐量产生了明显的影响，三大港口在集装箱业务方面竞争激烈。随着深圳盐田、广州南沙等内地码头设施完善，加之货物运输费用低，越来越多的货物选择从内地进出口，只有高附加值、时间要求紧迫的货物，会选择有着便捷、高效清关流程的香港码头。

由图 3－6 可知，广州港作为我国内贸大港，在外贸货物吞吐量方面发展迅速，2018 年广州港全年外贸货物吞吐量约 1.4 亿吨，虽然占比只有 22.74%，但增长速度快，达到 7.5%。深圳港一直是外贸货物吞吐量占优势的大港，2014 年以来，深圳港外贸货物吞吐量保持着超过 1.8 亿吨的好成绩，

且占港口货物吞吐量比重保持在 80% 以上，2018 深圳港外贸货物吞吐量占港口货物吞吐量比重下跌到 74.53%，出现了 0.26% 的微跌（见表 3－1），这与广州港外贸货物吞吐量的快速增长不无关系。由此可见，湾区内地核心港口之间在欧美国际航运方面的竞争呈现白热化。加之作为自由港的香港以贸易为主，小体量的本港制造，使得港口吞吐很大程度上只有进港和离港区别，均属于外贸货物吞吐。因此，在外贸航运上湾区内同质化竞争严重。

表 3－1 2014—2018 年深圳港口货物吞吐量

年份	货物吞吐量（亿吨）	外贸货物吞吐量（亿吨）	外贸货物吞吐量占比（%）	同比增长（%）
2014	2.23	1.83964	82.49	1.21
2015	2.17	1.83633	84.62	－0.18
2016	2.14	1.80364	84.28	－1.78
2017	2.41	—	—	—
2018	2.51	1.8728	74.53	－0.26

资料来源：陈朝萌. 粤港澳大湾区港口群定位格局实证分析［J］. 深圳大学学报（人文社会科学版），2016，33（4）：32—35，41.

湾区各港口同质化竞争激烈的原因主要为港口各自为政，缺乏有效的协调机制，港口群无法协同发展。各大港口为了适应经济、贸易及航运的发展，都倾向于船舶大型化、运输干线化方向发展，对码头的建设和经营管理同质化严重。

（二）港口腹地有待进一步拓展，多式联运服务有待升级

粤港澳大湾区与其他世界级湾区相比，港口过于密集，广州港周围将近 100 公里范围内运输港口多达 60 多个，除西江水系的江门港和东江水系的惠州港外，其他港口都地处珠江水系，导致港口航道重叠，部分港以珠江三角洲和西江沿线广东省内区域为主要直接腹地，港口经济腹地宽度不够，货源争夺激烈。目前，珠三角港口群高达 80% 的货物量来自于直接经济腹地，外省进入珠江三角洲的货量不多，港口延伸腹地能力有待增强。

虽然这几年各港口注重内陆无水港建设，以期扩大港口经济腹地范围，但连通“内陆无水港”到各大港口的多式联运线还没有完善，多式联运服务质量也亟待提升。广州港 2019 年 7 月才实现铁路集装箱第一次“下海”，作为我国最大的内贸港，33 个内陆无水港海铁联运班列只有 10 条，广州南沙港海铁联运工程预计到 2020 年才能竣工。2013 年铁水联运量 1.94 万 TEU，占广州港

口集装箱吞吐量比例低至0.13%；深圳港已有15条海铁联运班列，但2013年铁水联运14.49万TEU，占港口集装箱吞吐量比例仅为0.62%，与天津港15条集装箱海铁运输班列，2013年铁水联运26.9万TEU，占港口集装箱吞吐量的2.07%。与2018年无水港操作量高达41.5万TEU相比，粤港澳大湾区港口群铁水联运亟待增强，无水港货物操作量有待提高。

如何实现多式联运服务升级，构建海陆联运的物流大格局，寻求海铁联运与内陆无水港协同发展对策，提高港口与腹地间联动功能值得研究。

（三）珠江东西岸港口发展不协调

粤港澳大湾区港口群分布于珠江东西两岸，广州港位于珠江入海口，东莞港位于珠江入海口东岸片区，惠州港、深圳港地处珠江东岸，珠海港、中山港、江门港、佛山港、肇庆港位于珠江西岸。西岸的港口珠海、中山、江门等港口货物吞吐量远低于东岸的广深莞等港口，尤其在外面货物吞吐量上。以东岸表现最差的东莞港作为比较，2018年江门港、中山港、珠海港外贸货物吞吐量分别只有东莞港的1/14.2、1/6.3和/1/1.14。通过粤港澳大湾区港口一体化建设，实现珠江东西两岸港口协同发展，从而带动西岸及粤西地区经济发展意义重大。

（四）内联外通网络系统建设有待增强

内联外通的交通网络是粤港澳大湾区港口群发展的基础，目前横贯东西的交通大通道尚未形成，服务于沿海主要港口集装箱港区的高速公路有待加强建设，海铁联运、公铁联运等多种运输方式衔接有待协同，对内集疏运系统建设有待进一步完善。

（五）港口冷链物流条件有待改善

据不完全统计，港口冷库总库容约327.35万吨，其中海港占比55%，约为180万吨。珠三角海港冷库主要集中在广州港和深圳港，分别为11.8万吨和3.6万吨，与环渤海湾和长三角海港冷库容量相差甚远，环渤海湾仅大连、天津、青岛三港冷库容量高达82.9万吨，长三角仅上海、宁波、厦门三港冷库容量达35.4万吨（见图3－7）。粤港澳大湾区港口冷库容量有很大的发展空间。要实现港口物流升级，实现港口高端物流业发展，必须加强港口冷链物流产业发展，满足人们对生鲜、冷冻等冷链食品的消费需求，保证食品安全，提高人们生活水平。

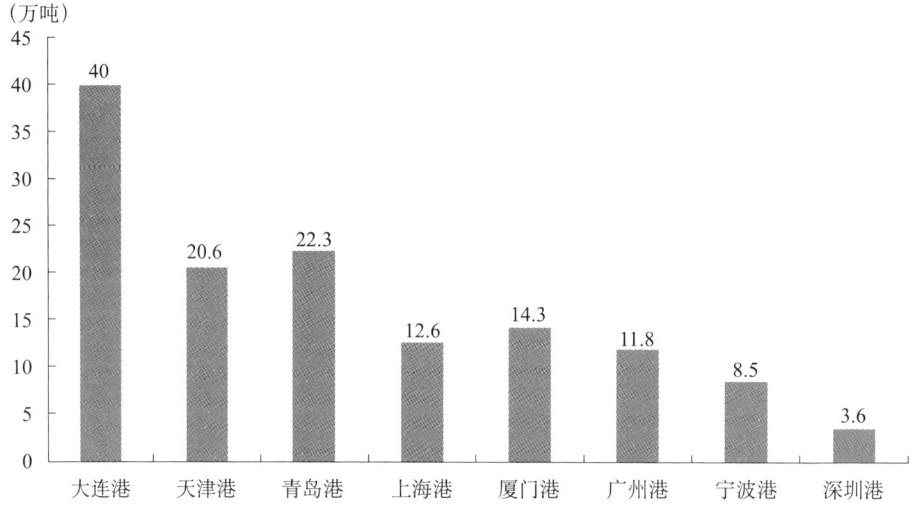

图 3-7　2018 年中国七大海港码头冷库容量

资料来源：物流指闻，http：//www.sohu.com/a/271720366_343156.

三、大湾区港口群一体化发展策略

（一）完善合作机制，优化湾区港口资源配置

探索更高效便捷的协调机制，多种合作模式结合发展。建立粤港澳三地政府主导的港口宏观发展方面的合作机制，做好湾区港口发展总体规划，务必注意总体规划的科学性、包容性与前瞻性，包括公共基础设施建设、集疏运体系建设等与地方政府更高经济发展战略相关的项目建设工作，做好政府层面的三地体制机制衔接工作，这样的强制性协同模式能带来快速、稳定的港口协同。

推动政府参与、港口管理部门之间以协议等形式进行利益分配的协同发展机制，由政府牵头，可以协调解决港口协同发展过程中碰到的跨部门事权问题，为港口间的协同发展创造良好的沟通与合作环境。这种方式可以借鉴舟山港口管理委员会、上海组合港管理委员会与长三角港口管理部门联席会议制度的合作模式。

主推企业主导型股权式合作，根据市场经济发展规律，港口各企业为了追求最大港口经济效益，通过资本参与形式，建立合作伙伴关系，寻求港口共生之道。香港港与深圳港以资本为纽带建立了股权式合作。香港四大中资企业的招商局港口集团实现了深圳港西部港区大部分港口码头的统一管理，蛇口、赤

湾、妈湾、海星、招商港务等港口资源得到整合；香港和记黄埔及香港现代货柜码头投资深圳盐田港集团，一起管理经营深圳西部大铲湾码头和深圳东部盐田港区；除此之外，招商局港口集团资本还延伸到了东莞麻涌、江门外海、佛山澜石、中山外贸等大湾区东西部港口和码头，并成为粤西湛江港集团的第一大股东；深圳盐田港集团控股惠州港，和记黄埔与惠州港务集团有限公司并列为最大股东，并投资建设汕尾小漠港，加上和记黄埔在珠海九洲港货运码头百分之五十的参股，港深基本形成了以深圳港、香港港为核心，东莞港和珠海港为东西两翼，惠州港为支撑，江门港、佛山港、中山港、湛江港与汕头港为喂给港的港口布局。广州港也在积极发挥其地处珠江口枢纽位置优势，主动作为，加大对珠江西岸港口经营建设投资，从佛山高明港区海口码头取得 40% 股权，从中山港航集团（中山港主体企业）获得 52.51% 股权，并投资建设茂名港，加上广州南沙港距离西部货源地及港口距离优势，交通网络优势，成本优势，广州港与西部港口之间通过资本纽带，必能优化西部港口资源，发挥广州港门户作用，带动西部港口及西部城市外向型经济发展，促进湾区港口协同发展。

明确各港功能定位，优化湾区港口资源配置。发挥广州港广阔腹地优势，继续推进经济腹地向内发展；突出深圳港劳动力成本低、运输费价格不高优势，以出口为主推动发展；香港则利用其在国际航运中的核心地位及在港口金融、法律等高端航运服务方面的优势，继续大力推动转口贸易发展。湾区港口应发挥“一国两制”的优势，借力两岸三地便捷的清关程序，构建湾区港口群港口、航运、物流和配套服务一体化体系，形成优势互补、互惠共赢的体系，形成具有国际竞争力的湾区港口群。

（二）构建现代港口交通体系

加快建设北江干流、西江干线至珠江口港口群高等级航运主通道，构建以广深港珠为核心，连接湾区各大城市的铁铁 + 铁海联运线，推进连通港口与内地城市的高速公路网络建设，完善内地城市末端配送服务公路交通网络，加快建设机场与港口码头直通航线，实现“机场 + 码头”空海联运，香港国际机场码头已开通了直达广州南沙港及莲花山港、珠海九洲港的航线，深圳机场码头往返珠海九洲港的“水上巴士”已正式开通，建议开通澳门国际机场至珠海九洲港码头的航线，建设粤港澳三地更便捷的交通网络。

（三）推进多式联运服务发展，提高港口辐射范围，增强港口与腹地联动功能

粤港澳大湾区港口分布于珠江东西两侧，通过珠江—西江水系与大西南地

区相通，又通过珠江与南海相汇，珠江—西江流域江海联运优势明显。通过整合水水联运体系，优化布局内河航线，与西江内河港口联动，将湾区港口对接的经济腹地由珠三角地区拓宽到西江内河港口对应的大西南区域。发挥广州港地处珠江口的核心枢纽地理位置优势，以广州港为门户，以东莞港和珠海港为两翼，以中山港和佛山港为支撑，建立湾区港口驳船联盟，为珠江—西江水系集装箱江海联运发展提速，实现船舶运输江海直达，建成粤桂水上运输通道，增强港口与腹地联动功能。

大力发展多式联运，尤其是海铁联运，扩大湾区港口货源和腹地辐射范围，将货源腹地延伸至全国各地。深圳港通过平盐铁路共开通了15条海铁联运线路，6条省内线，9条省外线，实现与长沙、河源、东莞、重庆、赣州、醴陵、韶关等地对接，将码头功能辐射内陆腹地，为内陆各地发展开放型经济提供了便利、快捷的服务；珠海港已开通5条多式联运通道，包括珠海—贵港—昆明、高栏—云南、营口—高栏—衡阳等水铁和海铁联运线，货源腹地延伸至北方；加快广州港与渤海湾、杭州湾等海湾的水水联运方式对接，推进广州南沙港疏港铁路建设，南沙港铁路西起江门鹤山南站，往东南经过佛山、中山，再到广州南沙万顷沙镇和南沙港区，通过鹤山南站往北通过广珠铁路与京广铁路相连，往西与贵广、南广、柳肇铁路相通，往东与湾区深度合作示范区南沙区和南沙港区对接，货源地延伸至中南地区、西南地区，并辐射到欧美、非洲等全球100多个国家和地区。通过多式联运，能开拓湾区内各港口更广更宽的腹地范围，但要实现港口与腹地更加紧密的联动发展关系，更应该重视推进多式联运升级发展，为港口与腹地间一体化发展提供动能。

加快多式联运服务升级，推进港口与腹地联动发展。改变湾区港口集散货物以卡车运输方式为主的现状，大力推进海铁联运班列线建设，以内陆无水港为点，建成粤港澳大湾区海陆联运物流网络系统；根据铁路货运站点位置，优化内陆无水港布局，尽可能减少无水港到铁路货运站点短途公路运输接驳方式出现，尽量围绕铁路货运站设置无水港；港航企业与铁路公司合作参与无水港建设工作，避免无水港建设各自为政、港口与无水港前后信息不对称，实现多式联运内陆无水港、铁路公司、港航等参与方一体化。实现多式联运操作一体化，包括“区域通关一体化”“关检一体化”、一票操作等，简化放行环节，提高通关效率。同时针对港口多式联运中冷链运输设备种类和数量偏少、港口食品、药品、酒类等货物运输量逐渐增加现象，增加冷藏集装箱等冷链运输设备与冷链运输货物类型，实现多式联运运输货物类型升级。

（四）港口冷链物流化转型，延伸港口服务功能，提升冷链物流效率

各港口往往更多地关注国际航线的开辟，重视集装箱货物如何运往欧美、非洲、东南亚等世界各地，忽略了从全球各地区运进来的集装箱货物如何快速分配到内地。湾区是中国的南大门，从湾区港口进口的货物量巨大。港口作为供应链的综合节点，完善全链条的物流服务，是港口实现下一轮增长的关键。

粤港澳大湾区港口需要引进高灵敏性的雷达等新技术，实现港口高度智能化、信息化，提高港口物流作业效率；引进高效运作的硬件设施，做好设施设备标准化工作，实现港口硬件与公路、铁路等运输方式无缝连接；不断完善港口与腹地间公路、铁路、内河、机场、管道与城市交通网络，提升港口集疏运功能；推进港口物流园区、保税区建设，加速自由贸易港申报和建设工作，提高港口转口贸易量，提升港口仓储、流通加工、报关等增值服务能力；构建航运公共信息服务平台，实现平台互联、信息共享，港口为物流参与方提供“物流一站式超市”，一体化物流服务更便捷更高效；构建以港口为核心，集运输、仓储、通关、流通加工、装卸搬运、配送等物流功能为一体，实现进口“门到门”物流服务一体化，物流服务商、客户、港口企业等供应链参与方协同，商流、物流、资金流、信息流畅通的港口物流供应链，发挥港口作为供应链综合节点优势，主动担当，成为进口物流与交易的组织者，建立全供应链上湾区港口节点横向合作及港口与客户、港航企业、港区附近物流企业、工业企业等供应链节点间的纵向合作关系，推动港航物流业朝着规模化、效率化发展。

促进港口物流产业高端化，推动港口冷链物流发展。港口不仅要关注物流化转型，还要打造港口高端物流产业。根据李芏巍在第六次中国物流学术年会高端物流专题论坛上提出的高端物流概念，冷链物流由于运输物品的特殊性，需要特定的温度和冷藏技术满足物品在各物流环节的要求，属于高端物流项目。为实现港口业务多样性，拓宽港口业务范围，粤港澳大湾区港口应积极打造国际冷链物流中心，加快南沙港区国际物流中心冷库、深圳盐田港冷链物流产业创新等项目建设，港口企业与物流企业基于冷链物流的横向布局和纵向业务延伸方面开展深入合作，布局建设具备国际中转、加工存储、分拨集散、保税、检验检疫等功能的冷链物流中心，建立公共冷链物流平台，大力培育冷鲜品牌，依托湾区港口成熟的基础设施和先进的技术设备，以发达的国际航线网为支撑，激活口岸冷链进出口市场，带动形成新的集装箱航线，增强湾区港口

集聚辐射力，提升港口物流竞争力。

（五）强化粤港澳大湾区港口航运高端服务业

粤港澳大湾区港口群国际化发展，经济体量已经不再是衡量港口发展的“金指标”，湾区港口群推动高增值和航运服务业发展，实现航运金融业和航运保险业转型，拥有完善的与国际接轨的法律体系，是湾区港口群提升国际航运中心地位，湾区整体迈向国际价值链中高端的重要议题。

航运金融是指航运企业运作过程中发生的融资、保险、货币保管、兑换、结算等经济活动而产生的一系列相关业务的总称，可分为船舶融资、船运保险、资金结算和航运价格衍生产品四大类型。

香港凭借其在航运金融、保险等高端服务业的优势，聚集了航运业相关高精尖专业人才，拥有与国际接轨的法律体系，国际航运核心地位突显。发挥香港在湾区港口航运高端服务业发展中的引领作用，实现粤港航运金融、保险、律师事务所等服务业合作联营，创新粤港在航运服务业方面的合作模式，如深港“飞地经济 + 双港联通 + 跨境金融”发展模式创新、深港国际海员管理与服务创新。发挥港澳高端国际航运业优势，结合珠三角广阔的经济腹地优势，实现湾区港口在航运人才培养、航运金融与保险业、邮轮游艇、集装箱运输等方面的合作，形成湾区各港口在航运服务方面协同发展。

广、深、莞等应主动发力，加快国际航运金融服务业、保险业发展，为航运国际化发展奠定良好的法治基础。首先实现政策突破，创新航运服务业发展政策，营造有利于高端航运业发展的政策环境。以科学的发展思维制定具有前瞻性的航运业发展规划，包括人才引进政策、优化航运及相关航运的税制、税率政策、积极引入外商投资的国际航运服务业等，为航运服务业发展减负注能。出台有利于航运服务业协同发展的政策，如航运金融服务业发展相关的银行金融业务和航运融资、保险等各部门的业务协同，与统计口径、工商登记等方面相配套的政策，以及降低高端航运服务业市场准入制度的相关政策，带动港口航运高端服务业快速发展。实现港口航运业政策创新，如航运金融创新政策在南沙自贸片区先行先试，主要针对航运交易、金融、保理、第三方支付结算等服务进行研究。其次，在港区形成航运高端服务业集聚效应。加快港区国际航运仲裁院、国际金融仲裁院、法院、廉政监督局、律师事务所的建设，营造法治化、国际化的营商环境；吸引融资租赁企业、船舶管理企业、保险企业、银行等航运金融相关企业落户港区，构建融资租赁产业服务平台、临港大宗商品交易、航运交易、船舶交易、航运衍生品服务及航运人才等平台，加速湾区港口航运金融业领域发展，为大湾区冷链物流发展营造良好的金融环境。

第三节 机场群一体化建设

机场群一体化建设能促进粤港澳大湾区冷链物流相关的生产要素突破行政壁垒，实现快速流动，满足冷链食品、医药品等冷链产品对运输效率和时间的严格要求。针对大湾区机场群发展现状，构建全新的、科学的、高效的大湾区航空运输体系，满足日趋统一的大湾区航空客货市场，全面提升大湾区冷链物流运输能力，建立大湾区与全国各地甚至全世界各地区相通的航空冷链物流运输网络，促进大湾区冷链物流快速发展。

一、大湾区机场群发展现状

粤港澳大湾区机场有香港国际机场、广州白云机场、深圳宝安机场、澳门国际机场、珠海金湾机场、惠州平潭机场和佛山沙堤机场，以及珠三角新干线机场，再加上揭阳潮汕机场、湛江机场、梅州机场及韶关机场的改扩建，粤港澳大湾区机场群将得到快速发展。

（一）粤港澳航空运输发展情况

1. 广东省航空运输发展情况。

2010—2017 年广东省民航航站货物进出港量稳步增长。2017 年广东省民航航站货物进出港量合计 301.27 万吨，同比增长 5.95%（见图 3－8），其中航空港进港货物量 125.95 万吨，出港货物量 175.32 万吨，进、出港同比增长 7% 和 6%（见图 3－9）。

2. 香港航空运输发展情况。

香港航空货物进出港量相当大，且呈现稳步增长态势。2017 年香港航空货物总运输量高达 493.8 万吨（见图 3－10），超过整个广东省总量 100 万吨，香港航空运量在整个大湾区遥遥领先，同时出港货物运量远远超过进港货物运量（见图 3－11）。

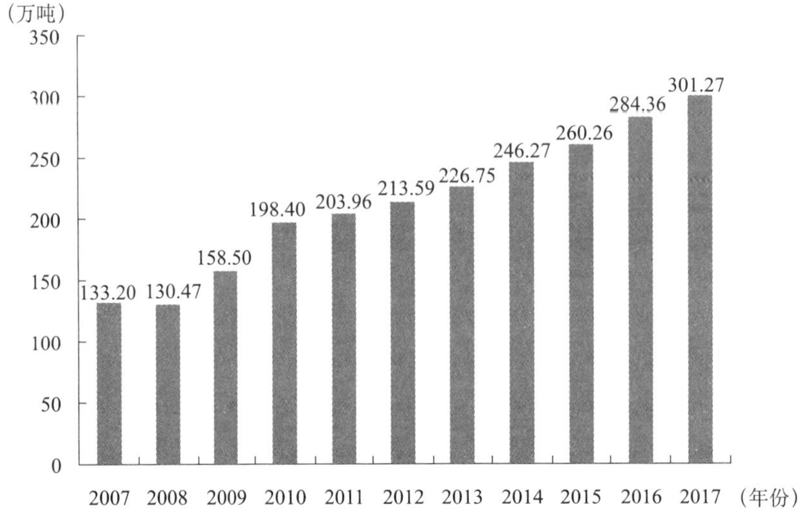

图 3－8　2007—2017 年广东省民航航站货物运输总量

资料来源：《广东统计年鉴 2018》。

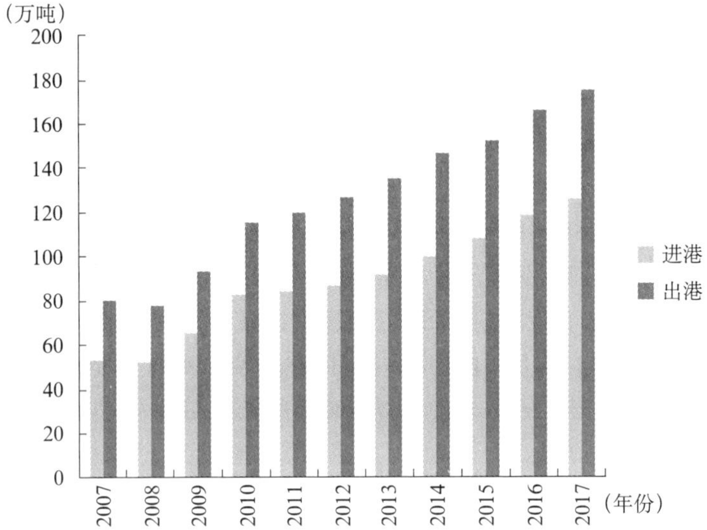

图 3－9　2007—2017 年广东省民航航站进出港货物运输量

资料来源：《广东省统计年鉴 2018》。

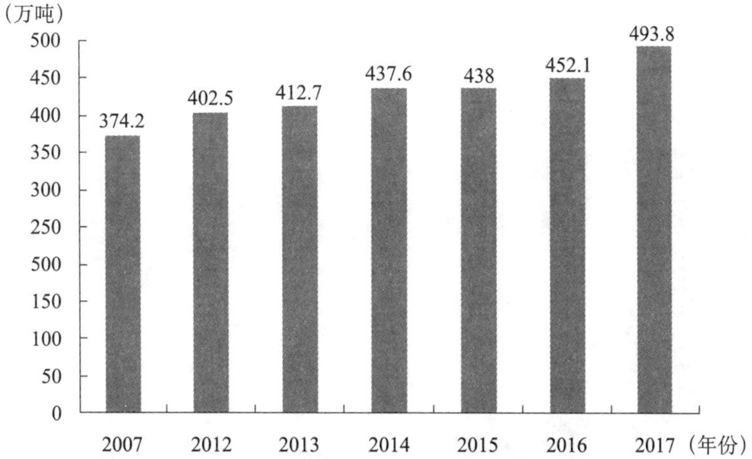

图 3－10　2007—2017 年香港航空货物运输总量

资料来源：《香港统计年鉴 2018》。

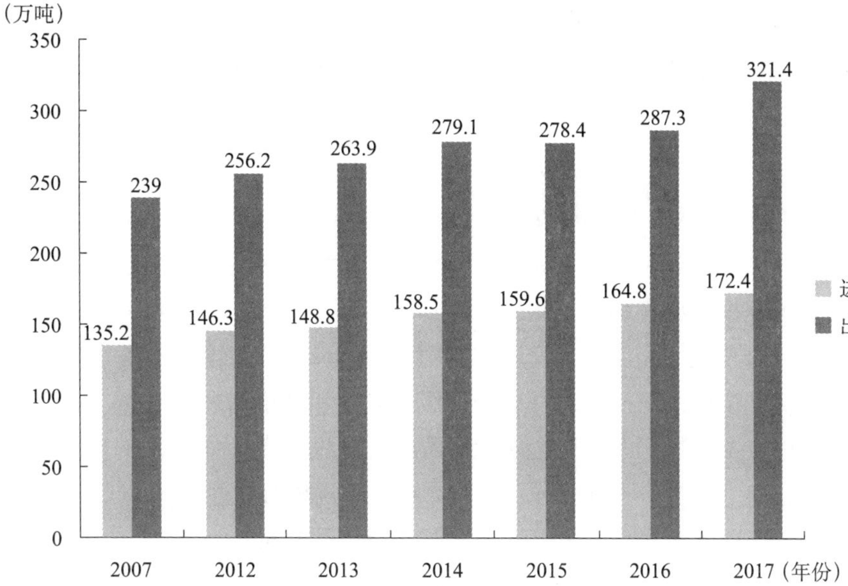

图 3－11　2007—2017 年香港航空进出港货物运输量

资料来源：《香港统计年鉴 2018》。

3. 澳门航空运输发展情况。

有别于粤港航空运输规模稳增发展趋势，澳门航空运输规模从 2007—2013 年一直呈递减趋势，直到 2014 年开始出现增长现象，并从 2014—2018 年呈稳增发展（见图 3－12）。

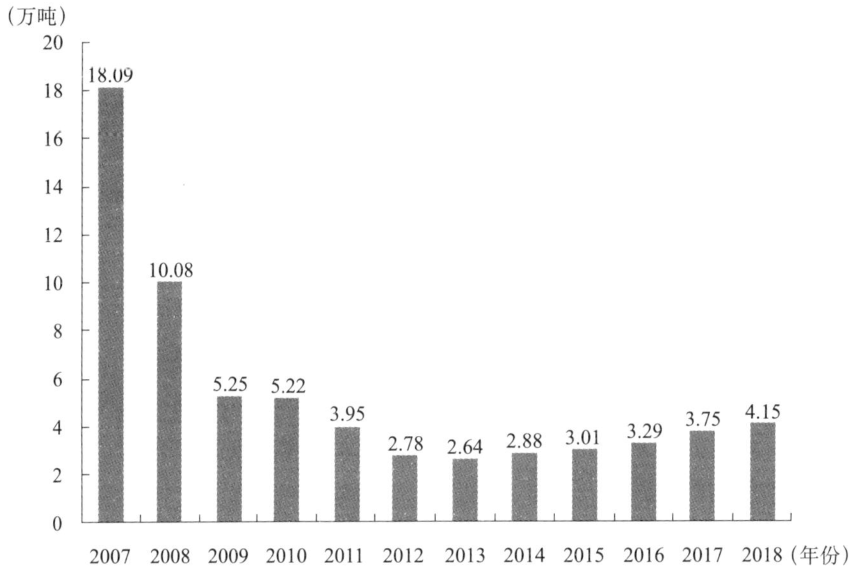

图 3－12　2007—2018 年澳门航空货物运输总量

资料来源：澳门区统计局统计数据库。

（二）大湾区机场群竞争力

客运吞吐量方面，2018 年，大湾区香港国际机场、广州白云机场、深圳宝安机场、澳门国际机场、珠海金湾机场五大机场旅客吞吐量高达 21322 万人次，香港国际机场旅客吞吐量更是以超 7000 万量级位居湾区第一位，全球第八位，广州白云机场和深圳宝安机场紧随其后，珠海金湾国际机场旅客吞吐量破千万人次，澳门国际机场也在向千万级迈进。加之惠州平潭机场、佛山沙堤机场等其他重要机场，大湾区全年旅客吞吐量规模巨大（如图 3－13 所示）。

货邮方面（如图 3－14 所示），2018 年，香港国际机场、广州白云国际机场、深圳宝安国际机场作为大湾区三大机场货邮吞吐量共计约 823 万吨，占大湾区机场群货邮总吞吐量比例高达 98.8%。2018 年全球货邮吞吐量排名前 20 位中，大湾区占 2 席。香港国际货邮吞吐量 512.1 万吨，同比增长 1.4%，其中国际货邮吞吐量为 501.8 万吨（安克雷奇国际机场的数据含过站货），占比高达 98%，货邮吞吐量及国际货邮吞吐量均位居全球第一，国际航空枢纽地位明显；广州白云国际机场以 189.1 万吨跻身 2018 年世界机场货邮吞吐量 20 强，排行榜第 17 位，同比增长速度高达 6.2%，但是国际货邮吞吐量排名跌

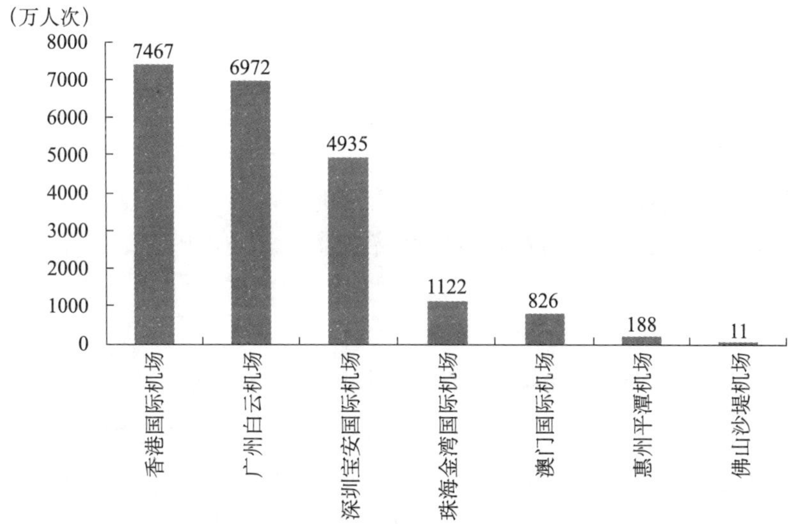

图 3－13 2018 年粤港澳大湾区机场群旅客吞吐量

资料来源：根据广州日报、华经产业研究院及网络资料整理。

出前 20 强。深圳宝安国际机场货邮吞吐量 121.9 万吨，同比增长 5.2%。另外，2018 年珠海金湾机场货邮吞吐量 4.6393 万吨，同比增长 24.1%；澳门国际机场货邮吞吐量 4.15 万吨，还有两个万吨级以下的惠州平潭机场和佛山沙堤机场，2018 年分别完成货邮吞吐量 5501 吨和 129 吨。

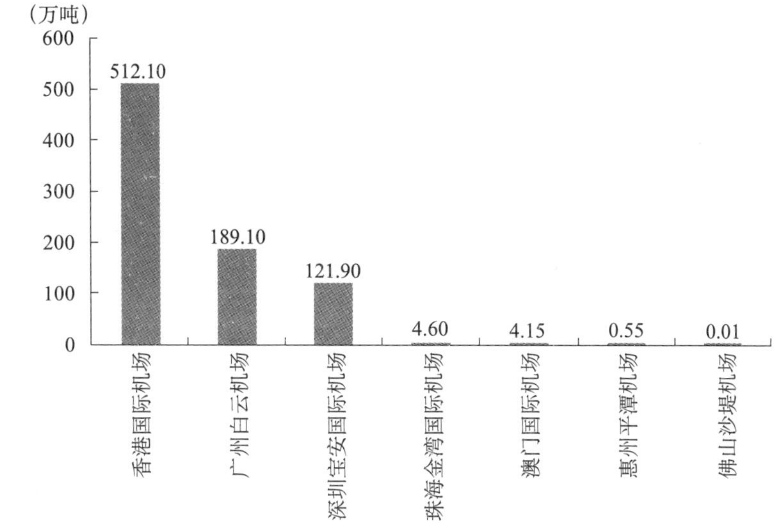

图 3－14 2018 年粤港澳大湾区机场群货邮吞吐量

资料来源：根据广州日报、华经产业研究院及网络资料整理。

粤港澳大湾区机场群运输规模已居全球湾区机场群之首，远超过纽约、伦敦、东京等世界级机场群。根据2018年全球50大机场吞吐量排名，中国5个跻身全球前50名的机场中，3个在大湾区，分别是香港国际机场、广州白云国际机场、深圳宝安国际机场。香港国际机场更是以512.1万吨的货邮吞吐量，连续多年位居榜首，比位列第二的孟菲斯机场竟高出65万吨。根据国际航空运输协会预测：随着商贸和整体经济的发展，预计到2020年和2030年，大湾区航空客运需求量将分别达到2.33亿人次和3.87亿人次，航空货运需求量将分别达到1000万吨和2000万吨，大湾区航空市场的客货运量将持续增长。面对如此强大的需求市场，未来大湾区航空资源必将出现紧张状况，各机场需要就飞行空域有限这一现实矛盾，开拓协同发展新思维，做好机场群整体发展规划。

二、大湾区机场群发展问题

（一）机场等级体系不够完善

根据客运市场规模，目前粤港澳大湾区基本形成了以香港、深圳、广州为主，其他机场为辅的等级体系。根据相关数据显示，2016年大湾区三大机场客运市场规模与辅助机场的市场份额比为9:1（见图3-15），大湾区机场群中辅助机场平均规模与主要机场相比落后太多。

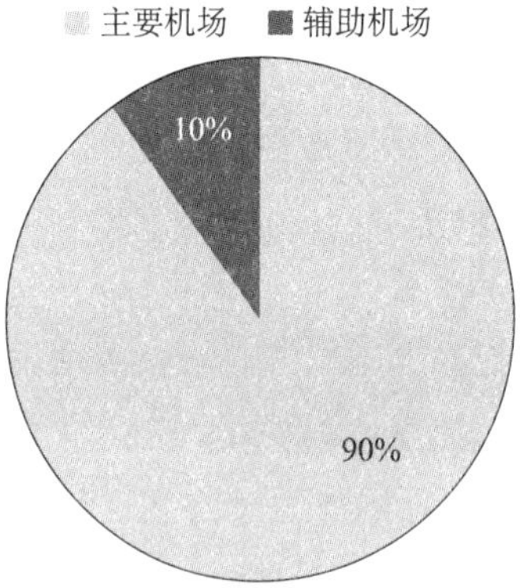

图3-15 粤港澳大湾区机场群各机场市场份额占比情况

资料来源：曹小曙，杨景胜，廖望．全球机场群空间格局及其对粤港澳大湾区的启示[J]．城市观察，2017（6）：35—44.

美国纽约湾区机场群除肯尼迪国际机场占据区域1/3的客运市场外，费城国际机场、纽瓦克自由国际机场、拉瓜迪亚机场3个机场的年可售座位数占比均为 19%—22%（见图 3－16）。美国旧金山湾区机场群主要机场可售座位数占比 53. 16%，对应辅助机场占比 32. 69%，其他重要机场占比 14. 15%（见图 3－17）。日本东京湾区机场群 2016 年东京羽田国际机场占区域总数的 67. 62%，成田国际机场占比 32. 38%（见图 3－18）。相比 2016 年美国纽约湾区机场群、旧金山湾区机场群、日本东京湾区机场群机场等级体系情况，以及全球 170 个机场群中主要机场与辅助机场市场份额比 85∶15 的机场等级体系（见图 3－19），粤港澳大湾区辅助机场能力挖掘不够，没有发挥辅助机场现有基础设施条件，或由于地理位置和环境限制，辅助机场无法对主要机场进行容量的分流，使得湾区整体发展空间受限。

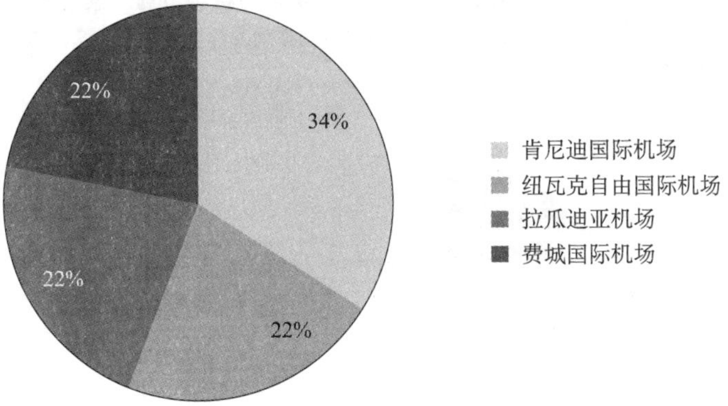

图 3－16　2016 年美国纽约湾区各机场市场份额占比

资料来源：曹小曙，杨景胜，廖望．全球机场群空间格局及其对粤港澳大湾区的启示［J］．城市观察，2017（6）：35—44.

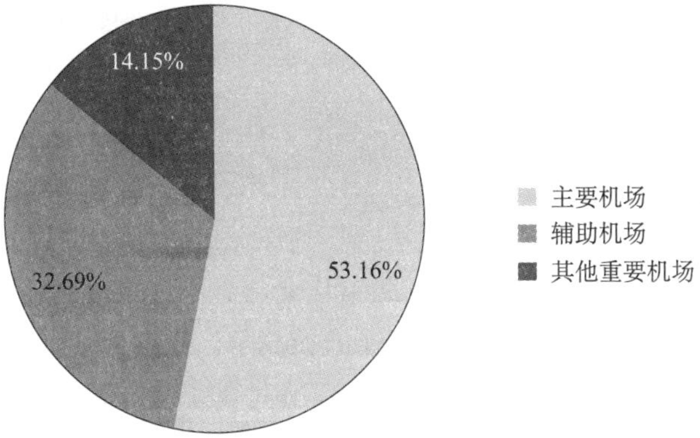

图 3－17　2016 年美国旧金山湾区机场群各机场市场份额占比情况

资料来源：曹小曙，杨景胜，廖望．全球机场群空间格局及其对粤港澳大湾区的启示［J］．城市观察，2017（6）：35—44.

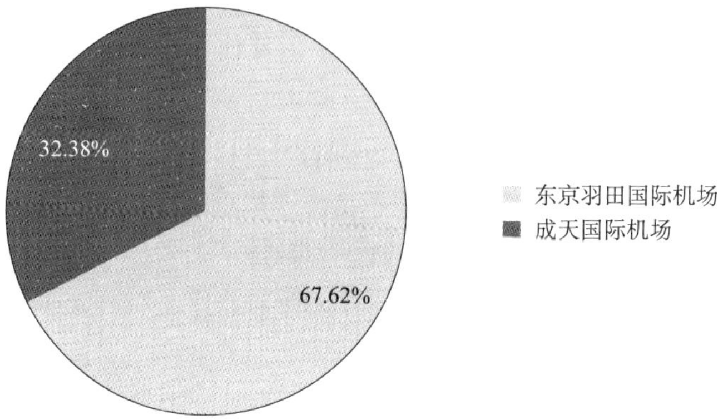

图 3－18　2016 年日本东京湾区机场群各机场市场份额占比

资料来源：曹小曙，杨景胜，廖望．全球机场群空间格局及其对粤港澳大湾区的启示［J］．城市观察，2017（6）：35—44.

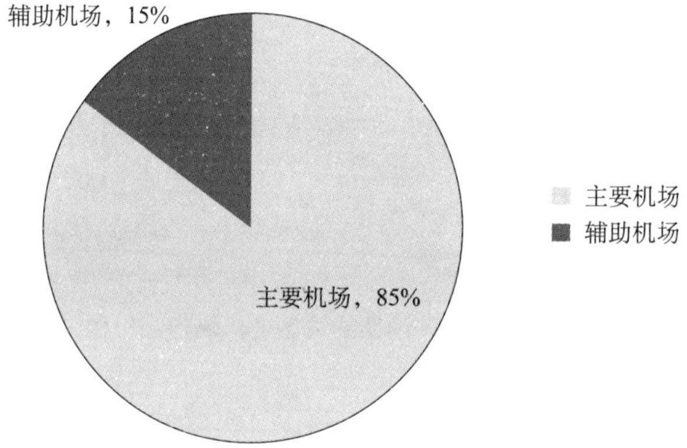

图 3－19　全球机场群主要机场与辅助机场市场份额占比情况

资料来源：曹小曙，杨景胜，廖望．全球机场群空间格局及其对粤港澳大湾区的启示［J］．城市观察，2017（6）：35—44.

（二）机场分布集中，密度高

各机场分布集中，香港国际机场、广州白云机场、深圳宝安机场、澳门国际机场、珠海金湾机场直线距离不到 150 公里，机场密度相当高，为全国之最，这样的地理分布，给各机场带来了直接竞争。在这种情况下，需要对湾区各机场功能进行统一规划，科学定位各机场发展方向，机场间形成良性互动，逐步建立机场间的合作机制，互利共赢，形成具有强大竞争力的世界级机场群。

三、大湾区机场群一体化发展策略

（一）明确各机场功能定位，机场群协同发展

粤港澳大湾区机场群分布密度高，有限的空域运营必然让各机场在客货运营上产生激烈的竞争，只有做好湾区机场发展统一规划，明确各机场的功能定位，建立良性互动关系，才能实现各机场错位发展，共建湾区世界级机场群。

香港继续发挥其国际航运枢纽功能，并积极与大湾区其他机场紧密合作，利用港珠澳大桥的开通，与珠海金湾国际机场协同，开拓粤西地区客源与货源，并可将珠海机场作为其重要的货物转运中心，在与广深国际机场竞争的同时，开展与广州白云机场、深圳宝安机场的合作，实现国际航线互补，资源互补，协同发展。

提升广州和深圳机场国际航运枢纽地位。2018 年广州、深圳国际航线分别为 89 条和 50 条，远低于北京、上海 136 条和 130 条的国际航线；广、深国际客吞吐量分别为 1730 万人次和 450 万人次，国际客吞吐量分别占各自总客吞吐量的 25% 和 9%。对比 2017 年上海 51% 的国际客流量比例，广、深两大机场国际航运能力亟待增强。随着经济的发展，航空运输业的需求量随之增加，根据国际航空运输协会预测，到 2030 年，算上大湾区正在或计划扩建的所有机场容量，每年仍将有 5200 万人次的旅客需求不能满足，广深港在国际航空运输业务合作的机会大于竞争。

建设珠海机场成为粤西枢纽（客货）机场。发挥珠海地理优势，开发粤西地区潜力资源，与澳门、香港国际机场深入合作，以珠海机场为枢纽，实现粤西及内地其他地区至香港、澳门国际机场快速互联互通。创新珠海机场与港澳合作内容，致力于公务机综合保障服务基地建设，对香港的公务机开放，为两地深入合作提供了便利，为湾区机场协同发展添上了浓重的一笔。

着力打造澳门国际机场成为多功能中小型国际机场的典范。位于珠江口西岸的澳门土地面积小，人口不多，博彩业、旅游业优势明显，是世界旅游休闲中心，澳门机场作为其重要门户和形象，在有限的空间资源条件下，如何发挥自身长处，找到自身定位，与湾区各大机场差异化发展，是提升澳门国际机场竞争力的关键。澳门机场一方面要思考如何拓展航线航点，从规模上发展航空业务；另一方面，要考虑如何快速发展非航业务，建立多功能机场。2018 年入境旅客达 3580 万人，但通过澳门机场来的只有 9%，很多都是从珠海机场过澳门，原因主要在于澳门机场属于独家专营，机场建设费用没有政府补贴，

导致航线、航点、停机位等太少，航线、航点结构性变化不大，旅客结构较固定，以内地和台湾旅客为主，占比高达60%。澳门机场要提升航运规模，可以考虑营运改革，把经营权交给多个企业组织，以竞争促创新发展；同时加大政府鼓励机制，鼓励航空公司积极拓展客源，提升客座率。限于澳门机场有限的空间，在航运规模上肯定无法与其他机场相比，但是澳门较高的旅客消费力和优越的机场每平方米业绩，能大大促进澳门非航业务的快速发展，澳门机场应抓住契机，在机场保税店经营管理上开动脑筋，加快非航业务发展。

将惠州定位为深圳第二机场，加快惠州机场与深圳机场间的快速交通，深、惠、港机场合作，形成快速通道。正在规划中的珠三角枢纽（广州新）机场定位为广州第二机场，服务粤西地区客货运输，与广州白云机场协同，强化湾区国际航运枢纽地位。

（二）实现机场群交通网络一体化，夯实航空冷链物流发展基础

湾区机场群分布于珠江东西两岸及珠江口，东岸有香港机场、深圳机场、惠州机场，西岸有澳门机场、珠海机场、佛山机场，珠江口有广州白云机场及规划中的珠三角枢纽（广州新）机场。实现机场群交通网络一体化，从宏观上看，就是要大力推进连通珠江东西两岸机场的横向交通网络建设，构建东岸各机场间、西岸各机场间快速通道，实现珠三角东岸机场交通一体化，西岸机场交通一体化，进而实现粤港澳大湾区机场群交通一体化，从微观上看，就是要做好各机场连通城市内部的高速公路交通网络建设，城市与城市之间的高速公路、高铁、城际轨道交通建设，甚至在港口城市建设港口码头与机场间的直达交通线，实现湾区海陆空立体式交通一体化，确保人流、物流更自由的流通，夯实航空冷链物流发展基础。

（三）加强机场群冷链运营一体化

大湾区机场群要实现快速便捷的航运冷链物流服务，必须实现湾区机场群在运营管理上的协同发展，加快机场群在冷链运营上的专项合作。

第一，共同开拓冷链业务市场。各机场根据各自冷链业务腹地优势，通过机场联合营销，打造生鲜冷链类共同市场，并根据国内外生鲜冷链市场，协同制定国内国际相关航线航班，形成大湾区机场冷链业务腹地分区清晰、优势资源共享、湾区机场对内对外冷链业务全面发展的局面。

第二，共同提高冷链综合服务能力。完善航班保障设备及资源，制定航班保障协同机制及备降航班服务方案，保证航运正常运营。加大机场冷链货运中

心建设力度，加快机场冷链集疏运网络建设，引进先进冷链物流技术及设施设备，共同提高冷链综合服务能力。

第三，优化冷链通关环境。生鲜食品、冷冻食品等冷链物流对时效性有特别高的要求，湾区内机场共同支持，相互配合，共同完善通关流程、简化通关手续，大大提高了航空冷链物流的效率，宽松的口岸通关将有利于航空冷链业务的快速发展。

第四，构建冷链运营信息共享平台。通过机场数据共享和系统相连，全面共享各机场航班冷链货运信息、冷链货运地面保证及冷链货运相关资源信息等数据，支持各机场在冷链货物运营上协同决策，支持冷链供应链各参与者根据共享信息选择合适的航空冷链物流服务，从而实现航空冷链物流资源优化配置，提高航空冷链物流运行效率和服务品质。

第五，推进机场冷链多式联运服务。湾区机场积极推动开展多式联运代码共用，发展异地城市货运站，货物从异地城市货运站办理登记手续后，经过公路或水路运输直接到达机场。比如香港国际机场拥有完善的跨境交通网络，在大湾区设立异地城市冷链货运站，借力香港与大湾区各城市间完善的海、陆交通网络，将异地城市冷链货运站的货物送到香港各口岸，机场在各口岸设立冷链货物服务中心，实现生鲜类、冷冻类等货物快速海空冷链联运或陆空冷链联运到世界各地，推动航空冷链运输一体化，提高航空冷链运营效率，降低航空冷链运营成本。

第四节 通关一体化建设

通关是指出口商或进口商办完通关手续，经海关统一，货物方可通关放行。通关手续又称为报关手续，是指出口商或进口商向海关申报出口或进口，接受海关的监督与检查，履行海关规定的手续。

通关一体化是指粤港澳大湾区实现口岸基础设施互联互通的基础上，再配以有效的通关便利措施，使不同关税区之间的货物可顺畅流通。具体可从口岸基础设施互联互通，创新通关模式、建立鲜活产品“绿色通道”，优化通关流程与作业方式，创新冷链监管模式、优化冷链监管流程四个方面实现通关一体化，助力湾区冷链物流快速发展。

一、实现口岸基础设施互联互通

口岸原指由国家指定的对外通商的沿海港口。现在，除了对外开放的沿海港口之外，口岸还包括：国际航线上的飞机场，山脉国境线上对外开放的山口，国际铁路、国际公路上对外开放的火车站、汽车站，国界河流和内河上对外开放的水运港口等。口岸按照出入境的交通运输方式划分为港口口岸、陆地口岸、航空口岸。以下对口岸的研究包括这三种不同运输方式出入境的口岸。

（一）加快实现口岸基础设施软硬件升级

一是加快推进口岸联检楼建设，方便海关、检验检疫等联检部门协同管理标准，实现真正的联合办公；二是加快推进查验监管平台建设和信息共享，加快各口岸自动化、智能化查验系统、大型查验设备、自助查验通道设置等建设工作，推动粤港澳三地口岸统一查验程度和标准，实现基础设施和数据信息标准对接，建立联动执法公共信息平台，实时共享通关信息，结果互认。在深圳莲塘、珠海青茂等新口岸建设与深圳皇岗、沙头角和珠海拱北、横琴、九洲港等老口岸升级过程中，实现湾区口岸基础设施服务能力整体升级，适应通关一体化的目标。

（二）加快推进口岸交通互联互通

一方面，加快口岸与腹地间的交通互联，加快陆路口岸、港口口岸、航空口岸与腹地间高速公路、高铁建设，提升内河航道运力，加快航空航线航点布局，实现多式联运无缝对接，实现口岸与腹地间交通网络一体化结构。另一方面，加快口岸间交通互联，实现湾区东西口岸高速公路、高铁、空港航运网络更深更广的互联互通。

（三）加快口岸冷链物流基础设施建设及口岸体系与冷链物流对接

推进口岸冷链物流中心建设，加快华南地区规模最大的冷链物流基地南沙港冷链物流中心建设，将湾区口岸打造成集冷链加工、冷链仓储、冷链运输、保税等多功能为一体的国际冷链物流枢纽。打造口岸电子信息共享平台，实现口岸电子平台与冷链物流信息平台对接，将冷链物流信息与海关、商检、边检等相互连接，实现冷链物流实时可见，全程可监控，方便海关、出口商、代理商、物流方等各参与方及时获取信息、发现问题、纠正问题、降低损失。

二、创新通关模式，建立鲜活产品“绿色通道”

（一）推广“一站式”通关模式

目前港珠澳大桥口岸已实现了“一站式”通关，客、货车只需要一次排队、一次查验，利用超高频 RFID 识别、实时红外热像、自然光学车牌、司机生物识别等技术，完成“一站式”车辆及车内司机身份查验，车辆及司机验放手续得到简化。接下来要加快深圳莲塘口岸“一站式”通关模式复制，在有条件的口岸推广“一站式”通关模式，提高通关效率。

（二）推广“合作查验、一次放行”通关模式

港珠澳大桥珠海公路口岸对旅检实施“合作查验、一次放行”，有利于加快湾区内人流流动速度，一定程度上促进了湾区商流、信息流及物流流动，也能对冷链物流发展产生积极作用，推进“合作查验、一次放行”通关模式在珠海青茂口岸落地，加快澳门莲花口岸搬迁至珠海横琴并在旅检通道实行“合作查验、一次放行”通关模式，有利于加快湾区人流流动，从而带动物流发展。

（三）推广口岸货物“水上巴士”通关模式

目前，粤港澳大湾区客运“水上巴士”航线已达 29 条，实现了广州莲花山港至香港机场、东莞虎门港—香港、中山港—深圳机场、深圳福永—澳门等水上 1 小时到达，湾区内水路运输能大大缩短城市及口岸间的运输距离。实现湾区货物进出口、内外贸灵活快速的水上驳船中转、同船运输、跨境运输等多种水路运输模式，既能降低运输成本，同时又能节约运输时间，提高运输效率。口岸货物“水上巴士”通关模式通过“关港信息交互平台”和国际贸易“单一窗口”为航运企业提供预配舱单、舱位信息共享等信息服务，通过海关泊位智能装卸监控系统实现自助清关，通过 24 小时通航实现无时限进出，最终实现湾区港口口岸货物随时装卸，多港停靠，快速便捷通关。

（四）建立供港澳鲜活产品“绿色通道”

根据鲜活产品对时效性的严格要求，建立粤港澳“绿色通道”专用通道，实现供港澳鲜活产品预约候检、优先查验、优先检测、快速验放，在通关环节实现除负面清单产品外的供港澳食品农产品直通放行制度。以往内地除广东采用陆路运输冷链产品，其他地区往往由于距离远只能采用航空完成冷链产品运输，一方面运输成本较高；另一方面陆路运输会受到口岸车流量影响，交通拥

堵会降低运输速度，加大冷链损失。如果能在海运码头和锚地建立冷库等配套冷链设备，对供港澳鲜活产品实行优先查验服务，实现港口口岸快速通关，将实现多口岸分流，缓解交通繁忙的口岸流量压力。加快推进供港澳鲜活产品在广州、东莞、佛山等7个城市的105个货运码头、锚地优先查验服务，开通供港澳鲜活产品港口“绿色通道”，有利于推动粤港澳大湾区冷链物流全面深入发展。

（五）港口通关一体化

推进深圳港发展意见的实施，以深港为核心，逐步推进大湾区港口通关一体化，创新港口通关模式，实现跨区域一关两港。目前，这一创新模式在惠盐组合港首次实践，经盐田港进出口货物可以在惠州港办理提还箱以及海关通关手续，有效提高了通关效率，并降低了物流成本，为湾区物流提速增效。

三、优化通关流程及作业方式

（一）推进湾区跨界车辆信息管理综合服务平台建设

随着粤港澳大湾区建设的推进，粤港澳三地经贸往来将更加密切，湾区跨境车辆流量将日渐增大，原来三地跨境车辆行驶相关政策已然不再适应湾区新的发展。加快推进粤港澳大湾区跨界车辆信息管理综合服务平台建设，为往来车辆提供网上办理、公安部门与海关协同办理，简化跨界车辆审批与备案流程，节约运输时间成本及经营费用，推动湾区交通物流快速发展有重要意义。

（二）推进粤港澳大湾区“单一窗口”建设

“单一窗口”① 指参与国际贸易和运输的各方，通过单一的平台提交标准化的信息和单证以满足相关法律法规及管理的要求。粤港澳大湾区“单一窗口”建设，一是推进国际贸易“单一窗口”标准版实施，将通关涉及的流程统一到一个窗口，企业可以在电子口岸平台实现一点接入、一次性提交、一键跟踪和办理，并在此基础上开拓更多实用的应用功能；二是积极完善各电子口岸平台建设、推进口岸通关时效评估系统建设、推进口岸物流信息电子化；三

① 2005年联合国贸易便利化和电子业务中心发布的第33号建议书“关于建立单一窗口的建议书及指南”中作出的解释。

是务实推进与香港、澳门“单一窗口”对接交流落地实施，将生产、贸易、物流、税务、工商、外汇等数据汇聚，实现其与“单一窗口”、船公司和港务部门无缝对接，推动跨境供应链各节点信息共享、快速反应，提高跨境物流流通速率。

（三）推动实施口岸物流便利通关措施

一是推动海陆空口岸实现 7×24 小时货物通关服务，改变以往通关时间限制带来的单一运输方式选择的无奈，珠江东西口岸港口往往由于水深不够或国际航线缺乏等问题，需要将港口货物运到深圳、香港等港口再转运到世界各地，原来为了赶时间，往往选择公路运输转运到深圳、香港港口，这种运输方式不仅运输成本高，运输安全性也低，如果推行港口口岸 7×24 小时通关服务，将意味着珠江东西口岸如广州黄埔港、东莞港等口岸的冷链货物可选择水路运输利用一晚上的时间在第二天送至深圳、香港港再送往国外各地；二是发挥湾区广深核心城市口岸集聚功能，在广深某些重点口岸设置冷链物流中心开展进出境冷链货物中转集拼业务，并根据实际情况在湾区重点口岸复制推广。

（四）深化边检管理改革

边检管理关系着国门安全，也影响着通关的效率，只有从管理制度上深入改革，才能保证通关的安全、便捷快速。各边检总站应推出有利于快速通关的边检管理制度，如广州边检总站负责广州、佛山、东莞、肇庆、云浮、清远、韶关 7 个地市的 122 个对外开放口岸的边检任务，为加速通关、便捷通关，推出“一船、一证、一制度”的港口边检管理改革措施，珠江口锚地候泊超过 24 小时的国际航行船舶，经预报，可直抵广州各港口办理入境边检手续；7 个城市的 122 个货运码头、锚地、修造船厂实现上下或搭靠外国船舶行政许可“一地办理、多地通用；推行出入境船舶诚信安全分级管理制度。

（五）加强口岸通关和冷链物流国际合作

口岸公开通关流程及口岸收费目录清单，规范和降低口岸收费，取消某些港口服务费用，口岸经营服务企业公开物流作业时限，有利于湾区开展通关与冷链物流国际化合作，共同提高通关时效，降低进出口合规成本。

四、创新冷链监管模式，优化冷链监管流程

（一）推进粤港澳跨境货栈监管模式

粤港澳跨境货栈由广州海关自主创新提出，最早在南沙保税港区物流园区

设粤港跨境货栈，实现除入境口岸实施检疫外的货物与香港机场之间一站式“空陆联运”，从南沙保税港区至香港机场进出口的货物实现粤港两地海关监管互认，采用电子关锁，实现一站式快速通关，相当于将香港机场的收发货点延伸到了跨境货栈，海关的监管实现了“前推后移”，由香港机场落地的货物无须清点、入仓等环节，直接转运至南沙保税港区，将监管后移至跨境货栈，南沙保税港区出口的货物，可以将监管前推，大大提高进出口通关效率，同时为物流降本增效。目前这一监管模式已于2016年在佛山国通保税物流中心复制推广，粤港澳大湾区应加快这一监管模式的推广，为湾区实现全面快速通关助力，为进出口贸易提速。

（二）推进保税仓监管模式，力促湾区冷链时效提速

保税仓是保税区保税制度中应用的一种形式，是指经中国海关批准允许对特定的进口货物在入关进境后确定内销或复出口的最终去向前暂缓征缴关税和其他国内税，属于海关监管后移的一种海关制度。以京东物流南沙自贸区南沙保税港区保税仓为例，保税清关时效已缩短至分钟级，极大地提高了冷链时效。但冷链保税仓推广建设存在冷库建设和运营成本高的难点，海关若能对保税冷库实施分类动态监管，允许保税冷库既能存放保税货物，又能存放非保货物，实现保税业务与非保业务同仓办理，统一管理，这样既能提高保税冷库利用率，节约运营成本，同时有利于提高运营效率。借力保税仓制度，创新保税冷库监管方式，有利于冷库行业发展，助力湾区冷链物流发展。

（三）“厂港联动”“场港一体”监管模式

“厂港联动”是指海关将监管地设在工厂，工厂可视为码头的延伸，通过全天24小时智能通关监管，实现港口高效通关。工厂出口货物时，可以边装货、边预配、边报关，当货物运抵码头卡口，即可核放分流，装船出口，实现出口抵港直装。工厂进口货物时，企业可以通过提前报关、关税自报自缴、电子支付、自打税单，以及汇总征税和保证保险等一系列配套政策，实现全流程无纸化通关，实现货物从船上卸货直提。具体流程如图3－20、图3－21所示。

“场港一体”是指利用出口加工区等特殊监管区和车检场，在区内完成集拼、装箱，在车场办理报关、查验放行手续，区港直通，货物抵港即可直接装船出口（见图3－22）。

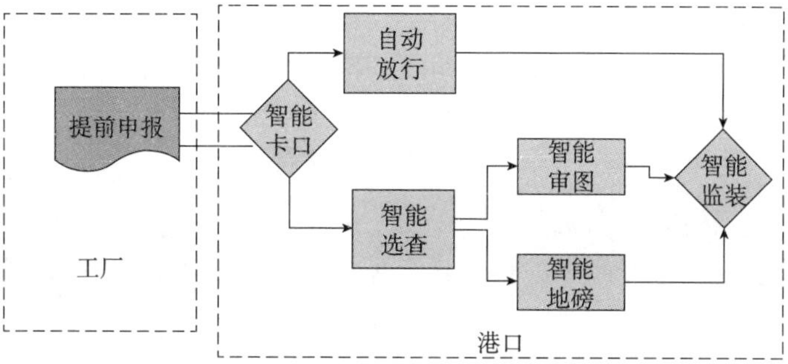

图 3－20　“厂港联动”模式下货物出口流程

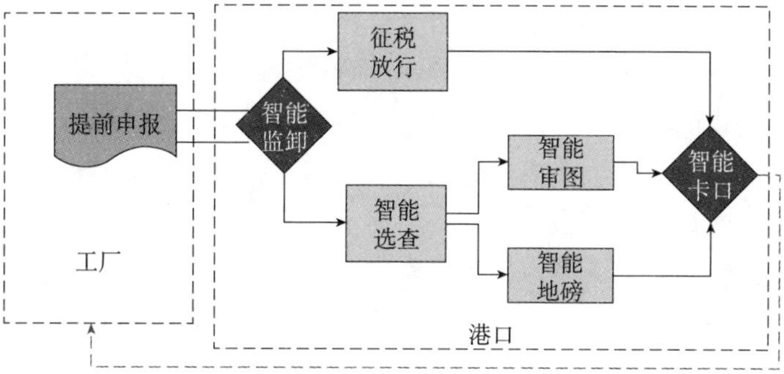

图 3－21　“厂港联动”模式下货物进口流程

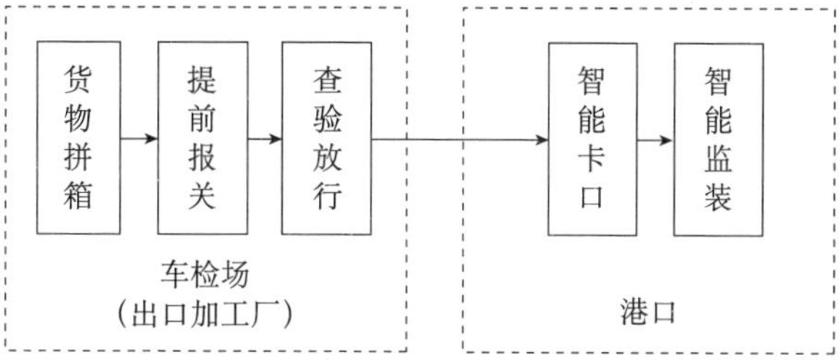

图 3－22　“场港一体”模式下货物出口流程

第五节　湾区冷链物流合作平台建设

一、大湾区冷链物流专业组织合作平台建设

为加快湾区冷链物流深入沟通与深度合作，搭建湾区基于政府机构的冷链

合作平台、设立湾区冷链物流行业协会、建立湾区冷链物流企业的冷链物流联盟，从三个层面实现湾区冷链物流组织间横向与纵向联系机制。

基于政府机构的冷链合作平台参与人为三地政府相关部门，主要商讨冷链物流基础设施建设、冷链物流便利通关、冷链物流发展政策等方面的问题，形成三地政府部门横向联系机制。

湾区冷链物流企业的冷链物流联盟参与人为冷链物流服务商及供应链其他上下游企业，通过冷链物流联盟可以实现企业间信息共享，资源共享，提高供应链上以冷链物流服务商为核心的横向和纵向协同，减少运营和交易成本，实现优势互补、风险共担、共同发展。但这种组织结构较为松散，需要将联盟会议常态化，建议联盟以冷链物流项目为合作点，从资本及利益分配的角度探讨联盟合作机制，实现联盟内各企业的深入合作。

湾区冷链物流行业协会参与人可包括政府相关部门、冷链服务商、学术界等各冷链相关组织机构，形成三地从政府部门、行业协会到冷链相关企业的纵向联系机制或同行业横向合作机制，方便湾区政府部门、冷链服务商、学术界各冷链相关组织相互交流学习，为各组织共同商议探讨大小事项提供平台，推动冷链物流服务标准化建设，优化冷链物流流程，共享冷链物流资源，共谋冷链合作与发展，促进湾区建立冷链一体化市场。

二、大湾区冷链物流技术创新合作平台建设

（一）构建冷链食品制冷技术创新合作平台

加强粤港澳大湾区冷链食品制冷技术合作与交流，发挥香港在冷链食品制冷技术开发与应用上的优势，以新型冷链制冷技术创新为核心，建立大湾区合作平台，加快真空预冷技术、电位水减菌技术、深层冻结技术、液态冻结技术、裸冻技术、冰点冻结、分段冻结等制冷技术研发和推广，为食品质量和安全保驾护航。

（二）构建冷链流通过程控制技术合作平台

构建粤港澳大湾区冷链流通过程控制技术合作平台，共同研发和推广智能温度检测和监测技术、智能定位系统、可视化系统，统一粤港澳三地冷链物流低温配送标准体系，实现大湾区冷链流通全过程实时监控，打造大湾区全链可追溯温控冷链体系，全面提升冷链物流管理水平。

（三）构建智慧冷链物流技术合作平台

智慧冷链物流是指通过集成智能化技术，将冷链物流系统打造成具备学

习、感知、推理等能力的自动化、信息化和网络化的智能运作体系。

智慧冷链物流技术就是指大数据、云计算、AI、物联网、人工智能等集成智能化前沿技术。

智慧冷链物流的发展离不开技术的支持。物联网的作用是对真实的物理世界进行感知；云计算的功能是具备承载数据的强大能力；大数据相当于智慧冷链物流的基础，通过对数据的挖掘分析，为智慧冷链物流提供信息，是智慧冷链物流的决策基础；人工智能相当于人的大脑，通过学习和理解数据，将数据变成知识和智慧。

构建智慧冷链物流技术合作平台，发挥广深港在集成智能化技术方面的优势，带动湾区智慧冷链物流技术的全面发展，充分利用5G通信标准落地契机，推动粤港澳大湾区智慧冷链物流技术应用和推广。

三、大湾区冷链物流产业集聚平台建设

冷链物流产业集聚平台是指将众多冷链物流企业聚集在一起，专门从事冷链加工、冷冻、冷藏保鲜、冷链产品交易及进出口等冷链物流活动为一体的大型综合性冷链物流园区。

粤港澳大湾区冷链物流园区依托先进的园区冷链技术、专业化和规模化的经营，聚集大湾区优势冷链物流资源，实现湾区冷链物流资源整合，同时吸引冷链相关其他产业资源聚集到冷链物流园区，实现冷链供应链上下游纵向联动，优化冷链供应链流程，实现供应链增值。大湾区冷链物流园区的建设，既能保证食品质量安全、减少食品损耗，又能降低运营成本，提高运营效率。但是，冷链物流园区建设是一项投资大、工期长的大工程，要防止出现“冷链热”，避免盲目重复建设。建议从以下几个方面实现冷链物流园区合理科学建设。

（一）建立专项工作小组

粤港澳三地应该建立专门的大湾区冷链物流园区建设项目工作小组，一方面为湾区各市各地区间搭建关于建设冷链物流园区的合作平台，方便粤港澳三地统一规划，共同协商，合理布局大湾区冷链物流园区，避免重复建设，资源浪费。另一方面负责湾区冷链物流园区建设项目申报、审批工作，从审批环节把握冷链产业发展方向，避免园区重复建设。

（二）统一规划，共同建设

根据大湾区冷链食品、冷链医药品等的流通情况，统一规划在产地、流转

中枢、消费地附近设置物流园区，比如澳门区域面积小，土地资源紧张，可将冷链物流园区设置在消费地附近的珠海市，实现珠澳共同建设冷链物流园区。同时，要根据冷链环节是生产型、储存型，还是交易型，做好冷链物流园区建筑物的选择和具体布局，具体的网络布局见第五章粤港澳大湾区冷链物流空间布局建议。

（三）合理规划，增强产业集聚功能

第一，选择湾区内重要交通枢纽城市、开放程度高的城市建设冷链物流产业集聚区，同时不能忽略湾区内大湾区西岸一般城市的冷链物流建设，要做好大湾区东西两岸城市冷链物流对接，发挥冷链物流产业集聚区对大湾区东西两岸冷链相关产业资源的集聚功能，实现大湾区东西两岸冷链物流相关产业互动发展。

第二，充分利用现有港口物流园区与保税物流园区资源，通过改建、扩建等升级措施，建立空港、海港、陆港港口冷链物流园区及保税冷链物流园区，依靠原来良好的政策和营商环境，大大吸引国内外冷链食品、医药品相关的采购商、贸易商、冷链物流商，集聚国内外冷链相关产业优势资源，实现国内外冷链产品交易更便捷、物流更通畅，服务更快速，运营成本更低，打造湾区冷链物流园区为一流规模、一流智能化程度、一流公共服务水平、一流通关速度的世界级冷链物流园区集群，树立全球冷链行业标杆。

第三，与冷链食品加工园区、冷链食品园区、农产品产业园、食品出口加工贸易区、医药科技产业园等统筹规划，根据不同的产品，建立不同的冷库，实现冷库细分，建立冷链物流与食品相关产业无缝对接。

四、大湾区冷链产学研合作平台建设

（一）冷链产学研合作平台建设的问题与难点

1. 产学研合作平台建设过于传统。

冷链物流产学研合作传统的做法主要包括研讨会和合作交流基地两种。冷链物流产学研合作研讨会是以企业、高校、研究院对话的形式，将高校或研究院自己的科研成果进行展示推销，最后往往因交易活动分散、交易成本高而没有结果，失去了合作的机会；合作交流基地是将合作基地设置在大学内，重点是实现对高校冷链物流人才的培养，没有实现真正的产学研深度融合，成果仅表现在企业对高校冷链物流人才的接收。目前，我国还没有真正成功的产学研合作案例，更别说冷链物流这一新兴业态在粤港澳三地的产学研合作。

2. 产学研合作相关法律法规不完善。

粤港澳大湾区是“一国两制”实践区域，产学研各方归属不同的政府主管部门，三地政府在产学研合作方面的管理体制和相关政策不同，要形成有效合力，需要三地政府在政策上协同。另外，即使企业、高校、研究所同属一地，但三者归属不同的政府系统，分别由经贸系统、教育系统、科技系统管辖，在三方合作运行过程中会因为系统管理机制的不同而产生一定的困难。只有从法律法规上进行完善，才能促使政府职能转化，为实现大湾区产学研合作发力。

3. 产学研各方合作意识不够、渠道不畅。

粤港澳大湾区冷链物流企业众多，冷链物流高新技术研发与应用能助力各冷链物流企业快速发展，香港拥有香港大学、香港科技大学、香港中文大学、香港城市大学 4 所世界知名高校，不仅善于科学研究与开发，在计算机网络技术、云计算等方面拥有顶尖技术，而且香港食品冷链检测和认证标准国际化水平高，如果开展与港澳高校及检测认证科研机构的产学研合作，将大大提升冷链物流企业科技创新能力，助力智慧冷链物流在企业快速、深入发展及广泛应用，实现大湾区冷链物流产业与国际标准对接。但是冷链物流企业看问题大多局限于自身利益，很难考虑长远发展，所以企业更加注重生产而忽略科研投入，即使有部分企业意识到科研的重要性，想寻求与高校、科研机构合作，往往由于粤港澳三地管理体制及相关体系的不同，导致大湾区内地九市冷链物流企业要实现与港澳高校合作不是那么容易。另外，从高校和科研院的角度来看，由于自身体制问题，公办高校与科研院（事业单位）很少主动联系企业谈合作，即使有机会与企业合作，往往也会因为高校管理体系问题或者各自利益难以协同等问题而导致合作渠道不畅。

4. 产学研合作成果质量低、转化率不高。

相较科技成果转化率高达 80% 以上的东京湾区及培育了谷歌、惠普等诸多世界名企的旧金山湾区，粤港澳大湾区产学研合作成果转化率不高。主要原因有两个方面：一是高校和科研院只注重完成产学研合作项目任务，成果多表现为科研论文，成果质量低，导致施引数量不多；二是科研成果转化成本高、周期长、投资风险大。冷链作为中国发展新兴业态，在粤港澳大湾区的产学研合作不多，大湾区冷链产学研合作成果就更少了，更别谈成果转化数量和转化率。

（二）冷链物流产学研合作平台建设的对策建议

1. 为大湾区冷链物流产学研合作营造良好的政策环境。

一方面，制订关于产学研合作过程、合作成果转化方面双方权责的法律法规，以制度促进大湾区冷链物流产学研合作的开展，为合作协议的实施保驾护航。

另一方面，制订促进产学研合作配套政策。一是实现资金配套政策，加大对产学研合作的资金投入，为粤港澳三地科研经费快速跨境流动制订相关政策；二是实现高科技人才配套政策，粤港澳三地制订冷链相关人才引进政策，推动高校、研究院与企业间科研人员更自由流动，实现相互间兼职兼薪，共同协商简化科研人员出入境手续；三是实现科研相关物资配套政策，简化仪器设备通关手续，提高通关效率。

2. 创新大湾区冷链物流产学研合作模式。

鉴于传统的产学研合作模式很难让各方深度融合发展，建议创新合作模式，利用资本投资实现产学研三方更紧密的合作，通过共同投资建设产学研合作项目，建立利益分配机制，以企业市场需求为出发点，建立明确的高校与科研院所的科研任务，强化合作过程管理，提升合作成果质量，提高成果转化率的冷链产学研合作体系。

3. 提高大湾区冷链物流产学研各方合作意识。

一是，建议政府加大宣传力度，通过网络、社交等渠道传递产学研合作创新冷链产业发展思路。

二是，建议教育部门公开冷链物流专业水平高、制冷技术高、科研能力强的高校名单，改变企业以往选择合作对象只求整体排名靠前高校的现象，方便企业认识更多没有名气但在冷链物流专业上有作为的院校，解决以往选择对象信息不对称、选择单一的问题，同时通过优势资源的展示，让真正有实力的小院校获得发展核心竞争力的机会。

4. 提高成果质量，加速成果转化。

要提高合作成果质量，就要提高高校与科研院所的技术、人才等智力水平的合作力度，同时加大资金投入量。成果转化主要受市场驱动、资金投入量、合作方融合度的影响。要加速成果转化，应该以市场需求为导向，这是决定成果转化的第一要素。资金投入量需要权威的第三方评估机构进行评估获得，应大力发展第三方评估机构及交易中介机构，加速各方商议谈判和交易。合作方融合度是指各方信息是否对称、沟通谈判是否顺畅、合作过程管理是否严格等方面，应该通过创新合作模式提高各方在合作中的融合度。

五、大湾区冷链物流国际合作平台建设

充分利用大湾区建设工作的推进，发挥港澳国际平台功能，通过与港澳冷链物流合作，以此推进冷链物流国际合作平台建设。每年在香港举行的亚洲物流及航运会议聚集了来自亚洲及欧美各地的众多物流相关机构，是大湾区冷链物流寻求国际合作的重要平台。通过香港国际平台，开展与亚洲、欧美地区冷链物流发展合作，与亚洲、欧美地区国家建立国际冷链物流人才合作平台、国际冷链物流技术合作平台、国际冷链物流操作合作等。通过澳门国际平台发展与葡系国家冷链产品贸易，完善国际冷链物流体系，实现冷链物流产业国际化。

第六节 冷链物流企业协同发展

一、大湾区冷链物流企业发展态势

随着粤港澳大湾区建设的推进，大湾区冷链物流企业发展迎来了新机遇。区域经济的发展，将带动冷链物流需求市场的发展，为冷链物流企业发展带来更多的市场和机会；政府部门对冷链物流基础设施设备建设投入力度的加大，将大大改善冷链物流的基础服务能力，为冷链物流企业发展提供基本保障；冷链行业规范化发展，将大大提升冷链物流服务标准化，为冷链物流企业发展奠定基础；新技术装备发展，将大大提升冷链物流服务自动化、智能化，为冷链物流企业转型升级发展提供驱动力。

同时，大湾区冷链物流企业发展也迎来更高的挑战。冷链物流企业发展不再是基础设施服务能力的发展问题，而转为应对更高层次的市场挑战，冷链物流企业发展也不是单一企业的发展问题，而转为对供应链价值增值效应的追求，冷链物流企业间的关系也不再局限于竞争关系，为了解决问题，追求供应链增值效应，冷链物流企业应从更大的视角、更长远的战略考虑企业协同发展，合作共赢，实现大湾区冷链物流企业及冷链物流产业的高质量发展。

二、大湾区冷链物流企业发展问题

（一）冷链物流企业规模小，龙头企业少

粤港澳大湾区内地九市170余家冷链物流企业中，进入2018年全国冷链物流百强企业的只有14家，其中进入前15名的只有5家。根据中物联冷链委发布的数据显示，从冷链物流企业人员规模角度看，2018年冷链物流百强企业前15名的员工人数占百强企业员工总人数的52.05%，超过了100强中后85家企业员工总人数；从企业营收角度看，2018年冷链物流企业前10名的营收占百强总营收的54%，后50名的营收只占百强总营收的12%，头部集聚效应明显。由此可以推断，大湾区内地九市真正的大规模冷链物流企业其实不到14家，龙头企业数量少，中小企业占据多数。

（二）冷链物流企业信息化管理水平不均衡

我国普遍存在冷链物流企业信息化管理水平低的现象。粤港澳大湾区香港冷链物流发展历史悠久，冷链信息化管理水平高；大湾区内地九市中广州、深圳冷链物流信息化水平相对较高，主要得益于顺丰速运、京东物流、大昌行物流（中国）、新夏晖等大型冷链物流公司在信息化管理上的引领，但广深也存在着中小型企业信息化管理脱节，无法跟上大型冷链物流企业信息化发展节奏；其他区域冷链物流信息化水平偏低，就连经济发展总量仅次于广州、深圳的佛山和东莞冷链物流信息化发展水平也不高，只有佛山市粤泰冷库物业投资有限公司和东莞市华雪食品有限公司2家信息化管理水平较好的公司，大湾区冷链物流企业信息化水平出现了城市区域间不均衡、大中小企业间不均衡的现象。

（三）冷链物流企业运营成本高

冷链物流企业运营不同于普通物流，对冷库和冷藏车有刚性要求，由于冷库建设成本高，中小型冷链物流企业均选择租赁形式解决冷库问题，根据中物联冷链委发布的数据，2018年，华南地区冷库租赁价格高达4.3元/天·托，属全国租赁均价最高的区域，这无疑给中小型冷链物流企业发展带来了更高的运营成本。冷藏车购置成本与冷链运输成本同样居高不下，在冷链需求还没有全面爆发的形势下，冷链运输很难在满载率上有所突破，常见的冷链运输“空驶”给冷链物流企业运营带来了沉重的负担。据统计，随着冷链物流各项成本的上升，当前冷链物流行业的平均净利润率仅在3%—4%，成为冷链物

流企业发展的“瓶颈”。

（四）冷链物流企业标准化操作水平低

冷链产品在物流操作环节多、链条长，要实现全链条冷链物流操作，需要有一套标准化的操作流程与标准化的硬件设施设备配套，才能实现真正的全程冷链。目前大湾区以中小型冷链物流企业居多，很难提供标准化的硬件配套设施，甚至有的小企业管理不严格、不科学，导致非标准化作业。另外，冷链物流企业与冷链产品相关企业存在着标准化对接问题，对接标准不同，很难实现全链条冷链物流标准化操作。

三、大湾区冷链物流企业协同发展对策

（一）完善合作机制，推进产权融合

冷链物流服务的延伸性拓展了服务区域，模糊了国内或海外服务区接线，增强了大湾区冷链物流企业合作的可能性，但是粤港澳大湾区冷链物流企业协同发展要跨越三个不同地区，企业管理体制和体系不同，这给合作带来了困难。另外，考虑到自身发展利益，企业在合作过程中难以大局观看事情，往往更多地计较个人得失，要实现双方或多方深度融合发展需要有健全的利益分配机制。

政府应制订方便三地冷链物流企业合作的行政协调机制，发挥三地冷链物流行业协会在冷链标准统一、市场规范对接方面的协调作用，政府、协会、企业共同探索科学合理的合作机制，为大湾区冷链物流企业协同发展奠定基础。

推进产权融合，粤港澳三地冷链物流企业成立合资冷链物流公司，以资本为纽带，形成联系更紧密、合作更深入的协同关系，实现三地冷链物流信息全面共享，冷链物流技术融合发展，促进冷链物流人才交流与学习，推动大湾区冷链物流企业互动发展。充分利用香港企业先进冷链物流技术，借鉴香港冷链物流现代化管理经验，推进大湾区冷链物流企业实质性合作的开展，助力大湾区冷链物流企业合作开花结果。目前，大湾区通过产权融合大力发展冷链物流事业的冷链物流企业有很多，比如：顺丰和美国物流巨头夏晖宣布成立冷链物流合资公司；港凯力、网丰集团等分别在深圳、广州成立了合资物流公司等，但是这样的协同模式在中小型企业还没有发展起来，大湾区中小型冷链物流企业众多，更应该推广产权融合模式，资本的壮大能有力地推动中小型企业实现

快速成长。

（二）提升自身内功，夯实合作基础

粤港澳大湾区冷链物流企业普遍存在信息水平不高，标准化操作水平低的问题，这样不利于企业间数据信息共享与实际工作对接，成为开展合作的硬伤。冷链物流企业应积极完善自身软硬件设施设备，按照大湾区行业标准和市场操作规范实现企业冷链操作流程标准化、冷链产品技术标准化等；实现冷链运输全程温控管理；提高冷链物流信息化水平，保证信息可共享，防止形成“信息孤岛”，为冷链物流企业合作实现信息共享奠定基础；大力引进云计算、大数据、智慧冷链物流等高新技术，全面提升企业自动化、智能化水平，为企业协同发展助力。

（三）搭建企业信息共享平台

大湾区冷链物流企业协同发展的前提是实现信息共享，及时传递信息。但是，大湾区三地冷链物流信息水平高低不均衡，独立的物流信息系统，甚至物流信息系统的缺失，导致企业间无法实现信息传递和共享。另外，大湾区大中小型冷链物流企业参差不齐，使用的数据编码标准也不同，这无疑给双方物流及其相关信息传递带来了难题。因此，大湾区冷链物流企业要实现真正的协同，必须共同商议信息共享平台的建设，从高层设计着手，开发信息共享平台功能、数据库体系，实现代码标准化，人工界面更合理，实现信息无缝对接和共享。

（四）改变合作观念，实现大中小型企业全面合作

企业寻找合作伙伴往往只关注和看重与大型企业间的合作，对中小型企业视而不见或不以为然，粤港澳大湾区冷链物流企业以中小型企业居多，如果能通过企业合作的方式，合理、充分发挥他们的价值，不仅能实现合作双方互赢，还能带动整个大湾区冷链物流产业的发展。

从大湾区冷链物流空间布局上看，可以分为城市和县级、农村冷链物流。目前大型冷链物流企业主要在大湾区几个经济发展量大的城市，如广深莞佛及港澳等地布局，由于冷链物流网点设置成本高，小城市及县级地区并未触及，因此，建议大型冷链物流企业与中小型冷链物流企业合作，借力中小型企业在县级及农村地区的布局，完善大湾区冷链物流网络，实现城市、县级、农村冷链全面覆盖，形成大湾区冷链物流企业以大带小，以小助大的发展格局。

第四章 粤港澳大湾区冷链物流流通体系建设

冷链物流体系作为连接生产与消费的中间环节，对于需要使用冷链物流进行流通的产品来说，其运行效率直接影响产品的质量，完善的冷链物流流通体系对产品生产企业的经济效益、消费者的消费体验具有积极意义。但我国的冷链物流起步较晚，目前还存在诸多问题，如冷链物流标准化体系缺位、冷链设施设备缺乏、冷链断链情况频繁发生等。2019 年 2 月 18 日，在中共中央、国务院印发的《粤港澳大湾区发展规划纲要》中明确指出，要“推进粤港澳物流合作发展，大力发展冷链物流”。粤港澳大湾区是中国经济最活跃的地区和重要增长极，有良好的物质和技术基础，比国内其他地区更有可能建设现代化的冷链物流流通体系。基于此，在粤港澳九市两区协同发展的背景下，应大力推进冷链物流管理方法、基础设施、标准化、信息化等方面的建设，构建冷链物流新体系，推动形成区域发展新格局，为其他地区冷链物流发展提供借鉴。

第一节　连锁超市冷链物流体系建设

一、连锁超市概述

连锁超市是指用连锁经营的方式对多家超市进行统一进货、统一配送、统一管理，具有统一形象和标准，如沃尔玛、家乐福、大润发、永辉等知名超市都是采用连锁经营方式，连锁超市可以发挥规模优势和品牌效应，在市场中具有较强的竞争力和较高的知名度，是超市普遍采取的经营形式。此外，市场中也有少量个体经营的非连锁超市。

我国超市发展较晚，最早的连锁超市是1990年开业的美佳超市。随着我国经济的快速增长，人们消费水平的提高，超市得到了快速发展，许多外资超市相继进入中国市场，连锁超市的门店数量和销售规模迅速上升。在超市发展之前，人们一般是去杂货店购买日常生活的物品，这种杂货店店面规模小、经营品种少，只能满足人们的小部分需求。连锁超市是零售业的重要组成部分，经营范围包括日用品、食品、家用电器、文化用品等，能满足人们大部分的日常生活需求，极大地方便了人们的生活。

二、连锁超市与冷链物流

超市经营的商品最初是以食品为主，后来逐渐向日用百货、家用电器、办公用品等方面发展，经营的商品品种和规模不断扩大，但食品仍然是超市目前经营的主要商品。最初超市所经营的食品由于技术和设备的限制，只能经营可以在常温下进行保存和销售的食品。随着食品保鲜技术、制冷技术和设备的发展，生鲜食品也进入超市的经营范围，生鲜食品主要包括果蔬、肉类、水产品，这些食品具有易腐性、易变质的特点。在保存和销售生鲜食品的过程中要重视对食品质量的保护，为了使消费者能够买到新鲜、安全的生鲜食品，就必须要有完善的冷链物流系统作为保障。此外，低温酸奶、速冻食品、冰淇淋等与生鲜食品的保存条件基本相同，而且在消费习惯上也有较高程度的关联性，这些种类的食品严格来说不属于生鲜食品的范畴，但由于它们的保管条件相似以及归类管理的需要，在超市实际经营中，往往会将这些食品与生鲜食品进行统一管理和并类陈列。

对于这些需要进行冷冻或冷藏的食品，不仅仅可以作为正常的商品来销售，为连锁超市带来经济效益，而且这些食品容易开展差异化经营，避免目前各种超市同质化竞争严重的局面，可以发挥吸引客流的作用，带动其他商品的销售，提升连锁超市的整体经济效益。连锁超市要适应当今时代发展的潮流，正确认识冷冻和冷藏食品的作用和地位。易腐食品的时效性要求冷链各环节具有更高的组织协调性，为了充分发挥冷冻和冷藏食品的作用，就需要依靠强大的冷链物流系统作为支撑，保障食品的质量安全和消费者食品消费安全，促进连锁超市实现健康、全面发展。

三、粤港澳连锁超市冷链物流体系建设

目前，广东省作为我国的经济大省，吸引了许多外来务工人员，再加上本地人口，是名副其实的人口大省，人们的日常需求很大程度上要通过超市满足，因此吸引了大量的连锁超市在广东省开设门店，如沃尔玛、家乐福、卜蜂莲花、大润发、联华等连锁超市；而香港和澳门，虽然人口少，但是这两个地区的人口密度非常高，位居世界前列，在这种高密度人口的地区，人流量大，非常有利于连锁超市的经营，在香港和澳门也有一些具有代表性的连锁超市，如惠康、百佳、佳宝、来来等连锁超市。这些连锁超市经营的食品是所在地区消费者日常购买食品的重要渠道，连锁超市有责任、有义务保证所经营食品的质量安全，构建完善的冷链物流体系对于连锁超市的易腐性食品经营具有重要的积极意义。

（一）构建农超对接模式

当前，我国小农式生产经营表现出生产规模小、现代化程度低、技术含量不高的特点，不能借鉴发达国家农产品规模化经营的方式，即使直接向农产品生产商采购，也会使连锁超市采购食品原料的价格偏高。如果是向农产品批发市场采购，由于增加了中间环节，会使采购成本进一步上升，在价格上无法和农产品批发市场进行竞争，而且增加了中间环节，农产品的新鲜度会降低，也会影响连锁超市的经营。

构建农超对接模式，就是把生产、供应、销售进行整合，将连锁超市的产业链向上游延伸，通过投资建设蔬菜基地、养殖基地，或者与农产品生产商签订合作协议，参与农产品生产过程，营造连锁超市与农产品生产商相互信任、相互依赖的关系。这样连锁超市就可以有稳定的供货来源，对农产品的质量也可以从源头进行监督，从农产品的获得至农产品达到消费者手中，整个过程都可以进行控制，更好地保证农产品的安全性，避免出现有质量问题的食品，给超市的品牌和形象带来不利的影响。同时，减少了农产品的流通环节，可以利用冷链物流系统将农产品以更快的速度发送到各个门店进行销售，减少农产品的损耗，为农产品的新鲜度提供保证，延长农产品的销售期；减少流通环节也节省了很多中间商的差价，有利于控制农产品的成本，为消费者提供更便宜的农产品，建立价格优势，提供质优价廉的产品有利于提高连锁超市的市场竞争力。另外，农超对接模式也有利于打造连锁超市自己的农产品品牌，开展差异

化竞争。

这种模式属于多元化经营策略，连锁超市自建农产品生产基地需要较高的投资成本，比较适合规模较大的连锁超市。从农产品类别来看，初级农产品和轻度加工的农产品比较适合这种模式，例如蔬菜、水果、冷鲜肉等，因为这些食品所需的加工费用不高、加工工艺简单；对于需要深度加工的食品，加工工艺复杂，连锁超市经营成本高、经营风险大，因此可以与专业的食品加工企业进行合作，将这部分外包出去。

（二）加大冷链物流设施设备建设

冷链物流设施与设备是冷链物流系统的物质技术基础，被应用于冷链物流的各个环节，是冷链物流生产力发展水平与现代化程度的重要标志。冷链物流设施与设备作为生产力要素，对于发展现代冷链物流，改善冷链物流状况，强化冷链物流系统能力，提高冷链物流运行效率，具有十分重要的意义和作用。

由于冷链物流在我国起步较晚，目前冷链设施设备严重不足，冷链物流覆盖率低。据统计，大部分的水果、蔬菜、禽肉、水产品都是用普通货车运输，导致这些食品在物流环节损耗率高达 25%—30%。连锁超市要保证所销售食品的安全性，就必须要依靠冷链物流设施设备。如果连锁超市是选择自营冷链物流，就需要投资建设能满足使用要求的冷链物流设施设备，对现有陈旧的设施设备进行技术改造和更新，保证所经营的食品都可以全程处于冷链物流的环境，为食品质量安全提供技术保障。此外，也可以通过租赁的方式或第三方冷链物流企业来提供冷链物流设施设备，使得食品可以处于冷链物流的环境下。

比如在食品运输或配送方面，连锁超市应积极发展小批量多品种的小编组机冷藏车，满足市场对多品种小批量货物运送的需求；引进或租赁适应零担运输的冷藏车辆。在现实中，有些司机为了省油，会关闭制冷设备，这会影响到食品的质量，因此要使用温度湿度监控设备对各种冷藏车辆的在途运输状况进行全程动态监控，实时掌握食品的信息。在食品储存方面，应该要有功能完善的冷库，可以为不同的食品提供不同的储藏温度，合理对冷库进行布局，充分发挥冷库的作用，可以利用计算机系统对食品进行在库管理，如输入冷冻冷藏食品的名称，就可以快速查出该食品的储存货位，便于及时进行拣货和补货，及时掌握产品的保存数量、保质期、保存期限等信息，严格按照先进先出的原则安排货物出库，从而提高冷库的作业效率和管理水平。冷库不仅可以作为储存食品的场所，还可以增加食品加工的功能，更好地满足消费者的需求。

（三）加强行业标准制订和监管力度

连锁超市是零售终端，处于冷链物流的末端环节，直接联系消费者，连锁超市的食品经营状况关系着广大消费者的食品消费安全，政府相关部门对此应高度重视。但目前关于冷链物流实施的国家或行业的专项标准严重缺乏，法律法规也有待完善。政府应当制订连锁超市冷链发展的引导政策和鼓励措施，加强行业规划的方向性引导，应尽快完善冷链物流行业的相关标准，例如冷链物流企业资质认证标准、冷链物流企业诚信体系建设标准、冷链物流行业服务标准、冷链物流终端产品质量标准等。

对于连锁超市涉及的冷链物流业务，除了政府制订相关标准外，冷链物流行业协会和连锁超市行业协会应发挥沟通协调作用，制订并落实行业整体规划和行业规范，也可以针对连锁超市制订行业标准，指导连锁超市的冷链物流业务按照规范化标准进行作业，例如制订各类食品的原料处理标准、质量安全标准、加工标准、包装标准、储藏条件标准、运输条件标准、陈列标准等。连锁超市应根据所制订出的这些标准具体运作，集合政府、行业协会和连锁超市三方的力量推动连锁超市冷链物流逐步发展。

此外，政府有关部门要加强市场监管力度，检查相关标准的执行情况，严格审核各连锁超市的经营资质和诚信状况，重点对各连锁超市经营的食品质量及食品存储和运输条件是否符合标准等情况进行检查，对于不按标准违规操作的连锁超市给予相应处罚，责令整改。连锁超市内部也可以设立专职的质检人员，不仅仅是对销售环节进行检查，也应该对所经营的食品质量进行全程监督。

（四）大力培养连锁超市冷链物流人才

连锁超市冷链物流的开展需要大量的综合性专业人才，既需要懂运营的管理人才，也需要技术熟练的一线操作人员，人是十分重要的生产力要素，目前冷链物流人才极其缺乏，连锁超市企业必须重视人才培养。

一方面，要对现有的冷链物流人员加大培训力度。管理人员要认识到现代化冷链物流及标准化建设的作用和重要性，了解连锁超市冷链物流的发展趋势，能够制订规范化的冷链物流作业流程、推进 6S 现场管理，协调好各个岗位的工作人员，提高作业效率；一线员工素质相对偏低，缺乏对冷链物流标准化的认识，对相关作业标准的实际操作执行度可能不高，例如在运输过程中，部分运输人员对冷链物流运输安全技术状况的好坏没有引起足够的重视，对车辆的检查不经常、不严格，即使发现问题但没有及时解决，在运输车辆安全状况不良的情况下凑合使用，结果运输车辆的转向、制动、灯光等部位机件可能会在运输过程中出现故障，容易导致事故的发生。另外，一线员工在作业的时候如果不能按照要求操作，也容易导致食品出现问题，如食品在装车和卸货环节应尽量缩短作业时间，避免食品长时间暴露在非冷链的环境下，这对操作人员的冷链安全意识和作业能力提出了要求，因此必须通过相关的培训来增强员工的冷链安全意识和操作技术水平，保证作业的规范性。

另一方面，由于很多高校都没有“冷链物流”专业，更广泛的是开设“物流管理”专业，高校应按照市场需求培养专业人才，在培养物流人才的同时，可以合理地向冷链物流的方向侧重，开设与冷链物流相关的课程，在教学中引入关于冷链物流的专业知识，或者高校直接开办冷链物流专业，培养这方面的急需人才。另外，可以进行校企合作方式办学，连锁超市企业要为合作学校提供充分的实习条件和实践指导，使学生具备专业的冷链物流知识和现场工作能力，成为既懂冷链物流操作又熟悉连锁超市运营的复合型人才，解决现阶段冷链物流主体知识层次低和技术水平低的问题。

此外，冷链物流的工作环境要求人在低温的环境下作业，比常温物流更艰苦，在工资水平方面应该为冷链物流人才提供较高的薪酬待遇和更多的晋升机会，吸引人才进入和减少人才流失。

（五）加强信息化建设

目前，信息技术发展迅速，物流信息化已成为一种必然趋势。由于食品的易腐性特点，要保证食品的质量新鲜度，对冷链物流有较高的时效性要求，因此对冷链物流信息的要求十分严格，信息不仅要能够客观、准确、及时地反映冷链物流每一个节点的情况，还要具有信息备份、统计、分析等功能。利用信息不但可以跟踪指导冷链物流运作，还能做好市场预测和准备工作，使连锁超市占领先机。

连锁超市冷链物流的运营要依靠各类信息技术，如 POS 系统、EDI 技术、条码技术、GPS 技术、RFID 技术、GIS 技术、WMS 系统、TMS 系统等。这就要求连锁超市企业在信息方面要购买先进的信息技术和设备，构建一体化信息平台。从而可以实现电子订货，缩短订货周期；对食品进行全程追踪，及时处理突发事件等；对各项作业活动安排更加科学合理。实现冷链物流全程管理信息化、网络化，提高冷链物流效率。

例如，适当地推进配送中心车辆调度及配车计划的软件运用，不仅可以缩短配车的时间，合理地安排线路，还能提高车辆的利用率，根据配送车辆行走路线的交通状态信息，结合备选配送路线，灵活调整配送路线，及时应对道路不畅等突发事件，最大限度提高冷链物流配送效率。在食品进入冷库的时候，需要使用叉车对冷库内的食品进行上架作业，通过扫描入库单上的条码，叉车操作人员就可以快速获得关于该批食品上架的相关信息，如食品的名称、数量、具体储存位置等，这些信息指导叉车操作人员将该批食品存放到指定位置，有效地提高了食品上架作业的准确率和效率。

第二节 连锁餐饮冷链物流体系建设

一、连锁餐饮概述

民以食为天，人们为了满足日常饮食需求，不仅可以自己在家将食物原料制成食物，还可以到外面餐饮店直接就餐，方便了人们的生活。餐饮业自古有之，近年来随着经济的不断发展，人们生活水平的提高，餐饮业也得到了快速发展，多种餐饮产品如中餐、西餐、快餐、火锅等可供消费者选择，现在消费者对饮食的要求不仅仅是解决吃饱问题，随着新一轮消费升级，消费者对食品风味、食品安全、消费场景等方面也越来越重视。

连锁餐饮是餐饮的一种商业组织形式和经营模式，指餐饮企业通过连锁经营和特许经营的方式进行品牌拓展，具有统一形象和标准。根据《中国统计年鉴》数据显示，2017 年我国连锁餐饮门店总数为 27478 个，营业额为 1735. 48 亿元，门店总数和营业额逐年增长，其中广东作为人口大省和经济大省，广东的连锁餐饮门店总数为 4158 个，营业额为 267. 58 亿元，仅次于北京，领先于其他地区，香港和澳门的人口密度非常高，也吸引了多家连锁餐饮企业在这两个地区开设门店。另外，餐饮企业的品牌也非常丰富，包括国外餐饮企业如肯德基、必胜客、麦当劳等，本土餐饮企业如海底捞、呷哺呷哺、真功夫、季季红、中快餐饮等。在中国烹饪协会发布的《2018 年度中国餐饮企业百强》名单中，餐饮百强企业几乎都是采用连锁经营的方式。连锁餐饮是餐饮业发展到一定阶段时的必然产物，通过连锁经营的方式扩大餐饮企业的经营规模，进行统一经营、统一管理。

二、连锁餐饮与冷链物流

随着人们生活水平的不断提高，人们追求“饮食健康”的意识逐步增强，对食品质量安全的要求变得越来越高，从食物原材料的新鲜度、安全性到最终食物成品的口味、营养价值，都成为人们选择就餐场所的重要影响因素。连锁餐饮企业在日常经营中，需要解决将制作食物的食材从供应商运输到门店、从配送中心配送到门店或门店之间调配的问题。

食材主要包括动物性食材和植物性食材，如猪肉、牛肉、白菜、胡萝卜、茄子等，很多食材在常温下会快速地发生腐败变质，将食材置于低温环境下可以保护食材的质量，延长保质期，因此要利用冷链物流对各类食材进行储存和运输，降低门店因为食材质量不合格或食材缺货而影响正常经营的风险。各类食材可以在符合自身保管要求的温度下进行加工、储存、运输、配送等一系列活动，最终在门店加工制作成食物成品送上餐桌，是餐饮产品的质量、营养价值、口感、品相等方面符合消费要求的重要保障，对提高消费者的满意度以及连锁餐饮企业的正常经营具有重要作用和意义，是连锁餐饮企业赢得顾客、赢得市场的基础。

三、粤港澳连锁餐饮冷链物流体系建设

市场中的连锁餐饮企业类型多样，其规模大小、经营范围、冷链物流模式和水平各个方面有较大区别，与普通的常温物流中心和连锁超市的生鲜配送中心相比，连锁餐饮企业的冷链物流运营要更加复杂，要对多种食材分别管理。近年来，冷链物流体系建设受到连锁餐饮企业越来越高的重视，资本市场也在持续关注连锁餐饮冷链物流体系的发展，更合理、更优化的连锁餐饮冷链物流模式正在涌现。

（一）依托第三方冷链物流企业开展冷链物流业务

从理论上来讲，第三方冷链物流是一种资源利用更合理、理念更先进的冷链物流模式。连锁餐饮企业如果可以利用第三方冷链物流企业来完成所需食材的供应，一方面有利于减少自建冷链物流体系所需的高额资金投入，减轻管理难度，以便集中精力、资源在主营业务上；另一方面可以充分利用第三方冷链物流企业的专业化、组织化、规模化、运营经验等优势，提高冷链物流资源使用效率，减少社会资源浪费。

欧美发达国家的冷链物流发展已经成熟，形成了完整的冷链物流体系，冷链物流的覆盖率非常高，建立了包括食材生产、加工、存储、运输、销售等活动的冷链物流系统，新鲜物品在冷链物流过程中的损耗非常低。连锁餐饮企业在利用第三方冷链物流企业方面，最具代表性的是麦当劳。麦当劳作为全球知名的连锁餐饮企业，每天需要的食材总量非常大，没有采取自营冷链的方式，而是将冷链物流业务交给第三方冷链物流企业夏晖来处理。夏晖公司为麦当劳提供一站式综合冷链物流服务，例如食材的仓储、配送、质量安全控制、存货控制、信息处理等，并且根据麦当劳的店面分布建立了分发中心和配送中心，为麦当劳全球的餐厅提供优质的分发服务。

在日常经营中，麦当劳各门店根据所需食物原材料向供应商下订单，并同时将订货信息与夏晖公司进行共享，供应商再根据夏晖制定的物流计划，将食材按时送至指定的分发中心或配送中心，夏晖在各个中心对各类食材进行相应的加工、储存、拣货等物流作业，按照配送计划将食材配送到麦当劳的各个门店，最终门店员工完成收货。夏晖公司高效的冷链物流服务为麦当劳企业的发展提供了有力的后勤保障，麦当劳可以集中精力做餐饮业务，发挥自身专业优势；而夏晖在与麦当劳几十年的合作过程中，借助于麦当劳的发展也实现了自身的发展，如今已经成为全球冷链物流的巨头。可以说，两者相辅相成的合作关系使双方实现了双赢。

总体来看，虽然目前我国第三方冷链物流发展滞后，相关的技术、装备比较落后，能够提供的冷链物流服务能力有限，导致第三方冷链物流还不能充分满足社会需求。但这种模式是具有发展前景的，值得粤港澳地区的连锁餐饮企业重视，特别是部分冷链产品品类较少、数量少、经营规模较小的连锁餐饮企业，开展自营冷链物流需要较大资金投入，具有较大风险，可以将冷链物流业务外包给有实力的第三方冷链物流企业。一方面，减轻资金和管理方面的压力，实现轻资产运营；另一方面，可以给合作的第三方冷链物流企业增加订单，带动其业务量和营业额，也有利于促进第三方冷链物流企业的发展。同时，政府方面应出台相关优惠政策，扶持第三方冷链物流发展，为连锁餐饮企业发展提供冷链物流服务。

（二）连锁餐饮企业自建冷链物流体系

一方面，由于冷链物流在我国发展比较滞后，实力雄厚的第三方冷链物流企业的数量还很缺乏，在连锁餐饮冷链物流服务方面，多是提供冷库租赁、配送等单一的服务功能，缺少像夏晖公司这样能够提供一站式综合冷链物流服务的第三方冷链物流企业，迫使连锁餐饮企业纷纷自建冷链物流体系；另一方面，随着连锁餐饮企业品牌的建立，经营规模扩大，门店数量增加，连锁餐饮企业对冷链物流的需求增大，冷链物流对连锁餐饮企业的重要性更加突出，连锁餐饮企业为有效进行集权管理与食材质量控制，更偏向于建设属于自己的冷链物流体系。

近年来，一些大型连锁餐饮企业如呷哺呷哺、海底捞等纷纷自建冷链物流体系，业界称之为“中央厨房”，国家食品药品监督管理局对中央厨房的定义是：由餐饮连锁企业建立的，具有独立场所及设施设备，集中完成食品成品或半成品加工制作，并直接配送到餐饮服务单位的单位。在这种模式下，可由中央厨房对全部餐饮门店的食材进行统一采购、统一加工、统一配送，餐饮门店对中央厨房供应的半成品或成品只需做一些简单的加工，可以节省餐饮门店厨房的面积，增加消费者就餐的面积。中央厨房项目的日常运营，需要建立比较大的用户群，这样才能分摊中央厨房项目的建设和运营成本。

连锁餐饮企业在自建冷链物流体系的同时，随着不断探索，对中央厨房的认识也在发生一些变化，中央厨房可以采取不同的经营方式。

一是不再仅仅重视中央厨房的重要性，开始逐步重视整体供应链的打造，有些资金实力较强的连锁餐饮企业自建或采用合作经营方式控制农产品生产基地，如蔬菜种植基地、鱼类养殖基地等。例如呷哺呷哺为确保每天有充足的新鲜蔬菜供应，与多家农业合作社及农户进行合作，建立了稳定的货源，保证蔬菜的质量，当天采摘当天配送，实现蔬菜基地直接供给，配送半径在 100 公里以内。通过这样的方式，可以将连锁餐饮企业的管理范围延伸到货源，冷链物流体系不再简单的被称为“中央厨房”，更多的时候叫作“食材供应链”。

二是部分已建成冷链物流体系的连锁餐饮企业，当冷链物流资源比较富裕时，其冷链物流资源不再只是为本企业内部服务，而是选择将自身的冷链物流资源进行开放共享，为其他有冷链物流需求的企业提供冷链物流服务，这时冷链物流资源可以作为利润源泉，给连锁餐饮企业带来部分经济收益。

三是不再单一考虑建立完整的冷链物流体系，还可以考虑利用现有的社会冷链物流资源，只需投资建设一部分核心的冷链设施，在运用社会冷链物流资源的条件下搭建完整的冷链物流体系，如建设中央厨房只作为食材加工的场所，将加工体系与物流体系进行分离，食材由中央厨房配送到各个门店使用社会上的冷链物流资源，这为连锁餐饮企业的快速扩张提供了更为便捷、更为经济的保障体系，使自身实现轻资产运营。

（三）连锁餐饮企业共建冷链物流体系

对于一些中小型连锁餐饮企业来说，如果不能找到满意的第三方冷链物流企业合作，同时由于自身运营资金、人力和物力等方面的限制，难以独自建设完善的冷链物流体系，这时可联合其他有相似冷链物流需求的企业，共同出资建设冷链物流体系，分摊成本和风险，突破管理、资金方面的瓶颈。

这种模式整合了多家具有相似冷链物流需求的企业，为实现规模化效益奠定了基础，可以减少配送时的空载率，减少配送频次，提高共建冷链物流体系的整体运营效率。但在实施过程中还存在一些难点，一是不同企业所经营的饮食产品可能不同，那么所需的食材也不同，而不同的食材在冷链物流过程中所需要的温度可能不同，因此共建的冷链物流体系需要满足多温带的要求，但是在实践中往往难以同时满足不同企业的要求；二是不同企业的食材用同一冷链物流体系来处理，可能会泄露商业秘密，比如食材的加工工艺、调料的制作等属于连锁餐饮企业的自有核心技术，是对外体现本企业菜品特色的关键，其保密性较高，但是在这种情况下就容易泄露；三是对共建冷链物流体系的建设费用和运营费用的分担以及管理权力的划分也是一个较难处理的问题，例如在运营过程中，如何对加工程度不同、业务量不同、配送距离不同的企业计算费用，需要设立一套合理的规则来核算不同企业的费用。

（四）供应商直供连锁餐饮企业门店模式

这种模式是指连锁餐饮企业门店所需的所有食材由供应商直接送到，要求供应商拥有较完善的冷链物流系统，可以对食材进行低温储存、配送等作业。对于连锁餐饮企业来说，有诸多优势，在这种模式下，一般是各地区的门店自行向附近的供应商订货，上午下订单，下午就可能送到，可以实现送货快速、方便，减少由于缺货对正常经营造成的负面影响；而且在收货的时候发现问题可以现场进行退换货；另外不需要投资建设冷链物流系统，可以集中精力在主营业务上。

当然这种模式的弊端也是显而易见的。一是门店需要的食材可能要由多家供应商配送，这会增加收货次数，使得门店的工作人员重复做同一件事，影响到对门店的管理；二是这种模式只解决了送货的问题，而本应由企业总部或配送中心承担的配货工作被转移给门店去解决；三是门店单独向供应商采购，不能发挥规模效应，议价能力差，食材采购成本较高；四是没有实现门店全品类的统一采购、集中加工、共同配送，物流成本相对较高，各门店的菜品标准化也难以保证。

综上所述，连锁餐饮企业可供选择的冷链物流模式有多种，要根据企业本身的经营规模、经营特点、社会冷链物流资源、供应商状况等情况合理构建冷链物流体系。

第三节　农产品批发冷链物流体系建设

一、农产品批发概述

批发是随着商品经济的发展而产生的，指专门从事大宗商品交易的商业活动，是重要的商品流通环节。在商品交易量增大、流通范围扩大的背景下，商品交易双方直接进行商品交换不方便，于是出现了批发商向商品生产者购进商品，然后再出售给其他生产者或零售商的交易方式，批发商扮演着中间商的角色，从中赚取商品的价格差。

农产品批发是指以农产品为对象进行的商品交易活动，以农产品批发市场作为经营场所。农产品批发市场可以将各个产地的农产品进行集中，并对其进行加工、包装、储存等作业，最后分销到各个地区。我国是农业大国和人口大国，农产品的生产量和消费量巨大，农产品批发市场对促进农业经济发展、保障城市居民农产品消费、调节农产品供需等方面具有重要作用，是目前我国农产品流通的重要载体。据有关资料显示，我国超过 70% 的农产品是通过农产品批发市场进行集散的。

二、农产品批发与冷链物流

农产品批发的商品种类很多，包括粮油、调味品、禽畜肉、蔬菜、水果、花卉产品、水产品等，其中部分农产品可以在常温下进行保存、运输、销售，而大部分农产品是需要保存在低温的环境下，这就要求这些需低温保存的农产品在流通过程中要使用完善的冷链物流系统作为农产品质量安全的保障。

另外，随着经济的发展，人们生活水平提高，消费者越来越重视食品的质量安全，对高保鲜、高质量的生鲜农产品需求量日渐增长，如果缺乏冷链物流的保障，农产品的易腐性特点，会增加农产品在流通过程的损耗程度，影响到农产品生产者的利益和消费者的消费体验。农产品批发作为目前农产品的主要流通渠道，其经营的农产品质量对于后续环节有着直接影响，为减少质量不安全、新鲜度低的农产品流入市场，须依靠冷链物流来保障农产品在批发环节的质量安全，包括对农产品的加工、储存、运输、销售等环节的质量保护。

三、粤港澳农产品批发冷链物流体系建设

广东是农产品盛产地区，农产品种类繁多，如香蕉、荔枝、木瓜和菠萝被称为岭南四大名果，产量大、质量好；广东省也是农产品贸易大省，由于香港和澳门人口密度非常高，因此土地资源非常珍贵，香港和澳门本土的农产品产量非常低，日常需要的农副产品和鲜活商品大部分需要中国内地供应，大陆地区的农产品经过广东出口到港澳地区，广东本土的农产品也主要是出口到港澳地区，粤港澳地区间的农产品流通率高。在农产品流通过程中，农产品批发市场是具有重要作用的流通渠道，连接着农产品生产地和消费地。

然而近年来，农产品的流通渠道逐渐丰富起来，如产地直供、农产品电子商务、农超对接等模式，跳过了批发这一环节，对农产品批发市场的业务造成了很大的冲击，农产品经过批发渠道进入流通领域的比例呈现下降的趋势，农产品批发市场发展处于比较尴尬的位置，部分业内人士对农产品批发的前景感到迷茫。在这种行业竞争激烈的背景下，各农产品批发市场纷纷找寻转型方向，如创新交易模式、整治批发市场环境等，其中，要深刻认识到消费者对农产品质量的要求越来越高这一情况，这就要求农产品批发市场必须重视冷链物流系统的建设，补齐冷链的短板，保证农产品的质量、新鲜度，让农产品生产者和消费者更加信任和依赖农产品批发渠道，形成更加稳固、长久的合作关系。

（一）加强农产品产地冷链基础设施建设

农产品产地的冷链体系可以被视为“冷链最先一公里”，其是整个冷链物流系统是否牢靠的基石。如果生产出来的农产品不能及时预冷、储存、分级，造成时间上的延误，会对农产品的质量产生不可逆转的损失，即使后续的冷链过程做得再好也不能使农产品恢复到原来的状态，甚至造成冷链资源的浪费，如预冷阶段几个小时的延误会导致冷链终端易腐产品在货架上的销售期长达几天甚至几个星期的损失。

近年来发生了很多农产品滞销的现象，损害了农民的利益和生产积极性，

其中很重要的原因就是缺乏农产品产地冷链体系，不能对农产品进行预冷、储存、加工等作业。一方面，农产品在生产后处理不当，不能通过完善的冷链物流系统进入到销售终端，使得在销售阶段农产品质量下降，影响正常销售，往往采取降价的方式来促销，减少了农民收入；另一方面，由于农产品生产具有季节性的特点，淡旺季明显，农产品集中上市会造成供大于求，这时农产品的市场价格会比较低，缺乏冷库储藏不能实现错季销售。

因此，要建立健全农产品产地冷链体系，而目前的农产品种植、养殖表现出规模小、分散经营的特点，以个体形式生产较普遍，大规模的农产品生产基地较少，单个农产品生产商的农产品产量小，自身没有足够的实力建造冷库保存农产品。农产品批发市场处于农产品供应链的上游位置，直接与农产品生产商联系，为降低生鲜农产品在“冷链最先一公里”存在断链风险，要重视农产品产地冷链物流的建设。

农产品批发市场可与当地政府携手建设和经营冷链物流基础设施，较常见的做法是政府提供资金补贴、减税、以奖代补等优惠政策鼓励企业到当地投资建厂，还可采取在建设时政府投资换取股份、在经营时主要由企业负责的运作模式，减轻农产品批发市场的资金压力，同时解决农产品采摘后难保存的问题。除了新建产地冷链物流基础设施外，还可充分利用产地现有的常温仓储设施进行改造，避免资源重复浪费，例如日本有很多位于农田附近的加工厂，大部分是通过改造而来的，虽然不是很规范，但是经济实用。农产品产地冷链物流的建设也有利于增加当地就业，惠及农民。

农产品产地冷链体系建设好之后，也会面临一个严重的问题，由于农产品生产的季节性特点，在淡季时的农产品数量较少，而冷库建设规模是按旺季时的需求设计的，因此产地农产品的冷库在这段时间可能被闲置。为避免冷链资源浪费，一方面，可以开展多种经营方式，如扩大农产品生产的种类，以便在不同时期收获进行保存；进行错季销售，避开农产品集中上市的时间销售；将农产品加工成像水果罐头这样的易于保管的产品等。另一方面，推行产地移动式冷库，扩大冷库的使用范围，即需即用，提升淡季期间冷链设施的利用率。

（二）加强冷链物流设施设备建设

农产品批发市场从事大宗农产品交易，进货和销货的数量都很大，客观上要求农产品批发市场能够对大量的农产品进行储存和运输，因此自身需要有足够的冷链物流资源对农产品进行集中保存，降低下游客户的库存，提高供应保证程度。冷链物流设施与设备作为贯穿于整个物流过程的物质技术基础，涉及每个作业环节，利用专业的冷链物流设施设备可以提高作业效率，缩短作业时间，降低作业成本，减轻作业人员的劳动强度。从物流功能来看，农产品要经过运输、储存、包装、加工、装卸等作业环节，这些活动的高效完成离不开多种多样的冷链物流设施与设备，如冷库、冷藏车、叉车、加工设备等。

由于冷链物流设施设备投资规模大，使用期限长，因此在设施设备建设初期要进行科学决策和统一规划，如冷库的选址要考虑多方面的因素，包括交通条件、顾客需求分布状况、物流费用等，冷链物流设备的配置和选择要遵循系统性、适用性、经济性、技术先进性等原则进行，使有限的投资可以发挥最大的技术经济效益。如深圳市农产品股份有限公司是国内知名的农产品批发企业，以农产品批发市场为中心，构筑全国性农产品市场体系，在多个地区建立了海吉星农产品物流中心，依靠完善的冷链物流系统为各地提供新鲜、优质、平价的农产品，受到消费者的欢迎，多年被评为“全国百强农副产品批发市场第一名”。对于一些规模小的农产品批发市场来说，可能会受制于资金而不能建立完善的冷链物流系统，可以采取租赁的方式获取相关设施设备的使用权，也可以和其他企业合资建设，或者将冷链物流业务外包给专业的第三方冷链物流企业，根据自身规模完善相应的配套设施。通过多种方式解决冷链物流设施设备不足的问题，保证农产品批发市场有足够的冷链物流资源来完成农产品的流通过程。

（三）加强信息化建设

一方面，随着信息技术的发展，电子化办公已经非常普遍，企业之间的交流可以通过网络进行，提高了办事效率。农产品批发市场连接着多个农产品生产者和下游企业，因此，农产品批发市场不仅仅作为一个农产品流通的物流节点，也是一个信息流通的节点，农产品批发市场应建立一个电子信息平台连接农产品生产者和需要采购农产品的客户，电子信息平台具有信息资源共享、信息发布、信息查询等功能，农产品批发市场需重视电子信息平台的建设和使用，通过信息沟通掌握市场动态，指导企业进行更科学的决策，减少信息不对称造成的损失，为促进农产品交易提供保障。

另一方面，冷链物流的正常运作也是需要依赖多种信息技术，如运输车温度自动控制技术、条码技术、RFID 技术、GPS 定位系统、仓库管理系统等，通过监测设备对冷链物流全过程的监控，可以掌握农产品在各个环节的状态，发现有异常情况时，可以及时对农产品所处的环境如温度、湿度等进行调节，保证农产品在冷链物流过程中的质量安全。通过建立农产品质量安全可追溯物流信息平台，让消费者了解农产品的流通过程，购买时更加放心。

信息化建设有利于增强农产品批发企业与其他企业的联系和提高冷链物流效率，因此，农产品批发企业要积极进行信息化建设。

（四）加强标准化建设

一方面，农产品批发市场的交易现场由于储存了大量的食品，特别是动物性食品，会有比较大的气味，而且进出的物流、人流、车流量大，给人的感觉是又脏又乱，这种情况在一些比较老旧的农产品批发市场更加明显，因此，要对农产品批发市场进行环境整治，在运营管理、交通组织、废水废弃物处理等各方面要推进标准化建设，打造一个干净、卫生、有序的交易环境。

另一方面，要加强冷链物流标准体系建设，如果冷链物流的各环节缺乏相应的标准，那么在具体实施过程中，管理工作和业务操作缺少明确的依据，就很容易产生一些问题，不能保证农产品的质量安全。冷链物流标准严重缺乏这一问题是亟须解决的，政府相关部门应加快制定冷链物流的相关标准，如冷链物流行业准入标准、冷链物流操作规范等，此外，行业组织和农产品批发市场本身也可制定一些具有针对性的标准，为农产品批发冷链物流的运作提供指导，规范农产品冷链物流服务市场。同时，要建立和完善监管机制，对标准的执行情况进行监督，建立处罚规则和诚信体系，对违规作业的个人、企业进行处罚，对严格按标准作业的个人、企业进行表彰。统一的冷链物流标准、有效的监督机制是提升农产品批发市场冷链物流效率的制度保障。

第四节 电商农产品冷链物流体系建设

一、电商农产品概述

电子商务是以信息网络技术为手段，以商品交换为中心的商务活动，是经济发展和信息技术发展且两者相互发生作用的一种产物。这种方式使人们能够以电子交易为手段进行商品以及服务的交换，改变了传统商业活动环节多、成本高、效率低的缺陷，实现了各环节的电子化、网络化、信息化，提高了商务活动的效率。21 世纪初，在网络泡沫破灭之后，电子商务得到了实质性的发展，衍生出多种电子商务模式，最具代表性的有三种，一是 C2C 模式，如淘宝、易趣等；二是 B2B 模式，如阿里巴巴、中国制造等；三是 B2C 模式，如天猫、京东等。

在电子商务迅猛发展的趋势下，通过电子商务进行交易的商品愈加丰富，逐渐把农产品纳入电子商务经营的范围，诞生了生鲜农产品的电子商务网络销售模式，业界称之为生鲜电商，指用电子商务的手段在互联网上直接销售生鲜类产品，如水果、蔬菜、生鲜肉等。生鲜电商改变了人们以往购买农产品的方式，在工作节奏忙碌的当今社会，很多人没有时间去菜市场或超市购买农产品，通过生鲜电商可以方便地把农产品送到消费者手中。近年来我国生鲜电商行业保持了较快的发展速度，有数据显示，2018 年我国生鲜电商行业市场交易规模达到2103.2 亿元，较 2017 年（1402.8 亿元）增长 49.9%，生鲜市场发展空间大，规模有几万亿元，电商化率还非常低，目前生鲜电商被资本市场看好，在接下来一段时间将迎来高速发展机遇期。

二、电商农产品与冷链物流

生鲜电商经营的农产品是直接送到消费者手中，因此消费终端主要是分布在城市中的各个家庭。一方面，消费者分布在城市的各个地方，导致配送点多且分散，而且消费者单次购买的农产品数量比较少，电商农产品配送表现出多品种、小批量、高频次的特点，对配送环节提出了很高的要求；另一方面，生鲜农产品具有鲜活易腐的特点，如果送达的生鲜农产品不能保持较高的新鲜度，将直接影响顾客的消费体验，最终很可能造成顾客的流失，而农产品送达的方式和时间对于生鲜农产品的新鲜度都有着举足轻重的作用。

对于消费者来说，在下单后，消费者对于所选购的农产品的期望是能够快速送达并有着较高的新鲜度。为保证农产品的新鲜度，需要使用冷链物流系统，即农产品从生产地获取后，中间要经过运输、加工、储存、配送等环节，在整个过程农产品都需要处于相对适宜的低温环境下，而不同种类的生鲜农产品对温度的要求也不一样，过高或过低的温度都会对农产品的新鲜度造成负面影响，增加农产品损耗。同时，还要满足消费者对配送时间的要求，由于消费者分布较分散，并且城市内道路情况较复杂，因此必须规划好配送路线，缩短配送时间，保持时效性，而配送时间的减少对于保持农产品的新鲜度也有一定的作用。

三、粤港澳电商农产品冷链物流体系建设

粤港澳地区人们的消费能力强，近年来该地区生鲜电商发展速度很快，有多家生鲜电商在该地区经营，如京东7FRESH、盒马鲜生、顺丰优选、本来生活等，方便了人们的生活。对于经营农产品的生鲜电商来说，完善的冷链物流系统是保障其正常运营的基础。然而现实情况却是，虽然生鲜电商发展前景广阔，但目前受制于冷链物流能力的瓶颈，存在“供需两旺，流通不畅”的现象，生鲜电商最大的痛点在物流。因此，生鲜电商企业要实现快速发展，必须要重视冷链物流这个短板，建立电商农产品冷链物流体系。

（一）从农产品源头到生鲜电商销售终端建立标准化共识

为了保证农产品的质量，减少有质量问题的农产品进入流通环节，应从农产品生产基地开始控制。生鲜电商可与农产品供应商签订合作协议，或投资建设自己的农产品生产基地，按照标准进行生产和收货，将符合质量标准的农产品送达消费者。同时，对于中间的加工、包装、储存、分级、销售等环节也要建立相关标准，引导各环节进行标准化作业。但由于农产品的特性，即使同一颗树上生长出来的水果也会有差异，不能像机器那样生产出统一的产品，农产品的标准化建设比较困难，要集合政府、行业组织、电商企业、农产品供应商等多方力量来建立健全的、可执行的一系列标准，并发挥政府有关部门监督和服务的功能。

例如，广东省茂名市是我国的水果大市，其中茂名的荔枝产量约占广东省的50%。随着电子商务的发展，该地区的荔枝也采取了网络销售的方式，2015年网上销售的荔枝达到了1.1万吨，但同时也出现了一些不好的现象，有的电商未按生鲜荔枝的要求做好包装和配送等工作，这使消费者收到的荔枝发生变质；有些电商在包装时以次充好，严重影响了消费者的消费体验，损害了茂名荔枝的声誉和品牌形象。

针对这些现象和问题，茂名市质监局联合水果局和电子商务协会进行了调研，希望找出解决办法。根据调研情况，2016年初，茂名市质监局制定了《茂名市网上销售荔枝等级规格》电子商务联盟标准，一方面，该联盟标准确定了荔枝单果重量、可溶性固形物、可食部分、酸度、果色5个方面的理化指标，同时遵循传统荔枝消费习惯，允许电商销售荔枝带枝带叶，提高了标准执行的便利性、可操作性；另一方面，该联盟标准规范并指导茂名市网上销售鲜荔枝的生产、销售、包装、运输、配送全产业链发展，提升了茂名荔枝的知名

度和美誉度。在没有这一联盟标准前，各电商企业分别制定标准，如对荔枝等级的划分标准不统一，有的电商一等品荔枝会大一些，有的电商一等品荔枝会小一些，会给消费者在选购时造成误解，制定了联盟标准后，所有的荔枝在网上销售都执行统一标准，销售更加规范，当发生荔枝等级和品质纠纷时，可以更加公正、合理地解决。

（二）选择适合生鲜电商的冷链物流模式

目前，生鲜电商在选择冷链物流模式方面普遍面临着两难选择，即对“自建冷链物流”与“第三方冷链物流”的选择。

由于我国冷链物流发展滞后，缺乏能提供完善冷链物流服务的第三方冷链物流企业，现有第三方冷链物流的质量和服务能力不能充分满足生鲜电商企业的需求，迫使一些生鲜电商企业选择自建冷链物流系统来满足自身的需求；同时在农产品巨大的市场需求和政府利好政策的加持下，也有利于生鲜电商企业建设冷链物流体系。如京东在自建物流的基础上，从2014年开始打造冷链物流系统，为京东的生鲜事业部服务并向社会开放。自建冷链物流有利于增强生鲜电商企业对农产品质量的控制；收集消费者的消费数据、消费评价进行改进；还可以开展O2O模式，通过开设实体店，将营销渠道下沉，如京东打造的京东7FRESH，定位于线下生鲜超市，主打生鲜海产品，顾客可以线下线上消费，这样的实体店更靠近消费者终端，可以有效缩短配送时间。自建冷链物流要解决的问题主要表现在资金投入巨大、资金难以在短期内收回，如果生鲜电商企业没有足够的实力和资金则很难自建完善的冷链物流系统。

理论上来说，第三方冷链物流是一种资源利用更合理、理念更先进的冷链物流模式，可以利用其专业性使生鲜电商企业集中精力做好主营业务，生鲜电商选择第三方冷链物流模式不需要对冷链设施设备和冷链日常运营投入资金，避免自建冷链物流的巨大投入和经营风险。因此，要重点培育第三方冷链物流企业，目前第三方冷链物流发展前景良好，第三方冷链物流企业数量在增长，整体服务能力和水平也在逐渐提高，市场上存在的第三方冷链物流除了专业的第三方冷链物流企业，如深圳泛亚物流、招商美冷等之外，京东、顺丰、圆通、中通、申通等传统物流巨头企业也在布局冷链物流，向社会提供冷链物流服务。生鲜电商企业选择第三方冷链物流模式，对农产品物流过程的掌控力度不够，因此要解决的问题主要是生鲜电商企业与第三方冷链物流企业要有很高的默契程度，双方要实现业务数据共享，通力合作，第三方冷链物流企业要保证服务质量，提高消费者消费体验度。

比较自建冷链物流和第三方冷链物流的优点和缺点，生鲜电商企业应根据自身的规模、经营范围、市场特点等实际情况选择合适的冷链物流模式。除了单独采用上述两种模式，还可以将两种模式进行融合，生鲜电商企业可以在不同地区、不同时间或不同环节灵活使用两种模式，发挥两种模式各自的优势，在保证服务质量的前提下节省冷链物流成本。例如易果生鲜，成立于2005年，起初规模较小，由公司内的物流部门完成产品的仓储、质检、包装、宅配等物流活动，在2015年成立了安鲜达物流科技有限公司，随着业务范围的扩大，虽然易果生鲜拥有自建的冷链物流系统，但不能覆盖全部消费者，有些地区自建冷链物流不能进行配送，因此这些地区是通过第三方物流来进行配送，易果生鲜在不同地区合理使用不同的冷链物流方式来完成产品配送，提高了冷链物流整体效率。

（三）注重专业人才的培养

生鲜电商冷链物流的开展需要大量的综合性专业人才，既需要懂运营的管理人才，也需要技术熟练的一线操作人员，人是十分重要的生产力要素，目前冷链物流人才极其缺乏，生鲜电商企业必须大力培养。

一方面，要提高现有工作人员的综合素质。对于生鲜电商企业来说，管理人员是业务的管理者、决策者，其对市场的判断力、分析能力是至关重要的，所做的决策影响范围广，管理人员要具备前瞻性，可以通过参加行业交流论坛等方式，了解生鲜电商冷链物流发展的趋势和行业发展状况，为管理工作带来新思路。当然，一线员工对于生鲜电商企业来说也是非常重要的，是企业各项决策、计划的执行者，应重视提高一线员工的综合素质。生鲜电商是把生鲜农产品直接交到用户手中，冷链物流末端的配送是与客户直接近距离接触的环节，很大程度上决定了消费者对整个消费过程的满意度，因此生鲜电商要特别重视对配送人员的培养，提升其专业素质和专业能力，可以采取以下措施：一是对配送人员进行专业知识培训，如农产品储藏运输条件、相关设备的使用保养要求、装卸搬运的要求等；二是对配送人员进行价值观培训，增强服务客户的意识，提高消费者的满意度；三是对配送人员进行安全方面的培训，安全生产是所有企业的要求，而配送环节可能会遇到较多的突发情况，配送人员应具有一定的应急处置能力。

另一方面，可以通过社会招聘或校园招聘的方式引进人才。社会招聘的好处是能够招聘到有工作经验的人，可以直接开展相关工作，减少培训时间和成本。校园招聘的是接受了高等教育的大学生，他们创新力、学习能力强，是伴随着网络一起成长的年轻一代，对生鲜电商这类新鲜事物接受能力强。目前，很多高校都开设了“电子商务”“物流管理”之类的专业，而“冷链物流”专业很少。高校在培养电子商务和物流管理专业学生的过程中可以引入关于生鲜电商冷链物流的专业知识，或者开办冷链物流专业，培养这方面的急需人才，同时可以邀请生鲜电商企业的人到课堂讲授工作经验和真实案例；生鲜电商企业也应该为这些学生提供实习机会，培养学生的实际工作能力，从而使其在毕业后可以快速投入工作中。通过校企合作的培养方式使学生成为既懂专业知识又熟悉生鲜电商运营和冷链物流操作的复合型人才，解决现阶段冷链物流主体知识层次低和技术水平低的问题。

（四）加强信息化建设

一方面，生鲜电商本身就是信息化的产物，消费者通过网络从 PC 端和移动客户端浏览商品，了解商品的信息并下单，生鲜电商企业可以收集消费者的个人信息、浏览记录、消费记录等信息，可以更好地掌握消费者的偏好甚至预测消费者的下一步消费行为，在充分了解消费者信息的基础上，针对不同消费者的特点，根据消费者的个性化需求，制定精确的营销策略，可提升营销活动的效果，增加销量，从而提升企业的利润；另一方面，冷链物流的发展也必须依靠信息化建设，利用信息技术和设备提升冷链物流的效率，对农产品冷链物流全过程进行实时监测与跟踪，信息化对于冷链物流至关重要，同时，对于消费者来说，可以通过网络从 PC 端和移动客户端掌握所购买商品的物流信息，从而可以在商品快送达的时候做好收货准备，如果消费者还有很长时间才方便收货，可以通过网络反馈方便收货的时间，避免送货与收货时间不一致的现象，提高配送效率。

信息化建设有利于提高生鲜电商企业的营销效果和冷链物流效率，提升整体经营效益，因此，生鲜电商企业要积极进行信息化建设。

第五节　医药流通冷链物流体系建设

一、医药流通概述

商品的流通是指商品从生产地到达消费地的过程，医药的流通也是如此，从医药的生产商通过经销商到达医药的零售商如医院、药房。经过多年发展，目前行业内具有代表性的大规模医药流通企业有国药集团、上药集团、华润医药等。

医药作为保障人们身体健康的特殊商品，医药的流通过程受到政府相关部门的高度重视。2017 年 2 月国务院办公厅印发了《关于进一步改革完善药品生产流通使用政策的若干意见》的文件，其中提出要全面推行药品购销“两票制”，即医药产品从生产企业到一级经销商开一次发票，其后一级经销商再卖到医院或药房再开一次发票。另外，市辖区以外或边远地区可以允许“三票”，即有二级经销商，但一级经销商所配送的同一厂家的品种，在同一个地级市只能委托 1—2 个二级经销商。推行这项制度的目的是减少医药的流通环节，撇去药价泡沫，解决由于医药流通过程的层层盘剥、加价导致消费者看病贵的问题。

该项政策的实施极大地影响了药品流通渠道的发展，特别是中小型经销单位，一方面，由于流通环节经销商的数量被限制，规模大、实力强的大型医药流通企业更具有竞争优势，更可能成为一级经销商，对经销商资质的更高要求压缩了中小型医药流通企业的生存空间；另一方面，随着市场竞争更加规范、公正，以往依靠关系获得业务的地方性中小型医药经销单位也是难以生存。在这种形势下，医药流通企业规模不断壮大，一些中型医药经销单位通过扩充场地和设备来提高自身的竞争实力，而一些小型医药经销单位已经转行，促使没有竞争力的中小型医药经销单位逐步退出市场，医药流通行业集中度在不断提升。

二、医药流通与冷链物流

医药产品与人们密切相关，药品可以预防、治疗、诊断人的疾病，直接关系到人们的身体健康甚至生命存亡，医药产品的安全比食品更加重要，要确保医药产品的安全、有效，而无效的医药产品会延迟治愈时间，增大患者治病负担和治疗难度，甚至会产生不良反应，对患者造成进一步伤害。因此，要特别重视医药产品的安全性，在医药流通过程中采取措施防止医药产品发生变质而丧失药性。

医药产品对保管环境要求严格，日光、湿度、温度等因素都会对药品质量造成影响，通过包装可以隔绝空气、阻碍日光，起到适当的保护作用，而温度是受周围环境影响，特别是一些对温度敏感的药品如疫苗、血液制品等，要通过相应的设施设备来创造有利于药品保存的温度环境。例如，在2016年山东省破获的非法疫苗案中，造成疫苗失效的原因是由于疫苗未经严格冷链存储和运输，这一事件反映出药品在流通过程中存在的缺陷。因此，要特别重视医药产品的流通过程，为保证要求低温保存药品的安全有效，必须要有完善的冷链物流系统作为保障，业界称为医药冷链物流。

三、粤港澳医药流通冷链物流体系建设

医药流通行业是连接医药生产企业和医药消费者的关键环节，是医药卫生事业的重要组成部分，是关系国计民生的重要行业，随着新版药品GSP的实施、两票制的推行等医药卫生体制改革的深化，对药品流通行业的发展产生了深远的影响。广东省是我国医药流通行业极其重要的供给和销售市场，行业规模、发展质量在全国均保持领先水平，而港澳地区由于经济发达和地理优势，吸引了一些跨国大企业的药品进入这两个地区，粤港澳大湾区的建设有利于加强三地之间的药品流通，发挥各地区的优势。粤港澳大湾区要建设现代药品流通体系的任务之一，就是要构建完善的医药冷链物流系统，保障需冷藏的医药产品的安全、有效，从而保障人民群众用药安全。

（一）加强医药冷链物流设施设备的建设

现代化的冷链物流设施设备是医药冷链物流又好又快发展的物质技术基础，没有相关的冷链物流设施设备，就无法按照冷藏药品的要求进行流通，容易出现冷链“断链”的现象，影响冷藏药品的药效和使用效果。

按照新版《药品经营质量管理规范》的要求，医药产品流通过程要有相应的冷链储运设施设备作为保障。冷库要满足冷藏药品的储存要求，需具有自动调节温湿度的功能，并合理进行区域划分，如验收区、储存区、预冷区、发货区等，各区域要有明显标识。根据医药产品“种类多、要求高”的特点，引进具有常温区、冷藏区、冷冻区等多个温控区的冷藏车，冷藏车不仅要能够自动调温，还应具有良好的隔热、密封、防水等性能。由于冷藏药品具有价值高、用量少的特点，特别是药品中的疫苗、血液制品、生物制品性质不稳定，通常集中储存在冷库，用药机构不会大量储存，在用药机构需要的时候才安排发货，因此在配送时存在大量的拆零工作，冷藏药品的配送表现出高频率、多品种、小批量的特点，冷库需配备拆零分拣设备，提高订单处理能力，减少药品分拣的差错，部分特殊药品需使用医药产品专用的温控保温箱进行保管。

医药冷链物流需要使用多种多样的设施设备，要针对冷藏药品的特性加快新型冷链物流技术的引进、吸收和自主研发，加强对冷链物流设施设备的技术升级和推广应用，提升医药产品流通领域的现代冷链物流技术装备水平，使冷藏药品从生产企业到使用单位能使用专用设施设备，将药品温度始终控制在规定的范围内。

（二）建立健全医药冷链物流标准化体系

医药产品是人们防病治病、保护健康的特殊商品，直接关系到人们的生命健康安全和社会稳定。近年来，政府部门出台了一系列的政策来引导医药流通行业的发展，如《关于进一步改革完善药品生产流通使用政策的若干意见》《药品经营质量管理规范》《疫苗储存和运输管理规范》等，但这些政策仅仅是“规范”，指出了医药流通行业的发展方向，还未上升至“法规”层面，在现实中还存在很多政策实施不到位的现象，没能形成行业操作规范。因此，政府相关部门还需进一步完善医药冷链物流的专项标准和法律法规，医药流通行业组织和企业也应根据地方实际状况和要求，制订一些在本地区可执行的医药冷链物流卫生标准、技术标准、工作标准，如医药冷链物流企业资质认证标准、医药冷链物流验收标准、医药冷链物流服务标准等，弥补医药冷链物流标准的缺失，增强医药冷链物流操作的规范性。

同时，政府相关部门要建立药品流通全过程的监管机制，加大对医药冷链物流的监管力度，检查相关规范标准的执行情况。要明确监管主体及其监管责任和监管对象，避免出现监管主体缺失、监管责任交叉等现象，对监管主体或监管对象违法违规的现象实施相应的行政处罚甚至追究刑事责任。医药流通企业也应设立专职的质检人员，对医药产品的整个流通过程进行监督。通过强有力的监督机制，有利于提高医药冷链物流相关政策法规的实施力度，增强流通环节医药产品的质量风险控制能力，为医药产品的安全保驾护航。

（三）加大对医药冷链物流人才的培养力度

医药冷链物流是一个跨学科的复杂系统，需要具备多种类型的高素质专业人才。目前，很多企业由于资金限制或对人才的重要性缺乏重视，忽略了对企业内部工作人员的教育和培训，影响企业的管理水平和业务水平，限制了企业的发展。人力资源是一个企业最宝贵的资源，当代企业间的竞争归根结底是人才的竞争，要实现医药冷链物流的快速发展，必须加大对医药冷链物流人才的培养力度。

针对医药冷链物流人才缺乏的现状，一方面，要对现有的工作人员加大培训力度，管理人员要有大局观和危机意识，熟悉行业的相关政策法规，关注市场动态和掌握行业发展方向，加强行业交流，引进新的管理方法，同时通过培训提高一线员工医药冷链物流的安全规范意识和业务操作能力。另一方面，要引进高素质专业人才，高校在培养人才过程中，应关注市场需求。医药冷链物流是物流的一个分支，在培养物流人才时可以合理设置相关专业课程，使学生既熟悉医药产品特性又掌握冷链物流运营。同时开展校企合作方式办学，为学生提供实习机会，提高实践能力，使其在毕业后可以快速进入工作状态，为医药冷链物流注入新鲜血液。此外，也可以通过从其他企业招聘具有工作经验的优秀人才的方式壮大人才队伍。

总之，在较短时间内，通过采取多种方式，在企业内部尽快形成合理的医药冷链物流人才结构，能够具备各种类型的高素质医药冷链物流从业人员，包括医药冷链物流管理人员、医药冷链物流各环节操作人员、冷链设施设备维修人员等，为医药冷链物流的发展提供人才保障。

（四）加快培育第三方冷链物流企业

国内医药物流在过去以企业自营物流为主，不仅国药集团、上药集团、华润医药这样的医药龙头企业建设了自有物流体系，很多中小型医药流通企业也形成了“小而全”的自有物流体系。虽然形成了大量的物流体系，扩大了行业物流规模，但很多企业的自有物流只是进行低水平重复建设，真正具备医药物流能力的物流体系很少，不仅效率低而且造成了物流资源浪费。

从医药流通行业和企业自身的发展趋势以及市场需求导向来看，在物流处理能力、网点分布、配送时效性等方面更有专业优势的第三方冷链物流对于优化冷藏药品供应链的实际效果更强，是未来医药生产企业和医药经销企业进行冷藏药品流通的重要选择。根据有关数据显示，截至 2015 年，欧美发达国家医药冷链物流使用第三方物流的比例达到了 76%，而我国这一比例低于 30%。

冷链物流是一个对资金、管理、技术要求都较高的行业，而医药产品的特殊性进一步提高了医药冷链物流的进入门槛。随着“两票制”、新版药品 GSP 等政策的推行，提高了对医药流通企业的要求，对开展医药冷链物流的要求也更高。政策方面的变化有利于提高行业集中度，对于大型医药流通企业的影响不是很大，但是对于大部分中小型医药流通企业来说，要在短时间内建立起完善的医药冷链物流体系几乎难以实现，达不到药品 GSP 的要求则会被淘汰。

另外，在2016年2月国务院印发的《关于第二批取消152项中央指定地方实施行政审批事项的决定》中明确提出，取消从事第三方药品物流业务批准，这一政策降低了医药物流的准入门槛，允许社会上符合新版药品GSP认证标准的第三方物流企业进入医药物流领域，第三方医药冷链物流的加入将有效提升医药冷链物流的行业规模和服务水平。如顺丰在2014年就成立了医药物流事业部，2016年正式成立了“冷运事业部”，将医药冷链和生鲜冷链分离，足以显示顺丰对医药冷链的重视，此外，京东、邮政等物流代表性企业也相继介入医药冷链流通。

从整个冷链物流行业的发展趋势来看，第三方冷链物流企业将成为冷链物流行业的主要组成部分，因此政府部门需要提供产业、财政等方面的利好政策加大对第三方冷链物流企业的培育力度，支持第三方冷链物流企业的快速发展，第三方冷链物流企业应抓住发展机遇优化布局，提高医药冷链物流效率，更好地保障冷藏药品的安全。

第五章 粤港澳大湾区冷链物流空间布局

第一节 冷链产品的供需分布

粤港澳大湾区指由广州、深圳、珠海、佛山、江门、东莞、中山、惠州、肇庆内地九市和香港、澳门两个特别行政区组成的区域。冷链物流涉及的主要产品包括：蔬菜、水果、水产品、畜产品和药品等。其中，畜产品主要指肉类产品、禽蛋类产品和奶制品；蔬菜、水果、水产品和畜产品我们将其统称为生鲜产品。

以下将从大湾区冷链物流相关产品的供给和需求情况来对大湾区几个核心城市在大湾区冷链物流中的功能进行分析。

一、冷链产品的产区分布

（一）生鲜产品的产区分布

香港的土地大多是陡峭的山坡，只有 7 平方公里的土地用来耕种。本地农场的生产可供应本港蔬菜需求量的 2%、家禽需求的 100% 及猪肉需求的 8%。本地生产的生鲜农产品主要为了补充不足，大部分需求要依赖进口；水产品的产量相对于生鲜农产品而言要多一些，2018 年为 12.65 万吨，但也只占全港海产消耗量的 18%，其他的需求也依然要通过进口来满足。

澳门情况和香港类似，同样由于耕地少，无法进行大规模的果蔬种植，养殖业也逐渐萎缩，大部分需求的供应来自广东省或者海外。因此本文对大湾区内地九市的蔬菜、水果、水产品以及畜产品的产量情况进行分析。表5－1为湾区内地九市的生鲜产品2017年的产量。

表5－1 湾区内地九市的冷链物流产品产量 单位：吨

	广州	深圳	珠海	佛山	江门	东莞	中山	惠州	肇庆
蔬菜	3837712	149544	141899	796808	1424000	392431	397900	3144297	2461800
水果	528079	41292	62261	43002	274400	54583	85300	208588	1548700
畜产品	265268	16383	45916	198878	317639	7391	31258	184651	463000
水产品	471568	82905	309635	643644	753900	51392	322900	175027	454347
合计	5102627	248832	559711	1682332	2769939	505797	837358	3712563	4927847
合计	20347006								

资料来源：各市统计年鉴。

从表5－1可知，大湾区内地九市的生鲜产品的总产量约为2034.7万吨。根据《广东统计年鉴2018》，2017年全省的生鲜产品的产量约为5890.22万吨，湾区九市的生鲜产品的产量约占全省产量的34.5%。可见，大湾区是广东省主要的生鲜产品的主要产地。

对内地九市的生鲜产品产量分布情况进行进一步分析，如图5－1所示。

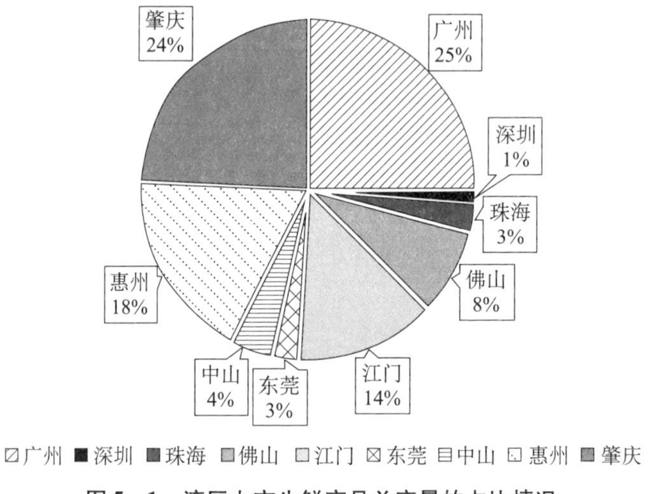

图5－1 湾区九市生鲜产品总产量的占比情况

从单个产品类别来看，广州、惠州、肇庆、江门、佛山为湾区蔬菜的主要产地。肇庆、广州和江门为主要的水果和畜产品产地。江门和佛山为主要的水产品产地。从生鲜产品的总产量来看，肇庆、广州、惠州和江门和佛山为生鲜产品的主产区，其他地区的产量占比均低于5%。

（二）药品的产区分布

除水产品和果蔬产品以外，广东省是我国医药流通最重要的供给市场。根据广东省药品监督管理局的统计数据，截至2017年，广东省共有药品生产企业561家。学者余海食对2017年广东省的516家制药企业的空间分布特征和集聚区进行了识别。通过他的研究结论发现，广东省制药企业呈现显著的空间不平衡分布和空间集聚分布特征。制药企业集聚区主要分布在珠三角的广州、深圳、中山、珠海、佛山以及粤东的汕头和揭阳这七个城市，珠三角的五个城市的集聚程度最为明显，粤东的两个城市的集聚特征稍微弱。而广州、深圳、中山、珠海、佛山这五个城市都为粤港澳大湾区的核心城市。

综合上述分析，我们将大湾区冷链物流相关产品的主要产区进行了汇总，如表5－2所示。

表5－2　冷链物流相关产品的主要产区

产品类别	主要产区
蔬菜	广州、惠州、肇庆、江门、佛山
水果和畜产品	肇庆、广州和江门
水产品	广州、江门、佛山、中山、珠海、肇庆
药品	广州、深圳、中山、珠海、佛山

二、冷链产品的需求分布

（一）生鲜产品的需求分布

粤港澳大湾区人口数量多、密度大，城镇人口比重大。该区域内居民大多喜食海鲜，且水产品、果蔬、畜产品又是居民日常生活的必需品。因此，要分析大湾区果蔬、水产品、畜产品和水产品的需求情况，可以从湾区人口数量切入。通过统计湾区主要城市的人口数量，搜集居民每天对这几类产品的需求数据，即可得到湾区各个城市对这四类生鲜产品的年需求总量。

2017年，粤港澳大湾区常住人口6955.02万人，其中内地九市常住人口6150.54万人、香港人口总数739.17万人、澳门人口65.31万人。表5－3对粤港澳大湾区主要城市2017年的常住人口数进行了统计。

表5－3　粤港澳大湾区主要城市2017年常住人口统计

城市	人口数（万人）
广州	1449.84

续表

城市	人口数（万人）
深圳	1252.83
珠海	176.54
佛山	765.67
江门	456.17
东莞	834.25
中山	326
惠州	477.7
肇庆	411.54
香港	739.17
澳门	65.31

资料来源：各市统计年鉴。

根据2017年《中国居民膳食指南》中的说明，一个健康的成人每天要摄入蔬菜类300—500g，水果类200—400g，畜禽肉蛋类75—125g，鱼虾类50—100g。我们取中间值对大湾区主要城市的冷链物流相关产品的需求量进行粗略估计，一年按照365天来计算，如表5-4所示。

表5-4 粤港澳大湾区主要城市冷链物流相关产品的需求估计 单位：吨

城市	蔬菜需求	水果需求	畜产品需求	水产品需求	总计
广州	2116766.4	1587574.8	529191.6	396893.7	4630426.5
深圳	1829131.8	1371848.85	457282.95	342962.2125	4001225.81
珠海	257748.4	193311.3	64437.1	48327.825	563824.625
佛山	1117878.2	838408.65	279469.55	209602.1625	2445358.56
江门	666008.2	499506.15	166502.05	124876.5375	1456892.94
东莞	1218005	913503.75	304501.25	228375.9375	2664385.94
中山	475960	356970	118990	89242.5	1041162.5
惠州	697442	523081.5	174360.5	130770.375	1525654.38
肇庆	600848.4	450636.3	150212.1	112659.075	1314355.88
香港	1079188.2	809391.15	269797.05	202347.7875	2360724.19
澳门	95352.6	71514.45	23838.15	17878.6125	208583.813

将大湾区主要城市的生鲜产品的需求量与供给量进行对比分析，计算各个城市本地供给量与需求量之间的差额，结果如图5-2所示。

从图5-2可以看出，广州的蔬菜和水产品的供给能满足本地居民的需求，并且蔬菜的供给量远超过需求量，富余量超过了150万吨，除供本地居民外还

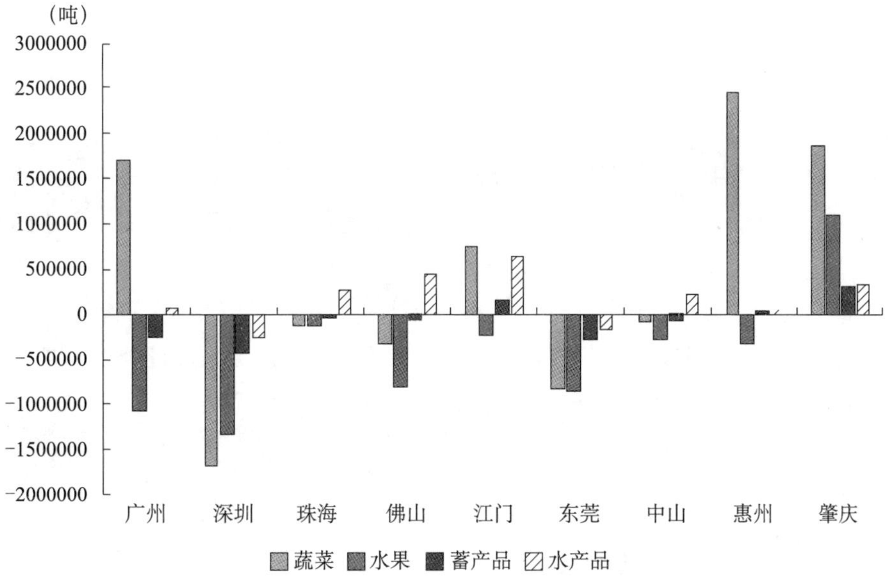

图 5－2 大湾区主要城市生鲜产品的供给与需求的差额

可以适当供给其他城市或者出口到港澳。广州本地生产的水果和畜产品无法实现自给自足，其中水果的供给的缺口较大，超过 100 万吨，需要大量依赖其他地区的供给。畜产品少量依赖其他地区的供给。

深圳和东莞两个城市的各类生鲜产品的本地生产都远远不能满足本地需求。深圳的蔬菜和水果的缺口量都达到了 100 万吨以上，东莞的蔬菜和水果的缺口量达到 50 万吨以上，都需要严重依靠其他地区的供给。

肇庆本地生产的蔬菜、水果、畜产品和水产品完全可以满足本地需求，并且都存在一定程度的富余。其中，蔬菜和水果的富余量较大，富余量均超过了 100 万吨。

江门生产的生鲜产品中，除水果外，其他的蔬菜、畜产品和水产品均能满足本地需求。水果供给的缺口在 50 万吨以下。该地生产的蔬菜和水产品存在少量富余，还能在一定程度上供给其他城市的需求或出口。

惠州的情况与江门类似，唯一无法实现自给自足的产品是水果，蔬菜的富余量超过 200 万吨，是 9 座城市中蔬菜生产量富余最多的，可见惠州为大湾区蔬菜的主要供给地之一。

珠海、中山和佛山的情况类似，除水产品外，蔬菜、水果和畜产品的本地生产均无法满足需求，珠海和中山的蔬菜、水果和畜产品缺口量在 25 万吨以下，佛山的蔬菜和畜产品的缺口量也在 25 万吨以下。佛山的水果缺口量超过了 50 万吨。

以上是从湾区单个城市的角度对供给和需求分布情况进行分析。可以看出，大湾区生鲜产品中主要的蔬菜供应地为惠州、广州、肇庆、江门；主要的水果供应地为肇庆；主要的水产供应地为江门、珠海、中山、肇庆；主要的畜产品供应地为江门和肇庆。主要的蔬菜需求地为深圳、东莞、佛山；主要的水果需求地为广州、深圳、佛山、东莞、珠海、江门、中山、惠州；主要的畜产品需求地为广州、深圳、佛山、东莞、珠海；主要的水产品需求地为深圳、东莞。

接下来从湾区主要城市生鲜产品的供给和需求差额总量来进行分析。图 5－3 为大湾区四类生鲜产品的供给与需求差额总量情况。

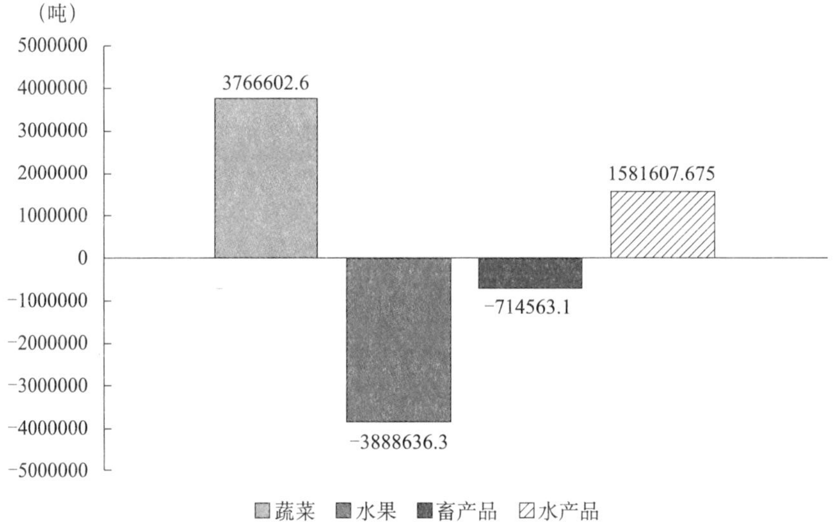

图 5－3 大湾区四类生鲜产品的供给与需求差额总量

从图 5－3 可知，大湾区的蔬菜和水产品不仅可以满足湾区内部城市居民的需求，蔬菜每年还有约 376 万吨的富余，水产品每年有约 158 万吨的富余。这些富余的产量可以运送到其他省市或出口国外。湾区的水果和畜产品的产量无法满足区域内部的需求，存在较大的缺口，畜产品每年约有 71 万吨左右的缺口；水果的缺口最大，每年约有 388 万吨。这些缺口均需要通过其他省市的供给或进口来满足。

（二）药品的需求情况

2016 年山东疫苗事件发生后，国家加大了对冷链药品的监管力度，对药品的运输和储存提出了更多的要求，医药冷链市场的发展也越来越受到重视。通过广东省的药品销售数据可知，广东省是我国医药流通领域最重要的销售市场。广东省药品流通行业销售规模近5年复合增长率为17.17%，高于全国同期水平。根据中国产业信息网发布的分析报告，2012—2016年期间，广东省的药品流通行业的销售额呈现逐年上升的趋势，2016年广东省药品流通行业销售额占比为1603.03亿元，占全国总量的8.8%（见图5-4）。因此，广东省对医药冷链物流的需求应是相当强劲的，并且这种需求未来还会呈现上升趋势。对占有广东省人口总数50%以上的大湾区来说，其对药品冷链物流的需求未来也将不断增大。

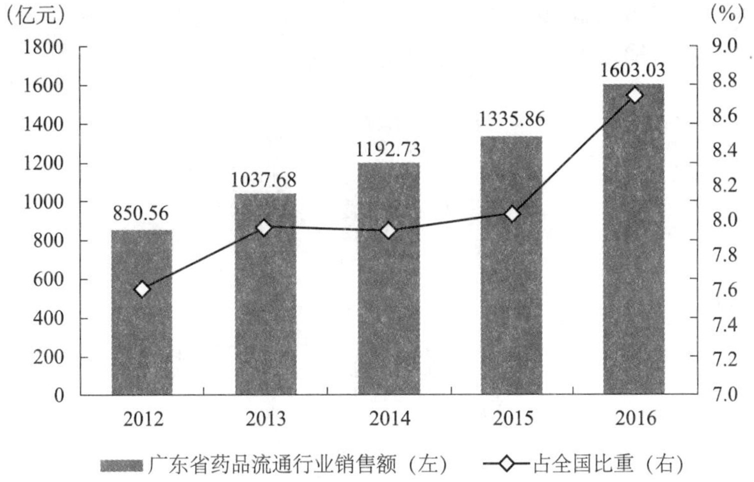

图5-4　2012—2016年广东省药品流通行业销售额及占比变化情况

资料来源：《2018—2024年广东省医药流通市场专项调研及投资前景分析报告》。

药品被生产出来以后，主要的去向是医疗机构和零售药店，医疗机构又包括医院、诊所和卫生室等。为分析粤港澳大湾区各市对医药冷链的需求分布情况，笔者搜集了粤港澳大湾区主要城市的医疗机构的分布统计数据，如表5-5所示。

表5-5　大湾区主要城市医疗机构数量统计

地区	2017年医疗机构数量（家）
广州	4058
深圳	4049
珠海	742
佛山	1715

续表

地区	2017年医疗机构数量（家）
江门	1608
东莞	2446
中山	806
惠州	2725
肇庆	3079
香港	165
澳门	702

资料来源：广东省卫生健康委员会；香港卫生署；澳门统计暨普查局。

对大湾区主要城市医疗机构数量的占比情况进行分析，可粗略判断大湾区药品需求量较大的城市主要分布在广州、深圳、肇庆、惠州、东莞，其他城市的医疗机构占比均在10%以下，如图5－5所示。

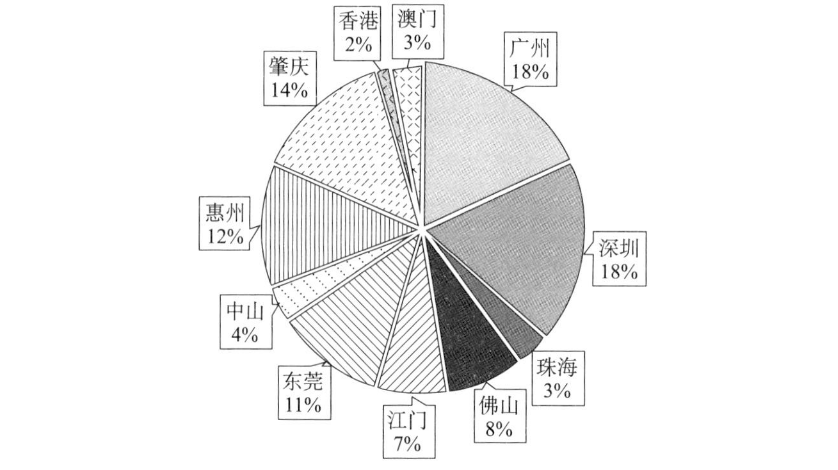

图5－5 大湾区主要城市的医疗机构数量占比

在了解了大湾区药品的主要供给分布与需求分布情况后，再结合湾区生鲜产品的主要供给地与需求地分布，对大湾区冷链物流相关产品的主要供给地和需求地进行对比，如表5－6所示，以期为大湾区冷链物流的空间布局提供一些建议。

表5－6 大湾区冷链物流相关产品的主要供应地和需求地

产品类别	主要供应地	主要需求地
蔬菜	惠州、广州、肇庆、江门	深圳、东莞、佛山、香港、澳门

续表

产品类别	主要供应地	主要需求地
水果	肇庆	广州、深圳、佛山、东莞、珠海、江门、中山、惠州、香港、澳门
畜产品	江门、肇庆	广州、深圳、佛山、东莞、珠海、香港、澳门
水产品	江门、珠海、中山、肇庆	深圳、东莞、香港、澳门
药品	广州、深圳、中山、珠海、佛山	广州、深圳、肇庆、惠州、东莞、香港、澳门

第二节 冷库容量测算

前面本书统计分析了大湾区各主要城市对于各类生鲜产品的需求的数据，可以计算得到每个城市对于存储各类生鲜产品的冷库的容量需求。计算方法如公式 5.1 所示。由于不同类别产品对于存储的温度要求不尽相同，高温冷库一般指调节温度在 -2℃—8℃ 的冷库，低温冷库一般指调节温度在 -18℃—-30℃ 的冷库。果蔬一般仅需保存在 -2℃ 的高温库中，而水产品、肉类则需要储存在 -18℃ 以下的低温库中。因此，在计算冷库容量时，应将不同类型的冷库容量分开计算。

冷库容量 = 各类生鲜产品的需求量 × 冷链流通率 （公式 5.1）

这里的冷链流通率就是冷链物流各环节实施全程低温控制的商品流通量占需要冷链服务商品总量的比率。目前，我国生鲜产品通过冷链流通比例不足，水产品、肉类、果蔬冷链流通率都远远低于欧美发达国家，根据广东省 2017 年发布的《广东省冷链物流发展“十三五”规划》中的数据，2016 年广东省果蔬、肉类、水产品的综合冷链流通率在 19% 左右。而欧、美、日、加等发达国家肉禽类冷链流通率已达到 100%，蔬果冷链流通率也有 95% 以上。

笔者按照冷链流通率 19% 对 2017 年大湾区各市的冷库容量进行了估算，如表 5-7 所示。

表 5-7　大湾区主要城市的冷库容量估算　单位：吨

城市	低温库	高温库	合计
广州	703824.8	175956.2	879781
深圳	608186.3	152046.6	760232.9
珠海	85701.34	21425.34	107126.7

续表

城市	低温库	高温库	合计
佛山	371694. 5	92923. 63	464618. 1
江门	221447. 7	55361. 93	276809. 7
东莞	404986. 7	101246. 7	506233. 3
中山	158256. 7	39564. 18	197820. 9
惠州	231899. 5	57974. 87	289874. 3
肇庆	199782. 1	49945. 52	249727. 6
香港	358830. 1	89707. 52	448537. 6
澳门	31704. 74	7926. 185	39630. 92
合计	3376314	844078. 6	4220393

根据《广东省冷链物流发展“十三五”规划》（以下简称《规划》）中给出的数据，截至2016年6月，广东省的冷库容量约为300万吨，且主要集中在珠三角城市，随着居民对于冷链物流需求的增加，冷库规模会不断增长。该《规划》预计，到2020年，广东省的冷库容量要达到450万吨。按照每年增长37. 5万吨的速率来计算，再加上香港和澳门的冷库容量，由于估算误差的存在，本书对于2017年大湾区的冷库容量估算结果还是比较贴近实际的。按照表5－7中的计算结果，正常情况下，高温库应占冷库总容量的20%左右，低温库占80%左右。

《规划》指出，到2020年，广东省的冷链流通率要达到25%，若按照冷链流通率25%来对2020年各市的冷库容量进行估算，暂时不考虑人口的增长，得到表5－8所示的结果。

表5－8　2020年大湾区主要城市的冷库容量估算　单位：吨

城市	低温库	高温库	合计
广州	926085. 3	231521. 3	1157607
深圳	800245. 2	200061. 3	1000306
珠海	112764. 9	28191. 23	140956. 2
佛山	489071. 7	122267. 9	611339. 6
江门	291378. 6	72844. 65	364223. 2
东莞	532877. 2	133219. 3	666096. 5
中山	208232. 5	52058. 13	260290. 6
惠州	305130. 9	76282. 72	381413. 6
肇庆	262871. 2	65717. 79	328589
香港	472144. 8	118036. 2	590181

续表

城市	低温库	高温库	合计
澳门	41716. 76	10429. 19	52145. 95
合计	4442519	1110630	5553149

从计算结果来看，若不考虑人口的增长，要让冷链物流的流通率达到25%，则2020年大湾区的冷库容量应达到550万吨左右。因而，若要达到发达国家水平，大湾区的冷库规模还要更大。

第三节 国际冷链物流

国际冷链物流是指蔬菜、水果等易腐蚀生鲜农产品在不同国家间的流动及转移，他是国际贸易的重要支撑体系。生鲜产品从产地采摘或打捞后所经过的加工、存储、国际运输、报关报检、国外配送、销售等环节均须始终处于适宜的低温环境，以最大限度地保证生鲜产品的品质和质量安全、减少损耗、防止污染。

生鲜产品国际冷链物流综合了冷链物流和国际物流的特征，即生鲜产品国际冷链物流的服务对象具有易腐蚀特性、时效性强、运作范围广、运作环境差异性大、运输方式复杂、信息技术和标准化要求高、投资规模大、运作风险大等特征。

生鲜产品国际冷链物流系统包括冷藏运输子系统、冷藏存储子系统、预冷子系统、保鲜加工子系统、包装子系统、报检报关子系统、保险子系统、装卸搬运子系统、配送子系统、信息子系统，本文主要介绍国际冷链物流系统与一般国内物流系统有较大区别的运输、仓储、预冷、报检报关、保险、信息六大子系统。

冷藏运输子系统是生鲜农产品国际冷链物流系统中最重要的动脉系统，体现了商品使用价值的空间效益。国际运输包括国内运输段和国际运输段。具有运输路线长、环节多、涉及面广、手续繁杂、时效性强和风险性大等特点。国内运输是国际物流不可缺少的环节，是将出口货物由供应地运送到出口港、边境口岸或是进口商品从进口港运送到需求地的运输；国际运输是国内运输的扩展和补充，是连接进出口运输的桥梁，是保证国际物流畅通的重要环节，被集运到港口或边境口岸的进出口货物，需办理完进出境手续才能运送到目的国，可直接运输或经过国际转运点到达目的国。生鲜农产品国际冷链物流存储分为一般存储和保税存储两大类：一般存储指生鲜农产品采摘后在生产链上的加工存储；保税存储是进出口贸易的生鲜农产品完成保税申请后在保税状态下的存储。预冷是生鲜农产品国际冷链物流运作的重要环节之一，目前，我国的果蔬预冷一般有冷库预冷、冰水预冷、差压预冷和真空预冷四种方式。真空预冷速度快但投资高、失水量大；冷库预冷速度慢、冰水预冷果蔬易受二次污染，沿海较发达地区大都采用差压预冷，而欠发达地区则以普通冷库预冷为主。商品检验检疫系统是国际物流系统中的重要子系统，商品检验能确定交易商品数量、品质和包装条件是否符合合同规定。保险子系统的主要功能是为了转移冷链相关产品在国际冷链物流运作中的运输、装卸和存储等环节有可能带来的风险。信息作为国际物流运作沟通的桥梁，是物流供应链上的商流、物流活动的纽带，能有效支撑国际贸易和跨国经营。

一、我国的冷链相关产品的进出口情况

目前，我国从国外进口的冷链相关产品主要是水果类、水产品、畜产品和蔬菜类产品。进口量最大的是畜产类。畜产品在生鲜农产品进口贸易中一直占有重要比重。2013 年，畜产品的进口占比超过水产类成为贸易额度最高的进口生鲜产品品类。水产类的进口量其次，我国的水产品进口主要由鱼类（冰鲜和活鲜）、贝类（活鲜）、虾类及海鲜肉类等构成，其中鱼类所占的比重最大。水果类进口量为第三，由于与我国进行水果贸易的国家很多，水果种类也呈现出多样化的特点，其中香蕉和榴莲进口额比重较大。最后是蔬菜类。由以上分析可见，水果类、水产品类、畜产类这三种品类的进口构成我国生鲜农产品进口贸易的重要结构。

从我国各个地区生鲜产品的进口量来看，沿海地区的进口量一直占全国进口总额的 80% 以上，是我国进口生鲜农产品的主要入境地区；其中东南沿海是我国进口生鲜农产品最主要的入境地区。广东省的生鲜产品进口量占全国总量的比例 2011—2017 年一直位居首位，经由广东入境的生鲜农产品主要是水果和水产品。

二、广东省冷链相关产品进出口情况

根据广东省海关的数据，广东省果蔬主要有三个销售渠道：一是供应本地消费；二是北运销往全国 28 个省区 150 多个大中城市；三是出口到日本、新

加坡、港澳、欧美、中东、东南亚等国家和地区，其中90%出口蔬菜销往港澳地区。根据《广东统计年鉴2018》的数据，2017年广东省蔬菜的出口量为67.6万吨，水果的出口量为14.9万吨（见表5-9）。

除了果蔬外，广东也是我国水产品的主要出口地之一，根据中国产业信息网发布的数据，2017年广东省出口水产品55.8万吨，占全国水产品总出口量的13.23%，主要出口市场涉及全球150多个国家与地区，最主要的出口国家为美国、韩国和日本以及欧盟等，出口量占总出口量的90%以上。欧盟是广东省主要的水产品来料加工再出口地区，也是主要的消费国。在畜产品的出口上，广东省2017年出口鲜冻猪肉和禽肉10986吨，主要出口地为港澳。

表5-9　2017年广东省冷链物流相关产品的出口数量　单位：吨

产品	出口
水果	148884
蔬菜	676247
水产品	558425
鲜、冻猪肉及禽肉	10986

资料来源：《广东统计年鉴2018》。

三、大湾区在国际冷链物流中的地位

粤港澳大湾区地理条件优越，“三面环山，三江汇聚”，具有漫长海岸线、良好港口群、广阔海域面。经济腹地广阔，泛珠三角区域拥有全国约1/5的国土面积、1/3的人口和1/3的经济总量。粤港澳大湾区面向南海，是距离南海最近的经济发达地区，也是中国经略南海的桥头堡。同时，其也是太平洋和印度洋航运要冲、东南亚乃至世界的重要交通枢纽、丝绸之路经济带和21世纪海上丝绸之路的交汇点，以及中国与海上丝绸之路沿线国家海上往来距离最近的经济发达区域。

前面一节讲到，经由广东地区进口和出口的生鲜产品的贸易量就全国范围来看，占比是比较大的。而生鲜产品跨国运输以空运和海运居多，海运一般使用冷藏集装箱进行运输，冷藏集装箱的温度范围大约为-30℃—20℃。由于生鲜产品的易腐性，其运输的时效性要求很高，当运输距离较远时，一般采用空运。这也是为什么广东省的果蔬90%都是出口到港澳的主要原因。

广东省的几个主要港口城市为：广州、深圳、珠海、汕头、惠州、揭阳、佛山、东莞、湛江、茂名、肇庆、清远。根据广东省人民政府办公厅在2019

年发布的《广东省推进运输结构调整实施方案》中对广东省 12 大港口的功能布局中的介绍，深圳港主要作为全国外贸集装箱干线港；珠海港作为煤炭中转港和外贸进口铁矿石接卸港；汕头港主要作为粤东区域集装箱和煤炭中转运输的公共物流枢纽港；惠州港、揭阳港主要作为外贸进口原油接卸港；佛山港主要作为粤港澳大湾区主要集装箱喂给港；东莞港主要作为内贸集装箱干线港、煤炭和散粮中转港、商品汽车滚装运输枢纽港；湛江港主要作为外贸进口原油及铁矿石接卸港；茂名港主要作为承担煤炭、原油等大宗散货运输的综合性港口；肇庆港主要作为珠三角连接大西南地区的水运集散中心；清远港主要作为大宗货物水路运输集散港。

广东省目前开通了国际航班的机场主要有广州白云国际机场（约 136 条国际航线）、深圳宝安国际机场（30 条国际航线）、揭阳潮汕国际机场（五条国际航线）、湛江机场（两条国际航线）。可见，经由广东省进出口的生鲜产品，若采用的是航空运输，大部分要经由广州的白云机场和深圳的宝安机场。此外，港珠澳大桥建成通车后，将进一步加强港珠澳三地的机场合作，珠海的金湾机场未来有望开通国际航班。

此外，大湾区的核心城市之一——香港，一直以来就是国际航运中心，拥有全球最繁忙的港口和货运机场，客货运量都位居全球前列。香港位处大湾区的心脏、亚洲中点，又是太平洋和印度洋航运要冲，是东南亚乃至世界的重要交通枢纽和商业中心。香港背靠内地、面向世界的独特地理位置，使得内地产品在“走出去”的过程中不仅能够顾及东南亚和欧美市场，还能保持与内地的紧密联系，是连接海陆、沟通中外的重要节点。

从以上介绍中可以看出，大湾区内地可用于生鲜产品进出口的主要港口为广州港、深圳港，再加上香港、澳门，形成了大湾区重要的进出口港口布局。

综上所述，大湾区在我国的国际冷链物流中起到了一个门户的作用，发展大湾区的冷链物流的意义不仅仅在于满足国内市场的冷链物流相关产品需求，更重要的是帮助提高我国冷链物流相关产品在国际上的竞争力，加强我国与丝绸之路沿线国家的贸易合作。

因此，湾区的冷链物流布局不仅要协调好湾区内部以及国内的冷链物流相关产品的供给与需求，还要从国际视角来优化与完善，将其打造成一个连接国内与丝绸之路沿线国家进行冷链物流的重要枢纽。这样，一方面能将湾区内部的特色生鲜产品带到国外，特别是丝绸之路沿线国家；另一方面，又能为湾区以及内陆的消费者购买国外的生鲜产品提供便利。湾区作为“一带一路”建设的重要支撑，其冷链物流的布局优化与完善必将进一步促进我国与丝绸之路沿线国家对于生鲜类产品的贸易往来。

第四节　冷链物流空间布局现状

一、冷链物流的空间节点构成

冷链物流相关产品的流通可以分为三个层次：生产、集散和销售。涉及的网络节点主要包括生产地、预冷站、冷链物流中心或冷链配送中心、批发商或零售商等。涉及的冷链设施包括冷藏汽车、大型冷库、冷藏加工车间、小型冷库和冷柜等，如图 5－6 所示。

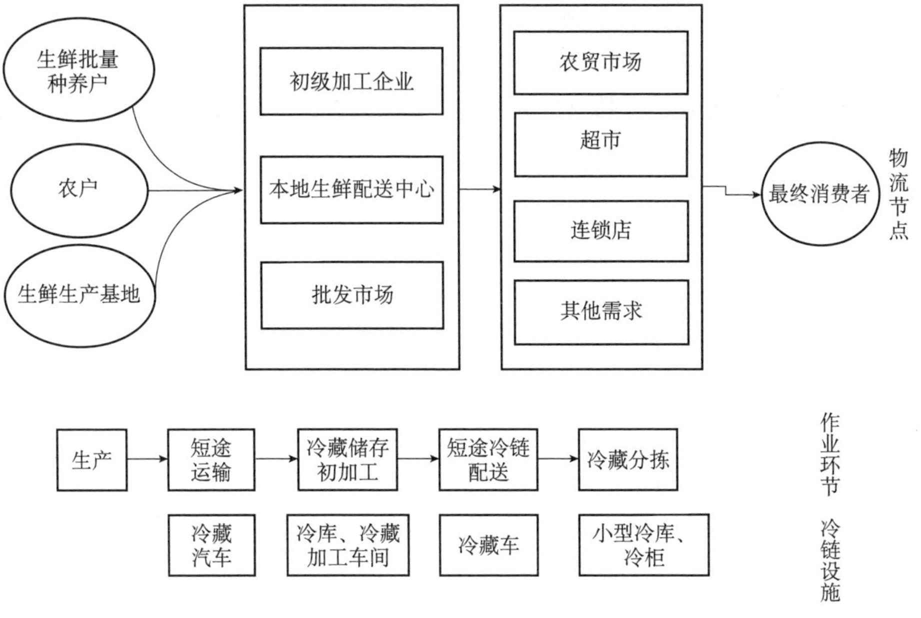

图 5－6　冷链物流相关产品流通环节

（一）预冷站

预冷站主要是对需要长途运输的冷链相关产品在装车之前进行预冷处理，在装车前将产品提前预冷到规定的运输温度，预冷是保证冷链物流相关产品运输质量的前提，尤其是生鲜农产品，因为大部分冷藏车都很难在短时间内将生鲜产品降低到规定的运输温度，这必然会带来一定的损耗，影响产品质量。预冷可以很好地弥补冷藏车制冷能力的不足。果蔬等产品一般实行产地预冷，肉类一般在初级加工厂进行预冷。

预冷设备分为两种，一种是移动式（车上）预冷设备，还有一种是固定式（地面）预冷设备。移动预冷设备比固定式预冷设备的投入成本要更高，大约是其七倍左右。现有的预冷方式主要包括冷水预冷、真空预冷、差压预冷、通风预冷四类。其中，冷水预冷方式是几种预冷方式里成本最低的，真空预冷方式成本最高，但其预冷效果也最好，对技术的要求最高。美国和日本等发达国家已广泛使用真空预冷方式。

目前，我国的冷链物流行业整体的预冷比例较低，行业内对预冷环节的忽视，造成了大约 90% 以上的果蔬不经过任何低温处理就直接进入流通领域，生鲜产品在流通中产生了很大的浪费与损失，不经预冷处理的果蔬在流通中损失率达到 25%—30%，经过预冷处理的果蔬损失率仅为 5%—10%。冷链运输与仓储具有不可逆性，如果预冷环节做得不到位，那么之后的储藏、运输、配送环节即使做得再好，产品质量的损害也无法弥补。有学者的研究表明，果蔬如果在常温环境下多储存一天，那么在冷藏条件下贮藏的寿命就会缩短 7—10 天，因为果蔬等易腐农产品在采摘之后含有大量的水分，对于像大湾区这种高温地带采收的果蔬，本身带有大量的田间热，呼吸作用很旺盛，成熟衰老速度快。综上所述，果蔬收获后及时而科学地对其进行预冷，是延长果蔬保鲜时长必不可少的关键环节。

相较于国内，国外对地面预冷站的建设相当重视。美国在 20 世纪 60 年代时，蔬菜、水果的预冷率即已达到 65%，其中一些主要水果品种如葡萄、柠檬、杏等达到 85% 以上。日本的预冷技术也已相当成熟，在日本 90% 以上的果蔬必须预冷后储藏、运输，甚至有“不经预冷的蔬菜不受欢迎”的说法。总而言之，对于预冷站的建设，我国在观念上和技术上和发达国家都存在差距，还有很长的一段路要走。

（二）冷链物流中心

冷链物流中心在整个冷链物流网络节点中处于中心地位，主要依托大中城市而建，其集冷藏、运输、包装、加工、装卸搬运等冷链物流基本功能于一体。除此以外，冷链物流中心还需要具有完善的结构和冷链物流设施配备、通畅的信息传递渠道、规范的管理、较大的辐射范围等特点，其主要服务对象是冷链物流供应链的上下游。

（三）冷链物流配送中心

冷链物流配送中心是冷链物流中心的一种，主要从事向用户生鲜产品的配送活动。冷链物流配送中心集加工、冷藏、装卸、送货等职能于一体。冷链物流配送中心一般以城市为单位建造，主要服务范围为城市内部或周边一定配送半径内的城市群。随着城市冷链物流配送中心的不断建设与完善，会逐步形成一个层次状的网络体系。各类冷链配送中心一般都是以网络或体系的形态存在于系统之中，形成不同类型的冷链物流配送网络体系。

1. 冷链物流配送中心的配送网络体系。

综合来看主要有以下几种类型：

（1）多级冷链配送网络体系。多级网络体系是由生鲜产品供应商、中央级冷链配送中心、区域性冷链配送中心、基层冷链配送中心和具有配送功能的生鲜零售店形成阶梯网状结构。中央冷链配送中心位于核心主导地位，一般设立在产品的产地或大批量冷链产品的集散地，为全国乃至国际范围内的下游冷链配送中心或冷链大客户。其信息网络比较完善、物流设施设备先进齐全，存储、吞吐能力强，配送量大。相对中央冷链配送中心来说，区域性冷链配送中心和基层冷链配送中心经营规模略小，一般只为地区范围内的冷链客户配送商品。其典型特点是配送货物以小批量为主；服务范围较小且配送方式更为灵活；客户数量多且分布较为分散。以上几种配送中心在独立运作的同时又相互合作，最后呈现出梯级的结构（见图5－7）。

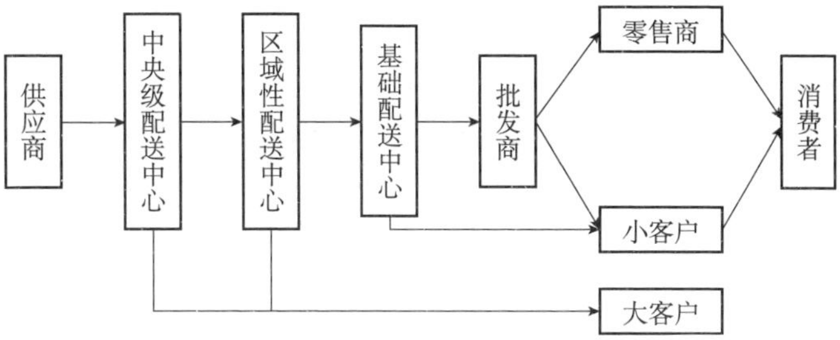

图5－7　多级配送网络体系示意图

（2）两级冷链配送网络体系。两级冷链配送网络体系由中央配送中心和城市配送中心组成，这是目前比较常见的配送网络体系。当配送范围比较广、用户较多且分散时，这样的网络体系会自然形成，因而两级配送网络一般常见于配送网络的完善期。中央配送中心覆盖范围较城市配送中心广，物流功能较为健全，主要为城市配送中心和大客户服务，而城市配送中心主要为城市范围内的中小客户服务，如图5－8所示。

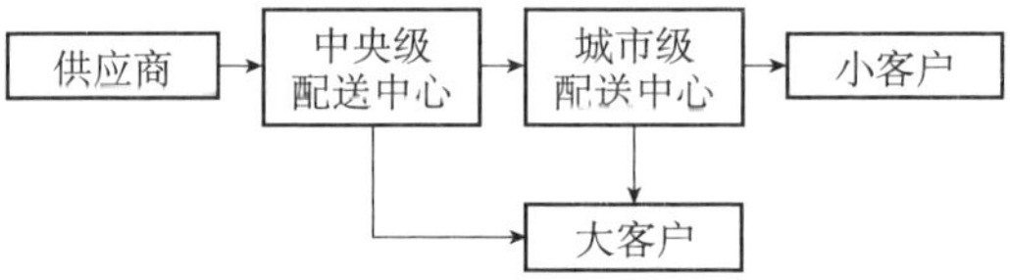

图5－8　两级配送网络体系

（3）单级冷链配送网络体系。单级配送网络体系是由供应商、一级配送中心和客户组成的配送网络，这种网络体系一般形成于建立配送网络的初期。配送中心位于供应链的下游，辐射范围较小，服务的客户比较分散，一般只进行城市内的短距离配送，其物流活动具有多品种、小批量、多批次、短周期的特点，但若与其他冷链物流企业合作，通过“共同配送”模式，配送中心也可以跨越城市范围向远距离的客户完成配送活动，如图5－9所示。

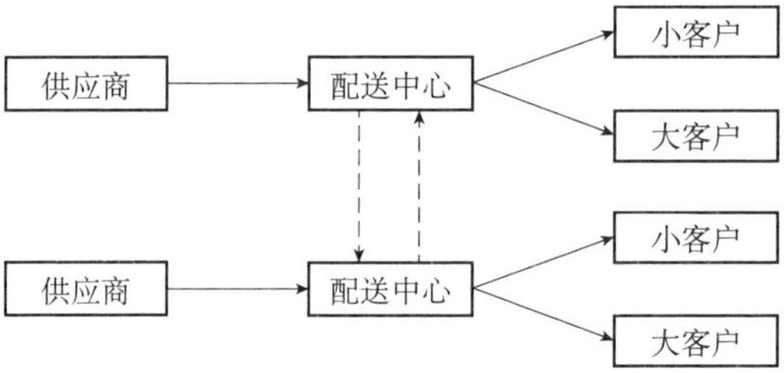

图5－9　单级配送网络体系

无论是哪种冷链配送网络体系，都应该按照所在区域的产品类别和用户的需求特点组建配送中心，并科学合理地进行布局，这样才能充分发挥配送中心的功能和作用。

2. 冷链物流配送中心的特点。

冷链物流配送中心是冷链物流网络体系中的重要节点，由于其作用对象的特殊性，使得其相较于一般的物流配送中心而言，具有一些自身独特的特点。

（1）技术要求高，初始投入大。冷链产品从原材料获取到销售的整个流通环节都要处于规定的低温环境。在冷链物流配送中心涉及的冷藏设施设备主要有预冷装置、冷却装置、冻结装置、速冻装置、冷库、冷藏保温车、冷藏集装箱等。这些设备的购买成本、使用成本和维护成本都较高，冷库的建设成本也比一般物流配送中心的成本投入大。由于初始资金的投入大，对于从事第三方冷链物流的企业的实力提出了更高的要求。

（2）配送时效性要求高，配送范围受限。低温产品的保鲜期有限，配送时间越长，发生腐坏的风险越大，交通状况、配送路线、客户分布等因素都会对配送的及时性产生直接影响，因而一般需要在较短的时间内完成配送。由于时效性的要求，限制了其配送范围，这对冷链物流配送中心的选址和布局造成了诸多限制，这也是为什么冷链物流的最后一公里配送问题相较于一般商品的最后一公里配送要更加复杂与困难。

（3）作业流程复杂，质量控制难度大。在整个冷链配送中心的运作中，要保证冷藏产品的最终质量就必须保证在储存、包装、加工、装卸搬运、运输等各个环节的操作规范和接口环节的配合，要求各环节具有很高的组织协调性，全程控制温度。对冷库技术工人也有很高的要求，需要其掌握经营管理、工具设备、工艺技术、质量标准和安全防护等知识。这些给低温产品全程质量控制带来很大的难度。

3. 冷链物流配送中心选址的原则。

由于冷链物流配送中心在整个冷链物流活动中是非常关键的节点，做好冷链物流配送中心的选址工作对提升整个物流系统的效益具有极为重要的意义。而冷链配送中心的建造初始投入大，若选址不够合理，将会给企业造成很大的影响。选址原则主要包括以下几个方面。

（1）适应性原则。冷链物流中心的选址应和各级政府经济发展方针与政策的要求以及城市规划发展的需要相适应。要考虑到当地对冷链产品的需求分布和供给分布等。

（2）综合协调性原则。冷链物流配送中心在选址时应该将地区冷链物流网络纳入综合考虑范围，要综合考虑社会效益和经济效益。社会效益主要指冷链物流中心的建设对于整个冷链物流行业的配送网络布局的影响以及对整个社会的环境等方面的影响。经济效益是指冷链物流配送中心的建设能够给企业带来的经济效益以及对于资金投入的要求，在综合衡量成本与收益的基础上进行选址优化。

（3）远见性原则。冷链物流中心的筹建需要巨大的投资，一旦建成就不易改变。因此，一定要站在战略的高度来进行选址规划，充分考虑大局做长远打算。冷链配送中心的设施设备、配送能力、加工条件以及技术水平应符合相关的行业或国家标准，要将目前的实际需要与长远的建设目标综合考虑，这一最终的选址方案才会具备较大的发展空间。

4. 国内外生鲜产品配送模式。

在20世纪30年代，欧洲和美国的食品冷链体系就已经初步建立。目前，美国、加拿大、德国、意大利、澳大利亚、日本、韩国等国家已经形成了完整的冷链物流体系，易腐食品物流过程的冷藏率普遍达到95%以上，冷藏食品的销售量（以价值量）普遍占据食品销售总量的一半以上，并呈现继续增长的趋势。相较于中国，这些国家的冷链物流技术更为先进，冷藏运输网络更为发达，冷链运输的几种主要的交通运输方式——公路、水路、铁路、航空都很畅通，美国的少数企业甚至拥有特定的农产品运输铁路线。与发达国家相比，我国的冷链物流起步较晚、发展水平较低、冷链运输率和全程冷链率都较低、冷链物流技术较落后、冷链物流设施设备能耗大，目前为止还没有形成完整的冷链体系，也没有摸索出最适合自己的配送模式。以下将主要对美国、日本和我国的生鲜产品配送模式进行简单的介绍。

（1）美国的生鲜产品冷链配送模式。美国生鲜冷链配送模式有三种：第一种是以超市为中转，将生鲜产品从产地运到超市，再由超市配送到客户手上的模式；第二种是由批发市场中转，最后通过生鲜零售店送到消费者手中的模式；第三种是由电商巨头建立网络生鲜超市和线下配送中心，将生鲜产品先运到配送中心，再通过电子商务手段进行线上购买，线下配送的模式。还有极少数生鲜产品的配送是由农场自己进行，通过签订协议的形式将生鲜农产品配送至附近的居民家中。美国的生鲜产品配送模式如图5－10所示。

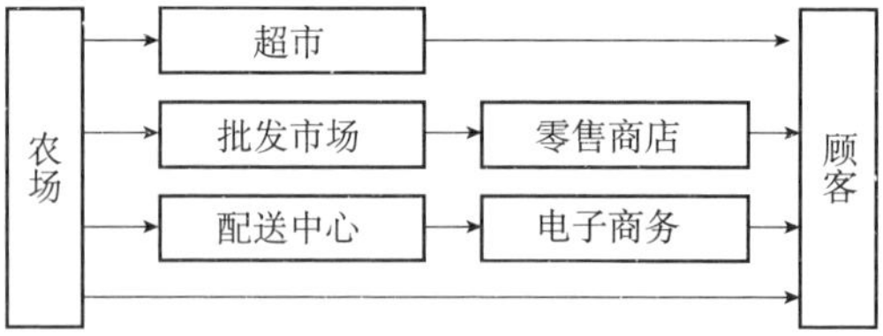

图5－10　美国的生鲜产品配送模式

（2）日本的生鲜产品配送模式。日本的生鲜产品配送模式与美国的生鲜产品冷链配送模式大致相同，即通过批发市场将产品从生产者转移至超市或者零售商进行销售和配送或者由生鲜产品生产者直接销售配送生鲜产品。不同之处在于，日本的生鲜产品配送中超市所处的地位并不高，而农业协会则一直处于重要的地位，如图5－11所示。

（3）我国的生鲜产品配送模式。由于我国地大物博，我国的冷链物流产

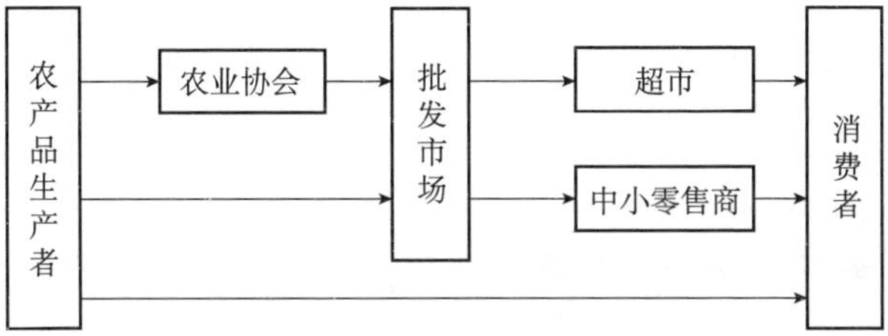

图5－11 日本的生鲜农产品配送模式

品种类多样且分布地域广阔，这对冷链物流配送网络的布局提出了更高的要求。由于国内没有像美国的沃尔玛一样的商超巨头，无法由电商巨头来统一对全国范围的冷链配送中心进行规划，因此，我国的冷链物流配送效率总体还不是很高。目前，我国做生鲜的大型电商主要有京东生鲜、天猫生鲜、顺丰优选，各家平分秋色。

目前，国内的生鲜产品冷链物流配送模式主要有三种，分别为传统配送模式、冷链宅配模式和新零售模式。传统配送模式主要是消费者通过传统渠道购买生鲜产品。冷链物流服务商将生鲜产品配送至大型超市或农贸市场，消费者自行去超市或农贸市场购买生鲜产品。冷链宅配模式简单来说就是快递模式。随着生鲜电商的兴起，消费者不再满足于步行到超市或菜场购买生鲜类产品，冷链物流服务向“门到门”延伸。消费者足不出户，就能品尝到来自全国各地的新鲜产品。这种模式对于冷链物流的时效性和贮藏提出了更高的要求。新零售模式是一种线上线下的模式，近几年，线上线下模式是零售业发展的新趋势，尤其是在生鲜零售行业。生鲜零售商将其从全国各地采购的一手生鲜产品置于其生鲜零售店进行销售，同时消费者也可以直接在家中通过生鲜零售商的APP进行线上选购生鲜产品，然后由生鲜零售商在规定时间内配送到家。这种模式对于配送的要求更高，一般是半个小时左右的配送时效。为了保证产品的新鲜度，这种模式下的生鲜零售商一般会在零售门店配备前置仓，以保证生鲜产品的贮藏条件。

（四）冷链物流园区

冷链物流园区与一般的物流园区的功能类似，不同之处在于它是专门为冷链物流服务的。主要是指在冷链物流作业进行集中，在几种运输方式衔接的地区，将众多冷链物流企业聚集在一起，实行专业化和规模化经营。冷链物流园区作为城市冷链物流功能区，专业从事食品加工，冷冻、冷藏保鲜、冷链产品批发经营、冷链产品进出口等综合服务。

相较于冷链物流中心而言，冷链物流园区的规模要更加大，功能要更加完善。冷链物流中心大多提供的是与冷链物流有关的服务。但冷链物流园区还要提供除物流以外的其他服务，比如冷链产品加工、报关报检等。

建设冷链物流园区需要考虑的因素有以下几个：

1. 安全。

安全问题已成为大多数企业关心的首要因素，包括物业设施安全、物业管理水平、政治稳定、城市未来的规划等。

2. 交通基础设施。

物流园区周围的交通设施也是投资者考虑的重要因素之一，最好是选择在靠近港口或者机场的地方，因为大型的冷链物流园区大多涉及进出口的业务。交通的便利性，直接影响到冷链企业采购原材料或冷链产品配送的成本和运营效率。

3. 成本。

这里的成本包含土地成本、园区的建设成本或租金、各类装卸设备的成本、冷库的建设成本等。建设一个冷链物流园区的投入较大，且回收时间较长，因而在进行冷链物流园区选址时，成本是非常重要的一个因素。

4. 规模。

除了要考虑安全问题、交通问题、选址问题，在建设之前还要考虑规模问题。冷链物流园区的建设规模要与需求相适应，不能盲目建设，否则就会导致设备的闲置、资源的浪费。此外，在考虑规模时应将眼光放长远一些，还要考虑到未来一段时间冷链需求的增长。

5. 当地经济环境和政府的支持。

冷链物流园区的建设成功与否，建设地的经济环境尤为重要。国家和当地政府的政策支持必不可少。当地的消费能力、园区与目标市场的便捷性都将增加对投资者的潜在吸引。

6. 功能的多样性。

提高时效性是当前社会对冷链物流行业提出的刚性要求，现代化的冷链物流园区不能够仅仅具备冷库储藏、冷链运输等单一服务，多种功能冷链作业聚集在同一园区才能够较好地满足社会需求。因此，高效集合储藏、加工、分拨、检测、展示、交易、多式联运等多种功能于同一园区内，已经是现在冷链物流园区发展的一种趋势。

7. 注重前期规划。

冷链物流园区的前期规划非常重要，一个布局合理的冷链物流园区，其各个功能模块的衔接会更加流畅，作业效率会更高。因此，在正式开始建设之前，要结合该冷链物流园区要发挥的功能，对园区的各个模块进行合理布局。因为，一旦建设完成，如若不合理，则很难调整。

二、冷链物流空间布局现状

从大湾区的冷库容量和建设情况来看。根据广东省 2017 年发布的《广东省冷链物流发展“十三五”规划》：截至 2015 年 3 月，全省拥有进口肉类备案储存冷库的指定仓库 47 个，容量约达 10 万吨。截至 2016 年 6 月，全省拥有大小冷库 1700 多座（其中约 85% 为低温库，15% 为高温库），冷库容量约为 300 万吨，主要集中在珠三角地区，其中广州、深圳、佛山地区最为集中，约占全省冷库总量的 80%。冷藏车保有量达 10000 多辆，冷藏船吨位总量超过 160 万吨，综合冷链流通率为 19%。相较于 2012 年的 130 万吨，广东省的冷库容量在近几年已经有了跨越式的增长。

表 5 - 10 为广东省的冷链物流现状以及《广东省冷链物流发展“十三五”规划》中对广东省冷链物流现状的统计结果。

表 5 - 10　　广东省冷链物流现状及发展目标对比

发展指标	现状
综合冷链流通率	19%
冷藏运输率	48%
流通环节损耗率	17%
冷库容量	300 万吨
冷链运输车辆	10000 辆
预冷保鲜比例	0
冷链物流示范园区	0

从海港的冷库容量来看，广州港目前有冷库容量 11.8 万吨，深圳港目前有冷库容量 3.6 万吨，海港建设的冷库大多为低温库，为储存冷冻类产品，因为这类产品对于时效性的要求相对于冷藏类产品要低。从空港冷链物流中心的建设来看，目前在广州空港经济区有一个拜尔空港冷链物流中心，冷库总容量未知。

从冷链物流中心的建设来看，笔者通过地图搜索引擎，对大湾区的冷链物流中心数量进行了统计。各市的冷链物流中心有如下几个，如表 5 - 11 所示。惠州的两个物流园均不是专业的冷链物流园，仅仅只是在物流园区内设有冷库。香港和澳门的数据暂时搜集不到。

表 5 - 11　　大湾区各市的冷链物流中心统计

城市	物流中心
广州	广交长运冷链物流中心、拜尔空港冷链物流中心、广州宝丰冷链物流中心、华南冷链物流中心、五湖四海冷库物流中心、中外运冷链物流中心、华邦冷链物流中心
佛山	华雪冷链佛山物流中心、华南国际现代冷链物流中心、粤泰冷链商超配送中心
深圳	深粮冷链物流中心、泛亚国际生鲜冷链物流中心、鑫佳冷链配送中心
珠海	协和冷库
江门	远洋农副产品冷链物流中心
东莞	华雪冷链配送中心
中山	无
肇庆	无
惠州	惠州海吉星农产品国际物流园（有冷库）、惠州宇培物流园（有冷库）

从表 5 - 11 中可以看出，大湾区的冷链物流中心大多建设在经济较为发达的城市，例如广州、深圳、佛山。这些城市的冷链物流中心数量多。而在经济欠发达的地区，如江门、肇庆、中山、惠州、珠海等地，其冷链物流中心建设则较少。我们前面说到，冷链物流中心的选址应符合适应性原则，即要与当地的冷链物流需求相适应。从第一节中对于大湾区冷链产品的产地和需求分布中，我们知道肇庆和江门是大湾区重要的水产品和果蔬以及畜产品的供给地，也是药品的主要需求地之一。中山市和珠海市是重要的水产品和药品的供给地，也是主要的水果的需求地。惠州市是主要的蔬菜供给地，也是药品的主要需求地。因此，我们也可以分析出，冷链物流中心的建设多向需求量较大的地区倾斜，而供给量较大的地区对于食品冷链的意识相对而言比较薄弱，这将大大降低生鲜产品的保鲜度与质量，从而影响到客户满意。同时，我们也可以看到，部分对生鲜产品需求量较大的地区，如东莞、中山、珠海的需求量分别达到了 215 万、20 万和 26 万以上，其冷链物流配送中心的建设却跟不上。

从冷链物流园区的建设来看，大湾区也不乏大型的物流园区和大型的农产品交易市场，但是却没有专门针对生鲜农产品的大型冷链物流园区。这对于大湾区的生鲜产品走出国门是不利的。作为“一带一路”发展的重要支撑，大湾区要成为我国的水产品及农产品走向国际舞台的重要冷链枢纽。

综合而言，广东省冷链物流总体上呈现较好的发展态势，但也存在很多问题：

（1）冷链物流区域发展不平衡，冷链发展偏于销地，产地物流中心以及预冷站的建设投入不足，容易导致大量生鲜产品在产地的浪费。此外，部分需求量较大的城市，如东莞、中山和珠海，其冷链物流配送中心数量较少。

（2）冷链设施结构不合理，低温库所占比例较高，保鲜冷库占比较低，即肉类冷库较多，而果蔬和药品的冷库较少。据前文分析，高温库的比例应占20%左右才能够相对满足果蔬类产品的冷链仓储需求。

（3）生鲜产品在产地的预冷保鲜比例几乎为零，产地缺乏相应的预冷设施，大大降低了生鲜产品的质量和保质期。

（4）冷链物流园区建设滞后，现有的冷链物流中心一般以第三方冷链物流公司自建或者从事生鲜产品经营于贸易的企业自建为主。缺乏以政府为主导的大型的多功能的冷链物流园区，从而限制了很多中小生鲜零售企业和中小冷链物流企业的发展。

（5）空港冷链物流中心建设不够，使得对时效性要求比较高的生鲜产品，水果、蔬菜等的跨国运输受限。

第五节 冷链物流空间布局与发展建议

前面我们分析了大湾区冷链物流空间布局存在的问题，再结合在第一节和第二节中对大湾区的冷链相关产品的需求地与产地的分布情况。本书对大湾区的冷链物流空间布局提出了如下建议：

1. 政府要鼓励企业加大对高温冷库建设的投入。

尤其是在肇庆、惠州、广州、江门等果蔬的主要供给地，以及深圳、佛山、东莞等主要的果蔬需求地，以满足消费者对于生鲜果蔬类产品的需求。

2. 要大力推广产地预冷观念，提升基层生鲜产品生产者以及冷链物流服务者对于生鲜产品低温处理的意识。

产地冷链物流仓储中心的建设为产品在产地的预冷和初步加工提供场所，通过打通冷链物流的“最先一公里”，为实现全程冷链提供了可能。

3. 大力推广生鲜产品的共同配送。

有实力的冷链物流企业可以充分利用自身在管理上、资源上和网络上的优势，整合众多小型冷链物流企业的资源，优化行业内部的冷链物流配送网络，提高冷链物流配送效率，降低社会冷链物流配送成本。

4. 根据供给、需求和进出口的情况对大湾区冷链物流布局进行优化。

（1）就冷链物流的供给侧而言，应在湾区生鲜产品的主要产区，例如肇庆、江门、惠州等生鲜产品供给量大的城市，分别建设大型生鲜预冷站或生鲜产品的冷链物流仓储中心。中山和珠海两地的水产供给量单个来看不是很大，单独建物流仓储中心可能不太经济，考虑到两地相隔不远，车程在100公里以内，可以共用一个冷链物流仓储中心，且以低温冷库为主。

（2）就冷链物流的需求侧而言，对本地生鲜产品产量不足、对生鲜产品需求量较大，但目前对于冷链物流配送中心建设投入不足的城市，如东莞、中山、珠海、惠州、香港和澳门等地，要加大对冷链物流配送中心建设的投入，保证冷链相关产品的最后一公里的品质。香港由于土地资源匮乏，可以考虑由深圳的冷链物流配送中心来负责冷链产品的配送，中山和珠海的需求量相对来说不大，再加上澳门土地资源匮乏，因而中山、珠海和澳门可以共用一个大型的冷链物流配送中心。

（3）对于广州、深圳和佛山这类湾区的主要药品供给城市和生鲜产品的主要需求城市，由于其仓储中心配套相对完善，因此，应将优化重点放在冷库种类和数量上，使冷库的类型和容量要和产品类型、需求量和供给量相适应，同时要在考虑未来冷库需求增长的基础上进一步扩大冷库的规模。

（4）就冷链物流的集散而言，应在广州、深圳、香港和澳门这四大中心城市建设大型的冷链物流物流枢纽站，承担冷链物流产品的集中与分散的功能。广州和深圳这两个城市的交通发达，物流的配套设施完善，也是物流先进技术的率先应用地区，是大型枢纽点的不二之选。香港和澳门经济实力雄厚，是国际物流的重要中转点，但由于其土地面积的限制，可以考虑在其临近城市深圳和珠海建设大型冷链物流枢纽站。为了更好地说明他们之间的关系，下文简称为港深枢纽站和珠澳枢纽站。

（5）就冷链物流的进出口而言，为开辟冷链相关产品的国际通道，政府要支持港口、机场等重要进出口场所发展冷链物流，投资建设综合型的冷链物流园区，并鼓励冷链企业入驻。支持冷链物流监管仓和保税仓的建设。为生鲜产品的进出口打造一条龙服务，缩短冷链相关产品的运输和配送、报关报检的时间，构建延伸到欧盟、日韩、美国等地的冷链链条。例如可以在广州、深圳、香港等主要进出口门户的港口或者机场建设冷链物流园区。尤其是香港，一直以来，香港都是中国的一个单独关税地区，除了少数类别货品要征收关税外，其他商品都不征收任何关税，对外贸易只实行最低程度的管制。作为国际航运中心和国际航空货运中心，香港的机场和海港口岸的效率很高，服务可靠，很适合作为对时效性要求较高的生鲜产品进出口的主要口岸。但是香港由于土地资源的紧缺，要建设大型的冷链物流园区可能不太现实，可以转而考虑与其相邻的城市深圳。

综合而言，大湾区冷链物流空间布局网络可以分成两大部分：药品冷链物流网络和生鲜产品冷链物流网络。

药品冷链物流布局网络是由大湾区中东部城市——中山、珠海、佛山、广州、深圳这几个主要产地的冷链物流中心出发，经由广州、深港、珠澳的大型冷链枢纽站进行集中，再辐射到大湾区药品主要需求城市——肇庆、惠州、香港和澳门以及国内外的大型冷链物流枢纽进行进一步的分流。

生鲜产品的冷链物流网络是由中西部主要城市——肇庆、江门和惠州这几个主要生鲜产地的冷链物流中心出发，经由广州、深港、珠澳的大型冷链枢纽站进行集散，再辐射到大湾区中东部的主要生鲜产品需求城市——广州、深圳、东莞、佛山、中山、珠海、惠州、香港和澳门以及国内外的大型冷链物流枢纽进行进一步的分流的网络。

第六章 粤港澳大湾区冷链物流基础设施设备建设

第一节 交通互联互通

2018 年 2 月 18 日，中共中央、国务院印发了《粤港澳大湾区发展规划纲要》（以下简称《纲要》），《纲要》指出，粤港澳大湾区包括香港特别行政区、澳门特别行政区和广东省广州市、深圳市、珠海市、佛山市、惠州市、东莞市、中山市、江门市、肇庆市，总面积 5.6 万平方公里，2017 年末总人口约 7000 万人，是我国开放程度最高、经济活力最强的区域之一，在国家发展大局中具有重要战略地位。自此之后，粤港澳大湾区更是肩负着打造“充满活力的世界级城市群”的重要使命，在国家经济社会发展和改革开放大局中发挥着的带动作用，并享有举足轻重的战略地位。对标世界三大知名湾区的发展路径，经济的融合发展均以基础设施的互联互通为前提，即交通是经济发展的先行官，交通运输网络发挥出的动能可将经济发展带入跃马扬鞭的轨道，贯穿的不仅是地理上的区域，更是大国战略的兴盛。

粤港澳大湾区在仅占我国 0.45% 的土地面积上，创造了占全国（含港澳）14% 的经济总量，是我国经济效益最高的地区，也是国家名副其实的经济核心区。基础设施是区域经济社会发展的支撑和主动脉，区域内基础设施协调发展对促进区域物流、资金流、人流和信息流等生产要素的自由流动，对提高区域内资源配置的效益和竞争力具有重要作用。而在这方面，粤港澳大湾区还存在较大的差距。

交通基础设施协调发展要求建设交通基础设施一体化，也是粤港澳大湾区深化合作的重要组成部分和前提条件。2018 年粤港澳大湾区发布的《深化粤港澳合作推进大湾区建设框架协议》中更是提出要构建高效便捷的现代化综合交通运输体系，由此可见，交通运输体系的建设对湾区的建设与发展，以及发挥湾区的核心竞争力和辐射带动作用具有重要的意义。

一、粤港澳大湾区交通发展现状分析

粤港澳大湾区地处我国沿海开放前沿，以泛珠三角区域为广阔发展腹地，在“一带一路”建设中具有重要地位。其拥有香港国际航运中心和吞吐量位居世界前列的广州、深圳等重要港口，以及香港、广州、深圳等具有国际影响力的航空枢纽，便捷高效的现代综合交通运输体系正在加速形成。

《纲要》明确提出大湾区将构建现代化综合交通运输体系，粤港澳大湾区已初步形成以广州、香港（深圳）、澳门（珠海）为枢纽，其他城市为节点的多核放射线与环线结合的现代综合交通网络，粤港澳大湾区的高速公路、铁路、轨道交通、港口和机场无论是总体能力还是总体交通量，都在世界各大主要湾区中名列前茅，已达到世界先进国家水平，基本达到现代化水平，为参与建设“一带一路”打下坚实基础。

（一）公路

1. 粤通港澳高速通道。

目前，粤港澳大湾区内主要公路交通有广深港、广珠澳、中江、佛江珠、广州环城高速、珠三角外环高速等。随着港珠澳大桥正式通车，广东通港、澳高速通道分别增至 3 条和 2 条。预计到 2020 年，与港澳间再增 1 条高速公路通道，粤港澳三地互联互通公路交通得到增强。

2. 珠江东西两岸高速通道。

为了促进粤港澳大湾区建设，广东省印发推进粤港澳大湾区建设三年行动计划，提出完善高速公路网，加快珠江东西两岸互联互通工程建设：建设深（圳）中（山）通道、虎门二桥、莲花山通道等跨珠江口通道，规划建设黄茅海通道、沿江高速前海段与南坪快速衔接工程，启动狮子洋通道（南沙至虎门）、伶仃洋通道的前期研究工作。未来将有 7 条过江通道助力湾区经济快速发展。目前，连接珠江两岸的跨江通道已有 4 条，港珠澳大桥、虎门大桥、黄埔大桥、南沙大桥，正在进行前期筹建的1条，莲花山过江通道在未来将有2条新的跨江通道屹立两岸，预计2024年建成通车的深中通道和2020年正式开工建设的连接江门和珠海的黄茅海大桥，届时从中山出发，30分钟即可到达深圳宝安机场，一小时内通达周边四大机场和深水港。粤港澳大湾区跨江通道的建设，使得大湾区公路快速通道加快形成。

3. 其他高速通道建设。

推动汕头至湛江、武汉至深圳等高速公路建设。加快沈海高速（G15）和京港澳高速（G4）、长深高速（G25）等国家高速公路交通繁忙路段扩容改造。

（二）铁路

目前，粤港澳大湾区铁路营运里程达到2289.6公里以上，分为高速铁路、普通铁路和轨道交通（包括城际轨道和城市轨道）。其中，现有高速铁路主要包括广深港高铁、贵广铁路、厦深铁路、厦深客专等；普通铁路主要有广深铁路、广茂铁路、广珠铁路、京九铁路等；城际轨道交通主要有穗莞深城际轨道、广佛城际轨道、广珠城际轨道、莞惠城际轨道等（见表6－1）。

《纲要》中关于铁路交通网规划项目总计有26项，总里程达3133公里。其中，为了粤港澳大湾区建设需要，广东省发改委启动粤港澳大湾区城际铁路建设规划的编制工作，推进“环线＋放射线”珠三角城际铁路网的建设，完善粤港澳大湾区城际轨道网络，规划范围包括：在城市轨道交通方面，重点推进赣深高铁、广汕、深茂铁路的建设，包括加快广湛高铁、深汕、肇江珠铁路的前期建设工作，加强珠三角跟粤东西北中心城市和泛珠周围省的紧密联系。

粤港澳大湾区一小时生活圈的建设中，轨道交通将起着骨干作用，目前要投资建设的轨道项目20个，如表6－1所示。未来城际铁路建设项目将陆续地开工。

表6－1　广东“十三五”城际轨道交通项目

项目	建设规模	状态	投资额（亿元）
东莞至惠州城际	100公里	续建	328
广佛肇城际佛山至赵庆段	80公里	续建	196
穗莞深城际洪梅至深圳机场段	58公里	续建	160多
穗莞深城际新塘至洪梅段	18公里	续建	91
广佛环线佛山西站至广州南站段	35公里	续建	181
广清城际广州北站至清远段	38公里	续建	140

续表

项目	建设规模	状态	投资额（亿元）
珠海市区至珠海机场城际拱北至横琴段	17 公里	续建	70
佛莞城际广州南站至望洪段	39 公里	续建	129
珠三角城际轨道交通调度指挥中心	4 万平方米	续建	13
新塘经白云机场至广州北站城际	78 公里	续建	336
广佛环线广州南站至白云机场段	47 公里	新建	260
穗莞深城际琶洲支线	18 公里	新建	60 多
广佛江珠城际	156 公里	新建	497
广清城际广州站至广州北站段	25 公里	新建	77
广清城际北延段	9 公里	新建	36
珠海市区至珠海机场城际横琴至珠海机场段	22 公里	新建	62
中南虎城际南沙至虎门段	25 公里	新建	99
肇庆至南沙城际高明至南沙段	84 公里	新建	298
广佛环线佛山西站至广州北站段	45 公里	新建	171
深惠城际惠州至惠阳段	60 公里	新建	180

资料来源：https：//gd. qq. com/a/20180612/019550. htm.

（三）水运

水运方面，粤港澳大湾区的主要港口有广州港、深圳港、虎门港、中山港、珠海港、江门港、香港港、澳门港，基本形成了以西江干线和珠江三角洲“三纵三横三线”为骨架的江海直达、连通港澳的高等级航道网。2017 年，粤港澳大湾区内河航道通航里程已经超过 6000 公里，沿海港口集装箱吞吐量 8000 万 TEU（国际标准箱单位），位居全国前列。

未来，粤港澳大湾区港口发展注重港口群的一体化发展，形成分工合理的集群化港口发展格局，以打造“21 世纪海上丝绸之路”为目标。广东应注重与港澳在航运、物流组织上的对接，形成功能齐全的现代航运体系。

（四）航空

粤港澳大湾区是世界上机场分布最为密集的地区之一。主要形成了以广州白云机场与深圳宝安机场、香港机场三大国际枢纽为主，珠海机场、澳门机场、惠州机场、佛山机场等大中小型机场为辅的错位发展的多机场体系，加上正规划新建的珠三角新干线机场，粤港澳大湾区机场群的国内通达性和全球辐射力逐步加强。2017 年，粤港澳大湾区五大机场（香港、澳门、广州、深圳、珠海）旅客吞吐量超过 2 亿人次，货邮吞吐量近 800 万吨，运输规模已经超过纽约、伦敦、东京等世界级机场群，位于全球湾区机场群之首。

未来，粤港澳大湾区计划建设世界级机场群，主要将对广州、深圳、珠海、惠州等机场进行改扩建，以及新建珠三角枢纽（广州新）机场。同时进一步巩固提升香港国际航空枢纽地位，强化航空管理培训中心功能，提升广州和深圳机场国际枢纽竞争力，增强澳门、珠海等机场功能，推进大湾区机场错位发展和良性互动。预计到2020年，大湾区内地实现机场旅客年吞吐量达1.4亿人次。

二、粤港澳大湾区交通互联互通存在的问题分析

（一）管理体制差异导致协作困难

粤港澳大湾区是由广东九市与香港、澳门共同组成的经济体，在湾区内共存在五种管理体制，分别是“香港体制”“澳门体制”“特区体制”“自贸区体制”“国内通用体制”。这五种体制无论是管理理念还是基本机制都存在很大差异，这在某种程度上阻碍了湾区的协作发展。如何打破管理体制带来的瓶颈，使得粤港澳大湾区真正成为一个有机整体，进而发挥聚集效应是粤港澳大湾区需首要解决的问题。

（二）基础设施互联互通不足，难以形成一体化的出行网络

以往广东九市以及香港、澳门在交通规划及管理方面都是相对独立的，各自的交通规划比较零散，而且各地的交通基础设施的建设情况以及软硬件配备的程度等都不一样，基础设施互联互通严重不足。现在虽然组成了粤港澳大湾区，但短期内很难形成与之匹配的一体化交通网络，这在一定程度上阻碍了湾区内经济的发展。

（三）交通基础设施软硬件匹配失衡

《粤港澳大湾区发展规划纲要》对湾区内交通发展提出了较详细的规划，加之随着港珠澳大桥、广深高铁、各种城轨等项目的建成与建设，粤港澳大湾区交通硬件条件基本不缺。但软件方面还有很大的不足，如制度、规则及软环境等。由于软件和相关的配套设施跟不上，使得大部分“高大上”的项目都没有发挥其应有的效用，这在一定程度上影响了粤港澳大湾区的整体进程。

（四）地区交通管理水平差距较大

粤港澳大湾区自提出以来，国家出台了众多的政策促进大湾区发展，在交通领域更是如此，如《粤港澳大湾区发展规划纲要》中提出构建现代化的交

通体系，广东九市、香港及澳门相继发力，出台相关的交通领域的规划，各种"高大上"项目纷纷开始筹建，使得湾区内交通设施越来越现代化。所有的项目建成以后，交通基础设施基本可以满足湾区需求，但由于各地经济发展水平、管理体制不同，各地相关交通部门和单位的管理方法和技术手段，交通管理和从业人员的素质和能力等都有很大的不同，这使得各地交通管理水平存在较大的差距，大部分地区的交通管理水平与交通现代化发展的要求不相匹配，这可能成为影响粤港澳大湾区交通发展的瓶颈所在。

（五）各地区间的通道仍不通畅，瓶颈路断头路等经常存在

在粤港澳大湾区提出以前，广东九市、香港、澳门在交通方面都是独立规划的。虽然各地在交通规划方面会考虑与相邻地区相同，但各市之间的交通通道（含公路、铁路）数量和通过能力仍显不足，各地区间的通道仍不通畅，瓶颈路断头路等经常存在，无法适应粤港澳大湾区的城市发展和各市之间日益增长的交通流需要。主要表现为：

一是区域对外通道还较为薄弱。目前铁路对外运输能力仍较为紧张，既限制了大珠三角与纵深腹地的经济联系，又制约了大珠三角的辐射空间。

二是区域内部通道还有待进一步完善。城际轨道作为区域一体化最主要的交通方式，在大珠三角区域发展明显滞后；珠三角东西岸之间的交通连接依然薄弱，影响了区域内相互间联系的便捷性及机动性；珠三角西岸的珠海、中山、江门及澳门至今还没有铁路干线连接。

三是港口、机场未能充分利用。大珠三角区域内港口、机场是我国布局最为密集的地区，资源、能力未能充分利用，大珠三角内部出现一定程度的竞争。

四是跨界交通基础设施衔接不够通畅。目前，三地连接陆路口岸的道路以城市道路为主，皇岗/落马洲口岸与广深港高速公路直接衔接，造成皇岗、文锦渡、罗湖以及拱北等口岸后方城市道路十分拥挤；珠三角城际轨道正在加速推进，但与香港、澳门之间衔接项目的进展缓慢；澳门城市轻轨与关闸口岸的衔接方案还没有最终敲定。

故此，作为能实现湾区城际互联互通高度融合的硬件设施——交通，被摆在补短板的重要位置上也就不奇怪了。

三、世界级湾区交通体系建设

所谓湾区是指由一个海湾或者相连的若干个海湾、港湾、邻近岛屿共同组

成的区域。而湾区经济是一种重要的滨海经济形态，是当今国际经济版图的突出亮点，是世界先进滨海城市的显著标志。放眼世界，目前顶级湾区主要有三个，分别是纽约湾区、旧金山湾区和东京湾区。这些湾区主要以开放性、创新性、宜居性和国际化为最重要特征，具有开放的经济结构、高效的资源配置能力、强大的集聚外溢功能和发达的国际交往网络，发挥着引领创新、聚集辐射的核心功能，已成为带动全球经济发展的重要增长极和引领技术变革的领头羊。正在规划建设中的粤港澳大湾区，目标正是建成世界第四大湾区经济体。

纵观世界三大湾区，经济界普遍认为它们的成功离不开发达的国际交通网络、开放的经济结构、高效的资源配置能力和强大的产业集群效应，其中作为基础性及先导性产业的交通体系更是起着决定性的作用。

（一）纽约湾区

纽约湾区地处大西洋西岸，依托一个世界天然的深水港，即纽约港，由纽约州、新泽西州、康涅狄格州等 31 个县联合组成的纽约湾区能够顺利地发展海洋贸易，为纽约市及辐射范围输送大量的物产、人才和财富。

（二）东京湾区

东京湾区拥有全世界最密集的轨道交通网，湾区内 80%—90% 的客流依赖轨道交通，同时它还拥有横滨港、东京港、千叶港、川崎港、横须贺港和木更津港等六大港口，这六大港口与羽田、成田两大国际机场和东海道、北陆、东北等新干线以及数条高速公路一起，构成了东京湾区的海陆空立体交通网。此外，东京湾区还拥有大量产业专用码头，有力支撑了京滨和京叶两大工业带的人流、物流的大进大出。

（三）旧金山湾区

位于美国西海岸加利福尼亚州北部的旧金山湾区拥有快速交通系统，主要解决湾区内各个城市见的运输需求，此外尚有连至旧金山国际机场的机场快速交通、奥克兰国际机场的机场客运。

（四）粤港澳大湾区交通体系与三大湾区相比的优势与不足

粤港澳大湾区交通体系与其他三大湾区相比在总体规模、网络布局、技术标准等方面既有优势又展现出一定的不足。

铁路方面，我国高速铁路的发展举世瞩目，粤港澳大湾区在高速铁路上相较于世界三大湾区的优势不言而喻。在交通网络层面，除了高速铁路以及港口发展靠前外，高速公路以及机场群构成的海陆空立体交通网方面仍落后于世界三大湾区。

水运方面，全球排名前十的港口中，粤港澳占据 3 位，分别位于是深圳、广州和香港，再加上一些辅助港口，粤港澳大湾区港口集装箱吞吐量对标其他三大湾区呈现碾压优势。例如，2016 年粤港澳大湾区港口集装箱吞吐量达 6520 万 TEU，远超东京湾区的 766TEU、纽约湾区的 465TEU 以及旧金山湾区的 227TEU。

高速公路方面，粤港澳大湾区高速公路总里程与其他三大湾区相当，但是其他三大湾区高速公路表现更为完善。其中，东京湾区公路网以“3 环 9 射”的高速公路为交通骨架；纽约湾区、旧金山湾区高速交通网络更为密集，运行效率也远高于粤港澳大湾区。

航空方面，粤港澳的机场群位居世界第一，包括香港国际机场、深圳宝安机场、广州白云机场等国际化大机场，再加上其他辅助机场，粤港澳大湾区的机场群足以承担湾区通往世界的运输需求，这是粤港澳大湾区在航空基础设施方面所具有的优势，但同时也呈现一定的不足。粤港澳湾区虽然航空客货总量大，但与旧金山、东京、纽约等世界级湾区相比，人均航空出行次数却较低，仅为纽约湾区的 1/4，伦敦湾区的 1/5，依然有较大的提升空间。不过，粤港澳大湾区内的市场潜力巨大，未来各机场间建立了相互良性竞争环境之后，更是不但能提升市场服务能力和服务效率，同时也能降低区域航空运输成本，提升区域航空市场运输需求。

四、粤港澳大湾区交通互联互通发展建议

（一）转变思想，树立共建共享意识

过去，广东九市和香港、澳门是相互独立的个体，经济发展水平及政策管理等都存在着差异。在交通方面尤其如此，各地交通之间设施设备不对接、技术标准不统一，信息更是不对称。各地交通规划独立进行，深度合作意识不强，资源使用上也存在冲突或者闲置浪费等现象，尚未建立共建共享机制。粤港澳大湾区上升为国家战略以后，广东携手香港、澳门以打造世界一流湾区为目标，这就要求粤港澳三地深入开展交流合作，积极探索建设交通领域长效机制，转变思想，树立共建共享意识，降低交通运输成本提高经济效益。这里资源的共建共享包括土地、人才、发展经验等。

（二）建立粤港澳大湾区统筹协调机构

有资料显示，粤港澳大湾区无论在人口、面积还是GDP方面都媲美世界三大湾区，并有望成为全球经济总量最大的湾区，前景不可限量。但目前，湾区经济发展却遇“拦路虎”：湾区内交通建设无法统一筹划，交通领域出现行政壁垒。所谓交通是经济发展的先行官，构建互联互通的交通基础设施网络成为粤港澳大湾区发展内在诉求，为了促进粤港澳大湾区经济发展，建议成立湾区层面的交通领域统筹协调机构，统一负责湾区内的交通规划、协调各地区交通建设，实现湾区内各地分工明确、优势互补、协同发展，推进粤港澳大湾区交通一体化建设。

（三）柔性处理体制问题对交通一体化建设的约束

与世界其他湾区相比，粤港澳大湾区最大的特点在于其内部实行“一国两制、三个关税区、三种法律制度和三种货币”，这使得广东与香港、澳门在进出口清关、产品规格和检验检疫制度等方面各不相同，货物在湾区内流通时要同时符合不同贸易管制的要求，这在某种程度上影响了相关冷链物流效率及成本。

纵观欧盟及我国长江中下游的海关早已相互贯通，实现了现代化和一体化，但粤港澳大湾区的海关到目前还没有互联互通。而且粤港澳三体不同的管理体制使得通关一体化的难度很大，这种体制问题对交通领域的影响直接反应为交通一体化建设方面的障碍。

而中央提出坚持“一国两制”不会变、不动摇，不走样、不变形，这样就需要柔性处理体制问题对交通一体化建设的约束。在通关模式上，做到改革创新，最大程度实现一体化、信息化、便利化，提高通关服务专业程度。同时，理顺不同关税区的障碍，减少、消除不必要的行政手续以达到三地的冷链物流运输无缝对接。

（四）有效整合三地现有交通资源，打造现代交通运输体系

粤港澳三地经济发展水平在全国名列前茅，交通资源更是相当丰富。“十二五”期间，广东省共完成高速公路建设投资3193亿元，新增通车里程2179公里，通车总里程达7018公里。同时构建“一横一网三通道”的内河航道网，三级以上内河航道里程达到1420公里；港口货物年通过能力达到20亿吨，集装箱年通过能力达到6500万标箱。全省形成安全便捷、畅通高效、绿色智能的综合交通运输体系。

香港、澳门虽然土地资源稀缺，道路狭窄，但交通方式科学、管理到位。其中，香港拥有天独厚的自然港和辐射大陆的铁路和公路网，更具有全球最高空运量的机场和全球集装箱吞吐量最大的国际枢纽港。

粤港澳大湾区应抓住机遇，凭借国家发展战略优势，借助政府引导，市场运作，整合三地现有交通资源，消除道路瓶颈，构建湾区主干交通网络，推进港口建设，打造港口集群，加快机场功能升级，提升服务能力，构建现代化交通体系。

（五）优化交通结构，完善配套服务体系

粤港澳大湾区自提出以来，湾区内的各种建设都是从整体的角度进行规划的，目的就是推动湾区发展。从粤港澳大湾区的整体发展来看，湾区内交通结构还不够合理，主要是铁路运输较其他运输方式所占比例较低，而且轨道交通密度也偏，所以应优化湾区内交通结构，重点考虑发展轨道交通，如城轨、地铁、高铁等，同时也应结合实际情况在城市内推进地铁建设、城市间推进城轨或轻轨建设，在和港澳的链接方面应重点考虑桥梁建设或者完善跨境设施、配套设施以及相关外部疏通体系，提高综合效率。

在优化交通结构的同时也要注重配套服务，发展融资、信托、担保、信用评级等服务业务。这不仅有助于完善粤港澳大湾区的交通出行，更有助于推进湾区内的经济、文化、政治等综合发展。

（六）加快交通基础设施建设

交通基础设施建设，是粤港澳大湾区建设的重要载体和主要内容，而且粤港澳大湾区想要建设成为世界一流湾区，离不开交通基础设施的支持，虽然三地现有交通资源已经非常丰富，特别是港珠澳大桥、高铁香港段相继通车，港澳和内地之间更加便捷，但离世界一流湾区的需求还有一定的差距，尤其是跨境交通基础设施的使用效率与未来大湾区建设要求还不匹配。故而粤港澳大湾区需要加快交通基础设施建设，以现代化、高速化、公交化的交通网络，拉近与大湾区城市的时空距离，使粤港澳大湾区形成功能完备、及时可靠、通关便利、流转顺畅、经济高效、海陆空并进的联通“一带一路”的门户和枢纽，提升在粤港澳大湾区建设的地位。

（七）搭建粤港澳大湾区交通公共信息平台

湾区经济的协同发展离不开大数据系统和信息共享平台，同时，信息共享平台也是物流资源共享的重要载体，所以搭建粤港澳大湾区交通公共信息平台需要粤港澳各市的共同努力，在各个层次和功能之间实现创新发展，使信息服务多元化、开放化。因此，三地政府和企业都应从互惠互利的角度出发，共同创建一个多层次、全方位、宽领域的交通公共信息平台。通过创建交通公共信息平台，可以把散布于各区域的各类交通信息收集，以促进资金和信息畅通无阻的循环周转，也有利于削减需要投入的运输成本。

构建湾区交通公共信息平台是一项系统工程，需要从思想认识、体制机制、规划建设、制度规范、运输服务、科技信息化和支持保障体系等方面加以完善，以促进区域交通的协调发展，实现湾区交通一体化目标。

第二节　运输设施设备建设

粤港澳大湾区作为中国开放程度最高、经济活力最强的城市群，总面积5.6万平方公里，2018年末总人口约7000万人，人口规模大，随之带来的生鲜食品消费规模也是十分巨大的，同时粤港澳大湾也是美食之地，湾区内居民在吃食方面更加重视食物的“鲜”，讲究原汁原味，加之湾区气候较暖，临近海洋，与国内北部地区相比，常年气温较高，空气也较潮湿温热，所以想要保持食物的“鲜”是难上加难，这也就使粤港澳大湾区对生鲜保鲜的要求更高，对冷链物流、末端配送等基础设施的要求异常苛刻。

随着大湾区的建设，湾区内居民的消费观也在发生的改变，食品生鲜、鲜花农资等类目成为湾区居民日常选择。2018年，广东全年消费果蔬4870.99万吨，肉类440.81万吨，水产品848.25万吨，按照上述三者的冷链流通率分别在20%、30%、35%左右计算，全省农产品冷链物流规模至少达到1403万吨；每天约152车、1400吨蔬菜从内地运往香港，全年供港蔬菜50806车、474600吨，鲜活产品221.9万吨，总价值54亿美元，约占香港市场的50%；澳门日蔬菜需求量160吨左右，大部分来自广东、宁夏、湖南及山东等地。

2018年6月11日，智慧物流研究院发布了《改革开发40年——粤港澳大湾区物流发展洞察报告》，报告数据显示，以京东平台为例，广州、深圳、东莞“食品酒类生鲜特产”类目消费占比位居前三；同时，大湾区效应显现，惠州、江门、中山、佛山、东莞及肇庆七个城市消费订单量和金额同比增长均超过100%。

以上信息说明粤港澳大湾区居民生鲜农产品的消耗能力是非常惊人的，为了全面满足湾区内居民对于生鲜农产品“快”和“鲜”的消费需求，提高冷链物流的服务能力，加快建设冷链物流设施设备刻不容缓。

一、冷链物流常见运输设施设备情况

冷链运输设备最主要的就是冷藏车，在城市群以冷藏汽车的应用最为广泛，除此之外，冷藏集装箱已日渐成为冷藏运输的重要手段，现已广泛应用于公路、铁路、水路和航空的冷链运输中，冷藏集装箱运输也越来越为人们所关注。

（一）冷藏车

冷藏车是用来运输冷冻或保鲜的货物的封闭式厢式运输车，是装有制冷机组的制冷装置和聚氨酯隔热厢的冷藏专用运输汽车，常用于运输冷冻食品（冷冻车），奶制品（奶品运输车）、蔬菜水果（鲜货运输车）、疫苗药品（疫苗运输车）等。冷藏车由专用汽车底盘的行走部分，与隔热保温厢体（一般由聚氨酯材料，玻璃钢组成、彩钢板、不锈钢等）、制冷机组、车厢内温度记录仪等部件组成，对于特殊要求的车辆，如肉钩车，可加装肉钩、拦货槽、铝合金导轨、通风槽等选装件。冷藏车主要分为重型、中型、轻型、微型四个种类。现在，冷藏汽车（包括保温车、保鲜车）的品种已接近 500 种，发达国家则有 1000 余种。

冷藏车的原理为制冷系统运转过程中，空气压缩机将蒸发器中的低压气态制冷剂不断地吸入，经压缩机工作后，变为高压制冷剂蒸汽，流向冷凝器，由于压力较高，在冷凝器中进行着冷凝过程，向周围环境散发大量的热量，从冷凝器出来的制冷剂完全变成液态，当液态制冷剂流入膨胀阀后，由于压力急剧下降，液态制冷剂在蒸发器中进行蒸发过程，从车厢中吸收大量的热量，从而使车厢内的温度降低。制冷剂蒸汽再次进入空气压缩机，进行下一个工作循环，如此周而复始地不断循环，不断将车厢内的热量转移到周围大气。

通常符合使用标准的冷藏车应该具备如下特点：①密封性。冷藏车的货柜需要保证严格的密封来减少与外界的热量交换，以保证冷藏柜内保持较低温度；②制冷性。加装的制冷设备与货柜连通并提供源源不断的制冷，保证货柜的温度在货物保鲜允许的范围内；③轻便性。冷藏车运输的货物通常为不能长时间保存的物品，虽然有制冷设备，仍需较快送达目的地；④隔热性。冷藏车的货柜类似集装箱，但由隔热效果较好的材料制成，减少了热量交换。

（二）冷藏集装箱

冷藏集装箱是一种特殊的集装箱，它属于运输制冷装置，是“冷藏链”重要的一环，是除了汽车运输之外最灵活和最有发展前途的可以实现“门对门”运输的工具。由于冷藏集装箱能把各种易腐货物始终保持在各自所需的储藏温度下，向世界各地进行大量、快速和廉价的运输，所以近年来已发展成为国际贸易中一项新型的重要运输方式，也将是21世纪重要的冷藏运输工具。

冷藏集装箱附有制冷设备，并在内壁敷设热传导率较低的材料，是用以装载冷冻、保温、保鲜货物的集装箱。通常符合使用标准的冷藏集装箱应该具有如下特征：冷藏集装箱具有良好的隔热性、气密性，货物可不间断地保持在所要求的低温状态；冷藏集装箱的货物自始至终都处于密闭环境，运输温度稳定，货物污染、损失少，有利于运载货物的安全，并可减少损耗；冷藏集装箱使用中可以整箱吊装，装卸效率高、速度快，不同运输工具之间无须货物换装，可用于多种交通运输工具的联运；冷藏集装箱在一定条件下，可以当作活动式冷库使用，以调节市场供应，给营销者带来良好的经济效益；冷藏集装箱具有一定的硬度和水密性，冷链集装箱装载容积利用率高，简化包装，运营调度灵活，能缩短整个运输时间，从而降低运输费用。

使用冷藏集装箱有几点需要注意：

（1）冷藏箱装货后应检查冷藏或冷冻货物的原有质量，并在货单上加以说明。

（2）在装箱过程中，应严格按照装货堆码原则，避免风机短路造成降温不平衡，降低制冷装置的制冷效率。

（3）冷冻货物长距离运输时，箱内设定温度与实际温度差不能超过3℃；运送冷藏货物时，其温度误差应不大于0.5℃（最好不大于0.25℃）。

（4）冷藏集装箱运送新鲜水果、蔬菜等时，应及时打开通风口，经常进行通风换气，但运送冷冻货物时，应关闭通风口。

（5）在运送纸盒包装的冷藏货时，应根据室外气温及湿度情况，及时进行通风，保持箱内空气干燥，防止包装箱外表面凝露。

二、粤港澳大湾区冷链运输设施设备的现状及短板分析

广东省冷链物流的发展速度位居全国前列，冷链物流设施设备门类也比较齐全，且有向绿色环保方向发展的势头，冷藏车的发展整体较好。据不完全统

计，截至2016年，冷藏车保有量达10000多辆，冷藏船吨位总量超过160万吨。

香港冷链物流业发展早，再加上多年积累的经验，使其管理运作相对比较成熟，相关的设施设备技术水平更是值得大陆地区学习借鉴，在运输设备方面香港运输企业使用专门的冷藏货柜、冷藏车，除有专门仪器监控记录运输途中温度外，装车和卸车时均要严格执行规范，多数设有装卸货月台或缓冲区。

粤港澳大湾区冷链运输设施设备的短板如下：

（一）冷藏车的数量不足

根据前面的介绍，我们知道粤港澳大湾区大约有7000万人口，珠三角九市人口占大湾区总量的近九成，也就是近6300万人口，而冷藏车保有量仅仅10000多辆，相当于大约6300人拥有一辆冷藏车，可见人均占有冷藏车的数量还十分有限。即使在《广东省冷链物流发展“十三五”规划》中提到2020年冷藏车的保有量达到15000辆，相当于每4200人拥有一辆冷藏车，和发达国家相比差距还是很大，美国人均500人就拥有一辆冷藏车。与世界知名湾区相比，粤港澳大湾区的人均冷藏车保有量更是严重不足，严重制约着湾区冷链物流的发展。

另外，随着粤港澳大湾区经济的发展，冷链运输市场的需求及冷藏车需求领域进一步加大，如食品领域、医疗卫生领域、花卉领域、电子工业微电子领域、化工领域以及对温度湿度有要求的其他领域都对冷藏车数量提出高增长的需求。

（二）冷链物流运输设备的品质参差不齐

冷藏车可以说是实现冷链物流最重要的一环，也是基础保障，在保证生鲜农产品的鲜度方面起着至关重要的作用。目前，市场上冷藏车的数量虽然有所上升，但品质参差不齐。究其原因，一方面是符合使用标准的质量较好冷藏车数量不足；另一方面是消费者对于生鲜农产品、水产品、鲜花等对温度湿度有要求的商品的需求越来越多，使很多商家看到了“商机”，但市场上冷藏车的数量又严重不足，过去那种用棉被保温的做法又不被允许，所以一些企业在冷藏车制造方面“八仙过海，各显其能”，如用其他车辆改装，简化生产、延长报废期等，制造出一批批质量参差不齐的“冷藏车”。甚至市场上还流通着大量国外淘汰的、高耗能的二手海柜。

对于易腐食品而言，一旦冷藏效果不好，就会影响运输的产品质量，甚至造成产品腐烂变质，所以提升冷藏车的质量，是保证食品安全的重要手段之一。

（三）冷链运输设备结构失衡，区域分布不均

目前，粤港澳大湾区内冷藏车及冷藏集装箱的分布出现结构失衡的现象，珠三角、港澳相对较多，粤东西北较少。而且冷链运输方式主要为公路冷链运输和铁路冷链运输，航空冷链运输及水路冷链运输占比极小。其中，大部分冷链运输由公路运输完成，仅小部分是通过铁路冷链运输完成的。目前湾区内还没有形成系统的冷链物流多式联运系统。

（四）冷藏车品种少、专业化程度低

冷藏车主要运输包括水产品、生鲜农产品、鲜花、医药、生物、化工、微电子等对温度和湿度有要求的商品，而这些商品对运输车辆的要求各不相同，比如温度、湿度、配备的辅助装备以及车辆结构等。但是目前市场上对于冷藏车的分类主要是从温度上区分的，分为 a、b、c、d、e、f、g、h 类，个别车辆有较少的专业化配置，远远达不到专货专用的程度，整体专业化程度较低。

发达国家使用的冷藏车针对性强，对不同产品配备不同装置，品种多、专业化程度高。

（五）冷藏车辆信息化投入不足

民以食为天，粤港澳大湾区人口众多，生鲜食品消耗量大，但近年来频繁出现的食品安全事故，让广大人民群众深刻的意识到加大食品质量监控迫在眉睫。生鲜食品从产地到餐桌流转环节漫长，这中间可能存在着质量流失、以假换真、信息篡改等风险。在这漫长的环节中冷藏车的监控是商家和客户最关心的问题，比如车辆定位、行程中的温度控制等，目前粤港澳大湾区乃至全国都欠缺冷藏车运输过程中的全程可视化、可追溯的管理，信息化设备投入不足。

（六）冷链运输设施设备专业化人才缺乏

粤港澳大湾区冷链物流起步较晚，尤其是广东地区，各大高校较少有冷链物流专业，所以目前粤港澳大湾区冷链运输设备专业化人才严重不足，而冷藏车在行驶过程中可能会出现各种故障，普通的货车司机由于缺乏冷链物流及其运输设备的相关知识而不能第一时间加以解决，这样就会影响所运货物的质量，造成财产和信誉的损失。

（七）冷藏车的排放物对环境污染较大

冷藏车通常用来运输易腐、易变质的物质，随着人们对食品安全的重视，

冷藏车越来越受到广大人民群众的喜欢，但冷藏车在给人们生活带来方便、快捷、新鲜的同时，也给人类赖以生存的生态环境带来了不容小觑的影响，原因是其所排放的污染物比普通货车要高得多。目前市场上出现的冷藏车大部分是柴油车，柴油机具有两大优势：功率大、油耗低。但这种车排放的一氧化碳却较高，对环境有一定的影响。

另外，目前冷藏车的生产工艺还较老，生产过程中存在刺激性气味、粉尘以及大量废料无法处理，这些都会对环境造成影响。

三、粤港澳大湾区冷链运输设施设备建设

（一）加快冷藏车建设，优化冷藏车市场结构

冷链物流运输设备是冷链物流的基础保障，加快冷链物流运输设备的建设有利于提高冷链物流的能动性，加快冷链物流的周转率，建立快速响应机制。

根据前面的介绍，粤港澳大湾区人均冷藏车保有量与发达国家相比具有很大的差距，冷藏车的数量严重不足，无法满足湾区内居民对冷藏商品日益增大的需求，急需加大冷藏车建设。

在提高冷藏车规模的同时，应该考虑冷藏车市场现有结构问题，按需生产各种运输方式所需要的类型，发挥种种运输方式的优点与特长，形成多式联运，提高冷链物流运输效率。

（二）加强冷藏车市场监管力度，提升冷藏车品质

国家已经出台了一系列冷藏车行业的标准和法规，但由于相关执法监管力度不足，使得遵守规范的商家成本上升，但利润却远远不如那些投机取巧的商家，最终市场上还是存在着大量的品质低下的冷藏车。想要改变这种现状，首先政府应该加强冷藏车行业的监管力度和细化相关政策法规，将冷藏车作为一种特殊的货运车辆加以管理。任何冷藏车在投入使用之前都应该通过相关的认证，运行一段时间也要进行专业审检，加速淘汰不规范、高耗能的冷藏车辆，取缔非法改装的冷藏运输车辆，以此来优化冷藏车资源，提升冷藏车的品质。相信在政府和企业的共同努力下，粤港澳大湾区冷藏车市场必定会旧貌换新颜，涌现出外观精美、经久耐用、保温性能达到国标 A 级、产品设计结构及制造工艺达到世界一流水平的冷藏车。

（三）细分冷藏车市场，使冷藏车行业向专业化、多样化发展

冷链物流运输的商品通常是鲜活品、加工食品及医药产品，这些商品在运

输时对于温度及湿度的要求各不相同，如表6－2、表6－3、表6－4、表6－5所示，针对不同的商品所需要的特定的运输设备、温控设备、保鲜设备和储存设备不同，就产生了各种专业化冷链运输设备的需求。为了降低冷链运输过程中的损失率，提高冷链物流流通率，建议加大冷链物流运输设备的投入，使冷链运输设备向专业化发展。

另一方面随着新零售、冷链宅配、同城冷链需求的快速增长，订单也逐渐向小批量、多频次方向发展，如果还是使用统一的冷藏车进行运输，那么增加运输次数必然会增加运输成本，但如果有适合小批量运输的车辆，如电动冷藏车，或进行共同配送，就能在一定程度上降低成本。所以建议按需生产多样化的冷藏运输设备。

表6－2　果品运输温湿度参考值

果品名称	温度（℃）	湿度（%）
桃、樱桃、杏、李、枣、杨梅、葡萄、猕猴桃、蓝莓、草莓	0—3	90—95
石榴、柿子	0—3	85—90
苹果、梨、山楂	0—4	90—95
哈密瓜、甜瓜、香瓜	3—5	75—80
山竹	2—8	85—90
荔枝、龙眼	4—7	90—95
芒果、甜橙类、宽皮柑橘类	5—8	85—90
椰子	5—8	80—85
火龙果	5—9	85—90
番木瓜（全熟）	4—10	85—90
柚类	5—10	85—90
榴莲	7—10	85—90
牛油果	4—13	85—90
菠萝	7—10	85—90
西瓜	10	80—85
红毛丹	10—13	90—95
香蕉	12—15	80—90
柠檬	12—15	90—95

表6－3　蔬菜运输温湿度参考值

蔬菜名称	温度（℃）	湿度（%）
芹菜、芦笋、萝卜、胡萝卜、生菜、油菜、奶白菜、菠菜、小青葱、小白菜、芥蓝、甘蓝、菜心、欧芹	0—3	95—98
竹笋、蒜薹、韭菜、大白菜、莴笋、茭白、甜玉米	0—3	90—95

续表

蔬菜名称	温度（℃）	湿度（%）
大蒜	0—3	70—75
长柱山药	2—4	90—95
红熟番茄	3—5	85—90
佛手瓜	4—6	90—95
土豆	5—7	80—85
丝瓜	8—10	85—90
青椒	9—12	90—95
笋瓜	10—13	80—85
芋头	10—12	85—90
茄子	11—13	85—90
甘薯	12—14	80—85
苦瓜	12—15	85—90
冬瓜、南瓜	13—15	65—70

表 6－4　　水产品运输温湿度参考值

水产品名称	温度（℃）	湿度（%）
面包蟹（单冻）、冻帝皇蟹（单冻）、冻梭子蟹（单冻）、半单冻白虾（500—2000 克盒装）、鳕鱼片（500 克装）	－20	95—100
冻龙虾（单冻散装）、冻龙虾（网袋包装）	－23	
鳕鱼（条冻）、冻鲑鱼（条冻）、半单冻红虾（500—2000 克盒装）、冻龙虾（保护包装）	－25	95—100
冻蛏子	－18—－25	95—100

表 6－5　　其他产品运输温湿度参考值

产品名称	温度（℃）	湿度（%）
牛奶	4	60
开心果（成品）、腰果（成品）	0—4	65—70
干酪	0—4	65
冰激淋	－23	—
啤酒	6—8	—
巧克力（成品）	15—18	55

（四）加大冷藏运输设备信息化投入，实现运输全程“可视化”

当人们通过网络购买生鲜易腐商品时，最关心的莫过于收到经过运输的商品是否新鲜的问题，这就取决于商品在运输的过程中是否真正实现了全程冷链，而没有出现“断链”情况。粤港澳大湾区信息化发展程度在全国处于领先地位，建议加大冷链运输设备信息化投资力度，建设能够实现运输全程“可视化”的产品质量信息追溯系统。通过这个系统，交互共享产品质量信息，遏制食品非安全因素，在食品产地、流通组织、监管机构与消费者间建立信息共享机制，形成食品危害物溯源信息集成化、无缝供应链，保证居民食品安全信息的需要。构建粤港澳大湾区“全链条、网络化、严标准、可追溯、新模式、高效率”的“可视”现代化冷链物流体系。

（五）培养专业化冷链运输设备人才

粤港澳三地中港澳的冷链物流起步较早，冷链物流的发展水平、管理水平、人才培养体系等经验都较广东丰富。所以针对粤港澳大湾区专业化冷链运输设备人才不足的问题，解决的途径可以从两方面入手，一是通过与校企合作，推动冷链运输设备专业教育和职业培训，形成多层次的教育、培训体系，大力培养市场需要的专业化人才。二是借鉴港澳人才培养经验，与港澳共享冷链物流相关人才，提高粤港澳大湾区冷链运输设备人才，以满足粤港澳大湾区对冷链运输设备人才的需要。

（六）冷链运输设备建设走绿色环保之路

要降低冷链运输设备对环境的污染就要想办法进行节能减排，一是从源头抓起用清洁能源代替柴油。二是在制造冷藏车的选材方面着手，用轻质坚硬的材料代替原材料，从而减轻车身的重量。有实验证明，减轻车的重量可以降低油耗，在某种程度上也能达到节能减排的目的。三是加大冷藏车的生产过程所产生的刺激性气味和粉尘的监管力度。四是采用绿色环保的保温材料，另外在配以信息管理等手段防治并减少污染物排放。

第三节　仓储设施设备建设

随着粤港澳大湾区经济快速发展，居民生活水平的显著提高，湾区内生鲜农产品地消费规模快速增长，居民对生鲜农产品的多样化、新鲜度和营养性等方面也提出了更高要求，特别是对食品安全的关注程度不断提高。食品腐败变质是造成食品安全隐患的主要原因之一，因此食品在由生产环节以及最终到达消费者手中的整个产业过程中，都离不开冷链物流。而冷库是冷链物流最核心的设施，加快冷库建设是包装食品安全的必要手段之一。

一、冷链物流常见仓储设施设备情况

冷链物流的基本功能有二：一个是冷链运输；另一个时冷链储藏。而冷库是冷链储藏的载体，是实现冷链储藏的基本保障。冷链仓储设施设备主要包括冷库、货架、托盘、叉车和堆垛机、分拣设备等。

（一）冷库

冷库，是制冷设备的一种。冷库是指用人工手段，创造与室外温度或湿度不同的环境，也是对食品、液体、化工、医药、疫苗、科学试验等物品的恒温恒湿贮藏设备。冷库通常位于运输港口或原产地附近。

目前最常见的冷库有四种，分别是保鲜冷库、冷冻库、气调库、冷藏库。

保鲜冷库用于冷藏保鲜产品，一般用于冷藏保鲜水果、蔬菜、禽蛋、药品、工业品、原材料、化学品等。

冷藏库的温度一般为－15℃—－18℃。一般是不定期地逐步将食品放入冷库，经过一段时间，冷库的温度达到－18℃，取货也是不定期、不定时的。对这“一段时间”没有具体要求，这就是典型的冷藏库。比如说肉类，水产对存放温度都有较高要求，都适用于这类冷库，从而保持肉类不变质。一般大型超市里的冷库都是冷藏库。

冷冻低温库的库温一般为－22℃—－25℃。它是用各种制冷设备，即人工制冷的方式，使室内保持一定的低温。很多食品如冰淇淋、海鲜等需要在－25℃库温下保存才不会变质，如冰淇淋储藏时达不到－25℃，它的香味就没有了；海鲜食品储藏时达不到－25℃其鲜味和口感就差多了。低温库的特点是：不定期地逐步将食品放入冷库，经过一段时间冷库的库温达到－25℃，对这段时间没有特殊的冷库设计工艺及技术要求，但对这个冷库的库温是有严格的要求，即在－22℃—－25℃，这就是典型的低温库。

气调库又称气调贮藏，是当今最先进的果蔬保鲜贮藏方法。它是在保鲜库的基础上，增加气体成分调节，通过对贮藏环境中温度、湿度、二氧化碳、氧气浓度和乙烯浓度等条件的控制，抑制果蔬呼吸作用，延缓其新陈代谢过程，更好地保持果蔬新鲜度和商品性，延长果蔬贮藏期和保鲜期（销售货架期）。通常气调贮藏比普通冷藏可延长贮藏期 0.5—1 倍；气调库内储藏的果蔬，出库后先 从“休眠”状态“苏醒”，这使果蔬出库后保鲜期（销售货架期）可延长至普通冷藏库的 2—3 倍。气调贮藏能在适宜低温条件下，通过改变贮藏环境气体成分、相对湿度，最大限度地创造果蔬贮藏最佳环境，其效果表现在以下方面：气调贮藏营造的低氧（一般氧含量为3%—5%）、适当的CO_2浓度环境能有效地抑制呼吸作用，减少果蔬中营养物质的损耗，同时抑制病原菌的滋生繁殖，控制某些生理病害的发生；清除贮藏环境气体中的乙烯，以抑制其对果蔬的催熟作用，延缓后熟和衰老过程；增加环境气体中的相对湿度，以降低果蔬的蒸腾作用，从而达到果蔬长期贮藏保鲜的目的。

不一样的温度，保温的技能需要必定也不一样，需要的制冷量也不一样，一个冷库的建立是需要依据实际运用环境、运用情况来量身定制的。对冷库的使用，维护过程是相当重要的。无论是保鲜冷库还是速冻冷库都需要不定期去检查相关设备，包括温度是否正当，冷媒是否充足，散热是否正常，库板有无缝隙出现。

（二）货架

冷库也是仓库的一种，和普通仓库一样，内部储存货物也需要各种货架或自动化立体系统。常见的货架主要有高位货架、流力架。冷库内使用的货架与常温仓库在材质上有所区别，冷库内使用的货架对钢材的材质、荷重、货架的跨度设计均有特殊要求。

（三）托盘

冷库里使用的托盘的材质和常温库内不同，冷库里通常使用标准的塑料托盘，而很少使用木质托盘，这主要跟温度有关。

（四）叉车和堆垛机

在冷链物流中心或冷库里使用的搬运设备主要是叉车和堆垛机，使用的叉车主要有前移式叉车、步行式叉车、电动托盘车、油压托盘车。通常自动仓库内会使用堆垛机。无论是叉车还是堆垛机在材质上都是有要求的，必须使用耐低温的专用材质。

（五）分拣设备

冷链物流使用的分拣设备主要有自动分拣机、DPS电子标签拣货系统、RF拣选系统、自动台车，这些设备同样有耐低温的要求。

除了以上设施设备，冷链物流仓储涉及的设施设备还包括制冷系统、月台、各种物流容器等。

二、冷链仓储设施的现状及短板分析

（一）冷链仓储设施的现状

截至2015年3月，广东省拥有进口肉类备案储存冷库的指定仓库47个，容量约达10万吨。2016年6月，广东省拥有大小冷库1700多座（其中约85%为低温库，约15%为高温库），冷库容量约300万吨，主要集中在广州、深圳、东莞、佛山等珠三角地区，其中广州、深圳和佛山地区最为集中，约占全省冷库总量的80%，储存种类较广，涉及农产品、果蔬、水产品、肉类等易腐物质。

由于香港土地资源紧缺，香港冷库多为立体式多层仓库，且单层面积大，楼面荷载高，能够适应货物大批量储存与运送的需要，最大限度地使用有限的土地，有的大型货仓可供货柜车直接到达每一层楼装卸货物。香港的物流冷仓主要集中在葵涌、青衣一带，这里是香港货运码头、集装箱运输的主要集散地，货仓主要有两种类型：一是专门为货运需要而投资兴建的货运基地；另一类是利用原来的工业厂房改造而成。香港冷库经营呈现出两个特点：规模化与物流化，“规模化”能够把冷库事业挖深，做得更专业成本更低；“物流化”则能够把事业拓宽，做得更全面风险也降低。总而言之，香港作为特别行政特区，在冷链物流方面，有政策的保障、技术的支持、组织的自觉性及创新力，以及地区的优越性，这些都有力地保障了冷链物流的整个流程的不断链，是值得学习的对象。

（二）冷链物流仓储设施设备的短板分析

1. 冷库规模不足。

《广东省冷链物流发展“十三五”规划》中提出，2020年广东冷库容量的发展目标为450万吨，折合1125万平方米，人均保有量大约为0.18平方米。在全国冷库保有量中名列前茅，但与国外发达国家相比，水平仍然较低。尤其从市场对冷库的需求趋势来看，粤港澳大湾区现有的冷库容量还十分不足，人均冷库容量偏低。

2. 冷库供给结构性矛盾比较突出，区域性分布不均衡。

目前，粤港澳大湾区冷库供给呈现出结构性矛盾，低温库所占比例较高、保鲜冷库较少；肉类冷库较多、果蔬类气调冷库较少；销地冷库多、产地冷库少；冷冻库多、冷藏库少等。另外，冷库的区域性分布也不均衡，地区供需不匹配，冷库需求较大的地方，一库难求；冷库较多的地区找不到客户。供需不匹配导致各地区冷库的规模和价格出现较大的差异。

3. 部分冷库功能陈旧，存在诸多安全隐患。

众所周知，冷库建设成本居高不下，现有冷库中很多为老旧冷库，这些冷库设施设备陈旧、管道腐蚀严重、墙体脱落、地基下陷、压力容器需不定期检验等；即使是新建冷库也存在无证设计、安装，缺乏统一标准，缺乏特种设备安全技术档案等现象；更不用说那些利用常规仓库进行简单改造而成的“冷库”了。所以，目前粤港澳大湾区市场上的可利用冷库少，冷库功能难以满足现代化、新模式、新技术等的发展需求。

以上问题也致使现有冷库存在大量的安全隐患，主要表现为氨气泄漏、废弃物堆放起火、电线脱落、冷库常年失检失修、违规操作等，而这些现象都反映了企业在对冷库安全防范方面意识淡薄，缺乏有效的手段。

4. 建设成本高。

冷库是开展冷链物流最核心的设施，长期以来，冷库建设成本居高不下。通常建设一座25000吨冷库，总成本在8000万—9000万元。冷库的建设成本除了包括结构部分外，还包括里面各种设备，如自动化高架冷库的建设成本由结构部分、堆垛机、输送机、自控门、穿梭车等部分。不同类型的冷库，根据内部的结构，布局和吞吐量造价各不相同。

5. 港澳仓储用地紧张。

港澳地区地狭人稠，地形以山地为主，可以说是“寸土寸金”，可供城市发展的土地有限。“上天”，即建设高层建筑，“下海”，即填海造地，成为香港扩展城市建设用地的两种重要方式。截至2013年3月，香港填海总面积超过67平方公里，占香港土地总面积7%，容纳了27%的香港人口和70%的商业活动。港澳有限的土地用来居住尚且不足，仓储用地就更紧张了。

6. 冷库节能环保措施未引起足够重视。

通常人们在提到冷库的时候往往只考虑建造成本，其实冷库也是耗能大户，冷库能耗主要集中在制冷系统，约占总能耗的60%—70%。通常会根据冷库的大小来选择使用不同的制冷设备，而且不同品牌的制冷设备，冷库的日常运行能耗不同。另外，冷库打开和关闭的次数也会影响冷库的耗能，进出冷库，冷气就会跑掉。想快速制冷，必须增加制冷功率，延长制冷时间，因此，用电量自然很大。其他因素也增加了功耗，如季节性变化的外部温度环境变化，以及储存的货物的方式，保温板材料和制冷装置的选择都会影响冷库的功耗，而这些也是常常被忽视的地方。

冷库设计建设不仅要考虑冷库的造价，还要考虑耗能问题。这些直接关系到冷库的经营成本，也关系到未来的利润问题。

三、粤港澳大湾区冷链仓储设施设备建设

（一）扩大冷库规模

随着粤港澳大湾区冷饮市场、冷鲜肉市场、肉类延伸品市场、水产品市场、水果蔬菜市场的不断扩大，人们对这些易腐食品消费量的快速增长，将促进冷库需求量的进一步增长，所以粤港澳大湾区冷链物流发展的首要任务是扩大冷库规模。

（二）整体规划，避免盲目重复建设

根据粤港澳大湾区冷库需求现状可知冷库建设势在必行，但不能盲目建设，冷库建设应该充分考虑各方面的需求，如结构性需求、地狱性需求等，按照粤港澳大湾区冷库现状可知，应加大保鲜冷库、果蔬类气调冷链以及产地冷库和冷藏库的建设，使冷库的需求和供给趋于平衡。同时，冷库的建设应在有关部门的统一协调下，加强整体规划与协调，以保证粤港澳大湾区冷链行业持续健康稳定的发展。

（三）粤港澳大湾区各地共享资源，优势互补，共同进步

粤港澳大湾区各地资源不同，如香港虽然冷链物流比较发达，掌握了先进的高新科技，但是仓储用地却很紧张，从长远来看，狭小的土地面积不利于冷链物流发展，但广东九市正好相反。所以粤港澳大湾区各地可以通过有效的合作，实现资源共享，优势互补。比如说深圳—香港、珠海—澳门强强联合，港澳所需的部分冷库可以就近在深圳和珠海选址，即共享土地。同样港澳与广东九市共享高新冷链技术、人才培养经验等。这样既解决了各自的短板，又能加强粤港澳大湾区在冷链物流领域的深度融合，进而促进粤港澳大湾区冷链物流蓬勃发展。

（四）规范冷库设计，消除安全隐患

粤港澳大湾区冷库建设除了应该统一规化外，还应该规范设计，尽可能地消除安全隐患。规范设计主要从冷库的容积、冷库库址的选择与准备、冷库保温材料的选址、冷库冷却系统的选择、制冷压缩机的选择等方面着手。

1. 冷库的容积。

冷库的大小要根据常年贮藏产品的最高量来设计。这个容量是根据贮藏产

品在冷库内堆放所必须占据的体积，加上行间过道，堆于墙壁、天花板之间的空间以及包装之间的空隙等计算出来。确定冷库容量之后，再确定冷库的长度与高度。

2. 冷库库址的选择与准备。

冷库设计时还要考虑必要的附属建筑和设施，如工作间、包装整理间、工具库和装卸台等。其中，生产性冷库建于货源较集中的产区，还要考虑交通便利、与市场联系等因素。冷库四周应有良好的排水条件，地下水位要低，冷库底下最好有隔层，且保持通风良好，保持干燥对冷库很重要。

3. 冷库保温材料的选择。

冷库保温材料的选用必须因地制宜，既要有良好的隔热性能，又要经济实用。

4. 冷库冷却系统的选择。

冷库冷却系统的选择主要是冷库压缩机与蒸发器的选用。一般情况下，小型冷库选用全封闭压缩机。中型冷库一般选用半封闭压缩机；大型冷库选用半封闭压缩机。

5. 制冷压缩机的选择。

在冷库的制冷装置中，制冷压缩机冷库设备的容量和数量是根据生产规模的最大热负荷，并考虑了各制冷参数的情况下进行配置的。在实际生产中，不可能与设计条件完全一致。因此，必须根据生产实际情况进行选用和调整，以确定合理投入运行的压缩机容量和数量，以期用最低的消耗、最适宜的条件来完成需要的冷库的制冷任务。

（五）提高冷库管理水平

与一般仓库相比，冷库具有造价高、技术性强、结构复杂等特点，所以对冷库进行科学合理的管理是十分必要的。

1. 提高冷库工作人员的职业技术水平。

冷库是用于易腐商品冷冻冷藏的场所，对温度有一定的要求，冷库能否始终达到预定的温度直接关系着客户对企业的评价。冷库管理人员主要负责冷库日常管理，选择一个合格的冷库管理人员直接影响冷库运行效率。

与普通仓库的管理人员相比，冷库管理人员的专业性要更强，应该选择接受过专门的教育和培训，具有冷藏、加工、制冷、电器、卫检等专业知识、生产经验和组织能力的管理人员或技术人员。而且冷库还需要配备一定数量的技师、各种级别的工程师等负责冷库的生产、技术、管理、科研等工作。

2. 加强库房的科学管理。

库房的使用管理是冷库管理的核心，应按照设计要求，充分发挥冻结、冷藏能力，确保安全生产和产品质量，养护好冷库建筑结构。

库房的管理主要注意以下几个方面：首先冷库门要关严确保不跑冷，冷库门市冷库的咽喉，热空气通过库门开启渗入库内，不仅造成热量增加，库温升高，而且大量的热湿交换，使冷风机或蒸发器排管结霜，导致库内温、湿度波动，影响产品贮藏质量。所以尽量减少开门次数和开门时间，进出门要随手将门关严。或者在冷库门内侧加挂棉门帘等。其次，减少热源，库房的照明也会能加库房内的热量，所以在库房内安装照明设备时应按照前、中、后分组控制，并且尽量减少开灯的次数和时间。由于人本身也会释放热量，所以也应尽量减少进库人数和人员在库时间。除此之外，还应合理减少或增加轴流风机开启台数和时间、合理堆码、提高库房利用率、注意相邻库房的使用、贮藏品种的合理搭配；通风换气、隔热/防潮层的维护等。提高冷库的管理水平，可以达到降本、安全、节能和高效的目的。

（六）发展绿色智慧冷库

冷库系统是典型的系统工程，节能要通盘考虑，不仅限冷库运营主体，同时要兼备设备制造、材料研发、技术应用等领域。同时，制冷剂的选择也很重要，如何选择科学合理且兼顾经济适用是冷库建设需要着重考虑的问题。

另外，未来冷库的发展趋势是智慧冷库，所以冷库建设需要适当引入一些新技术，如自动自控技术、智能仓储技术、智能管理技术等。

总之，粤港澳大湾区冷库建设应响应国家对节能、环保、降耗、智慧、高效发展的号召，向绿色智慧冷库发展。

第七章 粤港澳大湾区冷链物流标准化建设

第一节 冷链物流标准体系建设

一、冷链物流标准建设情况

根据中国物流与采购联合会冷链物流专业委员会全国物流标准化技术委员会冷链物流分技术委员会发布的2018版《中国冷链物流标准目录手册》，冷链物流相关标准目录共220项（见表7-1）。根据标准属性，冷链物流标准体系包含农副产品、食品冷链物流基础标准，农副产品、食品设施设备标准，以及农副产品、食品物流技术与管理标准等。近些年，我国冷链物流标准建设日益完善，标准内容基本将冷链物流整个系统涵盖进来。其中，农副产品、食品冷链物流基础标准9项，占标准总数的4%；农副产品、食品冷链物流设施设备标准50项，占标准总数的23%；农副产品、食品冷链物流技术与管理标准161项，占标准总数的73%。农副产品、食品冷链物流技术与管理标准占比较高的原因有如下两方面：一是冷链物流技术要求和作业环节较多，包含作业、设施设备、管理、信息等技术要求，以及易腐货物采摘（捕捞、屠宰）、预冷、运输、仓储、销售、配送、消费等众多环节；二是我国易腐货物种类多，各产品差异较大，因此冷链物流操作技术和作业管理要求繁多。

表 7-1 中国冷链物流标准目录情况统计表

分类1	分类2	标准项数（项）	合计（项）
农副产品、食品冷链物流基础标准		9	9
农副产品、食品冷链物流设施设备标准	冷库相关标准	22	50
	冷冻冷藏设备	25	
	包装	3	
农副产品、食品冷链物流技术与管理标准	综合	16	161
	食品	23	
	水产品	19	
	肉	26	
	果蔬	72	
	饮料	5	
合计		220	220

资料来源：2018 版《中国冷链物流标准目录手册》，http：//img. lenglian. org. cn/Other/pdf/2018/0905/1669504. pdf.

二、冷链物流标准化问题分析

（一）冷链物流标准制定问题

第一，粤港澳大湾区内地九市遵照的我国冷链物流标准化问题仍然存在，不利于粤港澳大湾区冷链物流标准化发展。我国冷链物流标准在国家标准、行业标准和地方标准上存在相互交叉、重复、脱节等问题。虽然自 2013 年起，国家卫生计生委对食品标准展开清理工作，通过梳理与整合食用农产品质量安全标准、食品卫生标准、食品质量标准以及行业标准由原来的近 5000 项，最终缩减为包含约 1000 项标准的各类食品安全国家标准目录。但是，目前粤港澳大湾区内地九市遵照的国家食品标准仍存在交叉、重复、脱节等问题，从而导致操作难、执行难问题。而且，我国的标准包括国家标准、行业标准、地方标准和企业标准 4 大类，各不相同的主管部门、不同的冷链标准，使我国的冷链物流标准管理混乱，这种模式不仅让一些食品企业感到茫然，也给食品标准的管理和执行带来诸多困难。

第二，我国食品标准制定不科学。食品标准是确保食品安全管理的基础，但食品标准该如何科学制定，也是一个现实中需要面对的问题。目前，一些食品安全产品标准中仍包含各种质量指标、产品指示菌指标等与食品安全非直接关联的指标，影响了食品安全问题科学、正确的解读。

第三，大部分冷链物流的标准多为推荐性标准，不具有强制性，而不具有强制性的标准在冷链物流行业并不成熟的现实环境下约束力极低，对冷链物流企业指导作用非常有限。

（二）冷链物流标准融合发展难

粤港澳大湾区冷链物流标准融合发展难，冷链物流标准一体化短期内难以实现。粤港澳大湾区冷链物流标准存在三地标准不一、多头管理问题。粤港澳大湾区内地九市使用的冷链物流标准遵照我国冷链物流标准。港澳冷链物流标准分别采用香港特区、澳门特区冷链物流标准。粤港澳大湾区冷链物流标准融合发展要克服三地两制度障碍，三地冷链物流标准融合从协商、制定到实施都存在极大的困难，同时，由于冷链物流标准的实施需要冷链物流硬件软件的配套到位，即使三地实现冷链物流标准统一，要真正实现粤港澳大湾区冷链物流标准实践意义上的对接，也需要一个较长的过程。再者，粤港澳大湾区内地九市冷链物流标准化程度与港澳冷链物流标准化程度相差甚远，要实现冷链物流标准一体化需要逐步发展。

（三）冷链物流法制差异

粤港澳大湾区冷链物流法制差异是大湾区冷链物流发展必然要面对的问题。粤港澳大湾区内部粤、港、澳三个地方行政主体之间存在客观差异，不同的政治和经济制度、法律和司法制度、文化和社会体制等必然带来冷链物流发展在人才、创新、交通、标准等方面的差异性和不平衡。粤港澳大湾区冷链物流发展首先要研究的是在“一国两制”的前提下，寻求大湾区冷链物流法制协同。法制协同是实现湾区冷链产业升级，保证湾区食品安全，保障大湾区人民生活质量，打造国际一流优质生活圈的基础。粤港澳大湾区冷链物流协同发展需要打破“9+2”多元主体间的法律与制度壁垒，尤其在冷链物流基础设施设备标准、交通互联互通、食品冷链物流标准等方面需要法制协同，需要建立相对统一的支持平台，完善三地在冷链物流发展中的创新合作机制，建立互利共赢合作关系，共同推进粤港澳大湾区冷链物流体系建设。

以上三个方面概括了粤港澳大湾区冷链物流发展的法制环境，即国家高度重视以法律规范冷链物流发展，以法律约束冷链物流行业行为，为粤港澳大湾区冷链物流发展提供了良好的法制环境，但同时两制三地、多种主体、高度自治等带来的法制差异也成为粤港澳大湾区冷链物流协同发展必然要面对的问题，而且短期内很难化解。

三、冷链物流标准体系重构

（一）冷链物流标准体系重构的基本内容

1. 通用规范。

规定产品生产经营各环节的通用性卫生标准，是制定各类产品专项规范的基础和依据，如《食品经营过程卫生规范》《食品生产通用卫生规范》《餐饮服务通用卫生规范》等。

2. 专项规范。

专项规范又称为单向规范，是以通用规范为基础，根据产品原材料、生产工艺、仓储及运输条件等特点，针对该产品生产流通过程中可能发生的污染风险以及控制要求而制定的特殊性要求，如《食品安全国家标准水产制品生产卫生规范》《肉制品生产卫生规范》等。

3. 指导原则。

指导原则是指基于通用规范和专项规范，并参照国内各部委颁布的标准等内容，针对产品生产经营中某一特定污染因素或安全问题而制定的指导性文件，如《食品生产过程中铅污染控制导则》等。

（二）冷链物流标准体系重构的基本原则

1. 统筹优化。

粤港澳大湾区冷链物流标准体系的重构要遵循统筹优化原则，要通盘考虑货物冷链物流运输、仓储、交易、配送和消费的各个环节，基于现有经验，统一协调制订完善的冷链物流标准。

2. 简化通用。

粤港澳大湾区冷链物流标准体系的重构需将原有交叉、重复标准进行梳理化繁为简，构建通用的冷链物流标准体系。在对原有交叉、重复标准进行简化时，要合理减少现有冷链物流标准中对象的类型数目，要紧抓主干，删除繁杂重复条目。

3. 系统归并。

粤港澳大湾区冷链物流标准体系的重构要遵循系统归并原则，将现有零散不成体系的各种冷链物流标准按内在关联进行梳理编排，以形成完整的冷链物流体系。例如，应将生鲜果蔬冷链运输操作标准、生鲜肉品冷链运输操作标准、水产品冷链运输操作标准等都并入冷链物流运输操作标准中。

4. 衔接兼容。

粤港澳大湾区冷链物流标准体系的重构要遵循衔接兼容的原则。粤港澳三地现行的冷链物流标准要相互衔接，在落地实施中不能彼此冲突，而需相互兼容。

（三）重构体系信息标准化

随着各种信息技术的不断革新，信息化成为促进冷链物流发展的重要手段，信息技术在冷链物流各环节的普及使用可显著提高冷链物流运作效率。当下的冷链物流行业，冷链物流各环节离不开各种信息技术的支撑。不同地区、不同企业可能会采用不同的技术方案，如果不能实现信息标准化，企业之间就无法连通，不能形成规模经济和完整的商业模式，不能降低冷链物流成本和提高服务水平。因此，尽快完善冷链物流信息标准化建设，是粤港澳大湾区冷链物流发展需要面对的重要问题。

1. 数据采集标准化建设。

在数据采集方面，应用于冷链物流的信息技术主要有条码技术、RFID 技术和传感器技术等。

条码技术经过长期发展和应用已经非常成熟，条形码可以标出物品的制造厂家、商品名称、生产地等基本信息。虽然条形码有多种类别，但各种条形码的编码方法在世界各地都一致，条形码标准统一，同时条形码具有制作简单、成本低等优点，使其在商品流通中广泛应用。

RFID 技术是一种非接触式自动识别技术，RFID 标签是 RFID 技术的核心，物品信息存储在 RFID 标签中。实际中，RFID 标签有多种类型，如按照 RFID 标签工作原理的不同，可分为被动式、半被动式、主动式，按照 RFID 标签工作频率的不同，可分为低频（LF）、高频（HF）、超高频（UHF）、微波（MF）等不同种类。相比条码技术，RFID 技术有更多的优点，如数据容量更大、通信距离长、难以复制、对环境有更高的适应性、可同时采集多个物品信息等，缺点主要是 RFID 标签成本高。RFID 技术目前应用程度不高，RFID 标签的应用成本下降和标准化建设对于推广该项技术具有重要的影响。

传感器可以将外界的各种各样的信号如温度、压力、速度、湿度、流量、位移等转换成电信号。条码技术和 RFID 技术的功能主要是标识物品，使用专用阅读器可以采集相关的信息，这些信息是事先编辑的静态信息，如果要及时、准确地收集物品的动态信息，就需要使用传感器技术。传感器技术要求高、功能多样，目前市场上的传感器类型多种多样，要收集冷链物流过程中物品的温度、湿度等方面的信息，就必须合理选择和运用各种传感器，应建立标准来规范传感器的生产和应用。

数据采集是信息化发挥作用的前提和基础，如果在这一过程出现错误，可能会产生误导，造成严重的后果，因此要注意所采集数据的准确性、完整性。

2. 数据管理标准化建设。

在数据管理方面，应建立数据中心来按照相应的标准、规则、方法统一管理收集到的冷链物流数据。

一是，数据中心必须具有数据存储的功能。冷链物流数据经过收集和输送到数据中心后，在其得到处理之前，必须保存下来，数据在处理后，如果还有利用价值，也要存储下来以便日后使用。数据存储过程中要保证数据不丢失、不走样、可随时提取、存储规范，数据中心设置存储功能时要考虑到数据的存储期限、存储方式、存储格式、存储容量、安全保密、使用方式等问题。

二是，数据中心必须具有数据处理的功能。数据处理一方面要进行数据清洗，因为收集到的数据是通过多种方式、从多个源头获得的，而且包含历史数据，是多种数据的集合，这样就不可避免地收集到一些错误的、重复的、过时的、不完整的数据，数据之间可能相互冲突，因此要按照一定规则对数据进行清洗，剔除无用的数据，保留有价值的数据；数据处理另一方面要进行数据加工，收集到的数据往往不能直接利用，要发挥冷链物流数据的作用，就必须加工处理成能够直接利用的冷链物流信息，只有得到具有实际使用价值的冷链物流信息，数据中心的功能才算发挥。目前企业要处理的数据越来越多，如果数据规模、数据处理技术要求超过了数据中心的处理能力，可委托专业的数据处理公司来进行处理。另外，近年来兴起的云计算具有强大的数据计算能力，如阿里云、腾讯云等企业提供云计算服务，这种方式可以按需付费，获取自身所需的计算服务，对于数据处理能力不足的企业特别是一些中小型企业十分适用。

三是，数据中心必须具有信息输出的功能。一方面，信息输出要将冷链物流数据经处理后得到的冷链物流信息传输到相应的冷链物流环节，根据信息合理制定相关决策、指导作业活动进行，冷链物流信息得到应用才体现其价值，信息传输应做到准确、及时，否则信息就失去了应用价值，信息传输要考虑到信息传输的种类、速度、数量、对象、可靠性、频率等因素；另一方面，信息输出要实现信息开放共享，当今企业间的联系越来越紧密，为促进合作交流，需建立信息平台实现自身信息与社会信息、外部信息的交换共享，同时，也要认识到信息的安全性会影响到信息开放，需要依靠信息技术、相关法律、内部管理等多种措施来保障信息开放过程中的安全。

3. 物品编码标准化建设。

物品编码相对文字语言来说，能够消除不同地区的文字语言对物品名称描述的不一致性，使物品具有统一的标识，并且能无差别地转换成计算机语言，对人们统一认识物品、交换信息具有重要意义。一些企业和组织在经营过程中根据自身需要制定了物品编码方法和标准，由于缺乏统一的理论基础和技术指导，导致企业间不能实现数据的无缝衔接和共享，需花费大量的人力、物力、时间进行数据的汇总、转换、分析，使得数据利用率低。目前，应用较广泛的物品编码有全球贸易项目代码（GTIN 代码）、全球系列货运箱代码（SSCC-18 代码）、全球统一标识系统（GS1）等。

物品编码是冷链物流信息化的重要基础，为顺利实现物品信息的交换，保障物品经冷链物流快速在不同地区流通，应做好物品编码标准化顶层设计，完善物品编码标准体系建设，尽快统一物品编码标准。①进一步完善物品编码相关标准，特别是那些亟待制定和修订的物品编码标准，提出物品编码标准制定、修订的优先级列表；②缩短物品编码标准制定、修订周期，掌握国际物品编码的发展动态和创新成果，提高标准制订、修订的水平，对接国际标准；③建立物品编码标准宣贯机制，提高相关人员对标准化的认识，强化物品编码标准化建设意识；④积极鼓励和引入行业和企业参与物品编码标准化工作，稳步推进物品编码标准的制订、修订和推广应用。

第二节　冷链物流标准执行与监控

粤港澳大湾区冷链物流标准化建设工作不仅仅需要制定完善的冷链物流标准体系，更重要的是要推动各项标准落地实施，引导冷链物流健康、可持续发展，否则空有标准而不执行，标准化建设只能成为一句空话。然而，冷链物流标准在实施过程中可能会面临一些困难，影响标准化建设的顺利进行，需通过多种措施，以及政府、企业、社会等多方力量的长期协作，助力冷链物流标准的执行和推广。

一、加强市场和消费者对冷链物流标准化的认识

一方面，企业执行冷链物流标准成本高，需要更先进、更昂贵的技术和设备等方面的资产投入。例如测量水果糖度的仪器有多种类型，其中刺穿式糖度仪的成本是100元左右，这种仪器虽然成本低，但会对水果造成机械损伤；通过红外线进行检测的红外测糖度仪能避免对水果造成损坏，但成本要达到几万元；建立糖度检测流水线的成本则会更高，而糖度检测效果是跟检测设备成本投入成正比的。产品在物流过程中产生的成本最终都会转移给消费者，相比之下，那些未执行标准化的产品成本更低，如果消费者不愿为这部分由于推行标准化而产生的成本买单，就会出现劣币驱逐良币的现象，即执行标准化的、质量更高的产品反而得不到消费者认可，企业为推行标准化产生了高额投入，却不能得到高回报，将打击企业推行标准化的积极性。因此，有必要通过多种方式如宣传标语、微信公众号、新闻、广告等形式加强消费者对冷链物流标准化的认识，使消费者能够理解冷链物流标准化的意义及其费用，增强消费者冷链物流标准和安全意识，促使消费者在消费时能够倾向于选择执行冷链物流标准的产品，为标准化买单，提高企业推行标准化的积极性。

另一方面，执行冷链物流标准的目的是给消费者提供更健康、安全的产品，消费者是冷链物流标准实施的最终受益者。随着市场经济的发展，虽然物质生活得到了极大改善，但是由于冷链物流在我国发展较晚，普通大众对冷链物流及标准化认识不够，在消费时由于缺乏冷链物流意识而购买了不合格产品的情况非常普遍，消费者的冷链物流意识形态还有待提升。因此，除了政府部门、行业组织、企业对冷链物流标准化的日常宣传外，消费者还需要主动学习冷链物流标准化的相关理论知识，在日常消费中正确选择合格的产品，如消费者在选购产品时能关注产品的质量标准，对产品在冷链物流条件下的销售周期有所了解，抵制非标准化的产品销售方式，使非标准化的产品逐步退出市场，营造一个良好的市场环境，在掌握一些基本的冷链物流标准知识的情况下，消费者能更好地维护自身利益。

冷链物流标准化应落实到消费者的满意度上，消费者的冷链物流意识提升后，执行标准化的产品更加符合消费者的需求，有利于标准化产品在市场的流通，反过来促进冷链物流标准化的推广，吸引更多的企业执行冷链物流标准。

二、组织企业开展标准应用研讨

企业是执行冷链物流标准的主体，制定的各项冷链物流标准最终需要企业贯彻执行，没有企业的积极参与和配合，冷链物流标准化工作将难以进行。因此，相关企业应主动或在行业组织、政府部门的协调下对冷链物流标准如何应用进行研讨，可从以下几方面进行：

一是提高企业全员对冷链物流标准化的认识。冷链物流标准化工作的实施需要企业全员参与和共同配合，因此要对企业全体人员加强教育和培训。一方面使企业工作人员意识到冷链物流标准化的重要性和必要性，转变人员思想观念，增强全员冷链物流标准化意识，自觉参与到冷链物流标准化工作中来，为企业推进冷链物流标准化工作提供良好的环境保障；另一方面，通过教育和培训，使各部门的人员都能充分了解和运用与本职工作相关的冷链物流标准，从而以相应的标准来保障作业的规范性，提升工作效率。

二是加强企业对冷链物流标准化自我管理的意识。企业是冷链物流标准化工作的执行主体，是产品通过冷链物流系统进行流通的关键节点，企业的冷链物流标准化工作的执行情况不仅影响自身的效益，还会影响到供应链上的其他企业。企业不只是单纯地执行冷链物流标准，还承担着提高冷链物流效率、降低冷链物流成本等责任，在执行冷链物流标准化工作时，应以社会总体冷链物流效率最优为目标，实现社会整体冷链物流资源的合理配置，降低社会冷链物流资源浪费。

三是加大企业在标准制定中的话语权。企业在冷链物流日常运营中积累了丰富的经验，具有实际指导意义，可以为标准的制定提供宝贵的意见，使制定的冷链物流标准更加符合企业的需求，提高标准的可执行性和应用率，企业既是冷链物流标准化的需求者，也是受益者，冷链物流标准应来源于企业、应用于企业。一方面，政府部门在制定冷链物流标准时，要始终坚持深入企业，考虑企业的利益，以企业、行业最真实的需求为出发点，吸收企业的意见和建议，适当地让企业参与进来，共同完成标准的制订和修订；另一方面，虽然当前冷链物流相关标准的数量较多，但有些标准较宽泛，市场执行力度较弱，同时，各个企业对于标准的认识和理解可能会有差异，因此，企业可根据自身实际情况在国家标准的指导下制定企业标准，体现企业自身的冷链物流管理状况，并根据企业标准执行结果，进行反馈与改进。

四是重视企业冷链物流人才的培养。在当今时代，人才的重要性日益突出，冷链物流标准化工作的开展同样也离不开专业人才，特别是冷链物流标准化技术、服务标准、管理方法等愈加复杂，对从业人员提出了更高要求。企业冷链物流标准化实施需要依靠大量的、各个层级的冷链物流人才。一方面，可以培养内部人员，如对员工加强标准化教育和培训，完善岗位说明书，明确员工职责，根据企业规章制度对员工进行绩效评价，逐步提高员工的工作能力和作业规范性；另一方面，可以从外部引进人才，为企业推广冷链物流标准化工作提供新鲜血液。

三、政府部门为标准化推广提供引导和支持

粤港澳大湾区冷链物流标准化建设是一个涉及多个地区、多个部门的系统工程，大湾区内部形势复杂，各方面发展存在一定的差异，需整理好大湾区内部成员的关系，确定各级政府的管理权限。

首先，政府部门在冷链物流标准化工作中应发挥好组织和领导作用，做好冷链物流标准试点工作，召开标准试点启动大会，政府领导人员经常性地走访试点企业，通过媒体对冷链物流标准化进行宣传等。例如，可以由政府牵头，组织召开冷链物流各行业或各部门的研讨会，邀请冷链物流行业协会、高校专家、相关龙头企业、中小型企业等人员参加，收集当前企业发展过程中关于冷链物流标准执行的意见和问题，再结合这些问题征集多方建议，根据冷链物流当前发展形势，找到各行业、各部门的共同受益点，从整体大局出发，做好大湾区地区冷链物流标准化建设的工作规划，最终为大湾区的企业解决标准化工作中的痛点和难点。

其次，政府的支持是冷链物流标准化得以顺利进行的有力保障。对于企业来说，实施标准化意味着高成本，需要更先进、更昂贵的冷链物流技术和设备，而且实施标准化后，需要长期实践，利润回收周期长，一些资金实力强大的企业可以支付此项费用，对于一些小微企业来说，可能没有能力支付此类费用，从而限制了冷链物流标准化的实施。例如，企业要采用新的硬件标准，则要花费资金将目前的一些硬件设备更换，并且需要几年后才能够见到新硬件的成效，那么很多企业可能会选择逃避，尽量延缓更换设备的时间。此外，冷链物流标准化的实施还需要人力投入，如安排人员为企业内部的各种专业技术人员培训冷链物流标准化知识，对企业标准进行制修订等，并且对人才的投入不像设备那样可以一次性投入，而是持续性和周期性地进行。因此，政府应出台相应的激励政策，特别是当标准化与企业利益相冲突的时候，以各种优惠政策

鼓励企业参与到标准化建设中来，如设立专项经费资助、银行优惠贷款、税收减免、以旧换新、高价回收旧设备等多种方式，减轻企业的资金压力。

最后，政府部门应适当加快出台冷链物流强制性标准，强制性标准具有法律属性，是必须要遵守的规定要求，与推荐性标准相比，对企业的约束力更高，以强制性的方式要求企业执行，企业如果不执行，根据相关规定对其进行处罚，责令改正。因此，强制性标准推广起来更容易、快速，对于一些亟须执行的标准，可以按照强制性标准的形式制定。当然，强制性标准并非越多越好，各种类型的标准应保持合理的比例，应兼顾标准执行的可行性以及企业的利益。

四、建立全程冷链物流可追溯系统

为实现冷链物流标准化作业，建立全程冷链物流可追溯系统是非常有必要的，通过建立冷链物流全程质量检查与监督机制，严密监管产品在冷链物流各环节中的运行状况，从而掌握企业冷链物流标准化执行状况，为完善冷链物流系统提供有力的保障。

冷链物流包括运输、仓储、加工、配送、装卸搬运等多个环节，要实现各个环节的有效衔接，保证冷链物流全程信息不断链，从而保证冷链全程不断链。如果冷链物流的信息传输效率低，当出现问题时不能快速有效地解决，会由于冷链中断而影响正常的流通效率，冷链物流可追溯系统的建立需要依靠信息化技术。但是由于冷链链条长、涉及范围广、环节多，要实现全程冷链物流追溯还有一定难度，因此要加快信息化建设，通过条码技术、RFID 技术、数据库技术等信息化技术的应用实现产品信息的实时采集和传输，确保冷链物流的效率。

对于企业来说，利用冷链物流可追溯系统可实现产品全程质量监控，从而在发生问题时及时有效地解决。其中，产品在冷链物流运输过程非常容易出现质量损耗，借助冷链物流可追溯系统，相关人员可以通过手机、电脑随时随地掌握产品在途运输状态，对产品的温度、湿度进行实时监控和管理，当出现异常状况，可发送报警信号给相关人员，后台人员或者司机可以及时处理。随着信息技术的进步，目前不仅可以对冷藏车、冷藏箱、产品、制冷设备的状态进行监控，甚至还可以对车辆的行驶安全性进行监控，包括对司机的驾驶状态、车速等方面的监控。冷链物流可追溯系统有利于保障企业冷链物流标准化作业的顺利开展。

对于消费者来说，通过信息系统完整记录产品生产、加工、运输、装卸搬运、仓储等环节的信息，利用冷链物流可追溯系统可掌握产品的流转信息，使消费者能了解到产品从产地到拿到手中的全部信息，如产品的产地信息、各环节的停留时间等，提高冷链物流全程的信息透明度，使冷链物流各个作业环节都有迹可循，一旦出现产品问题，可以快速查明原因，责任到人，并且可以对问题产品进行召回，快速解决问题。通过冷链物流可追溯系统，减少由于信息不对称给消费者选购时带来的不便，帮助其合理作出决策，大大提高消费者对产品的消费信心。

总之，建立全程冷链物流可追溯系统，对冷链物流过程进行智能化、透明化和可视化监控，确保冷链物流的效率，减少流通环节产品的损耗，实现“源头可追溯、流向可查询、信息可保留、产品可召回”，使得劣质产品无所遁形，防止“劣币驱逐良币”的现象发生，督促企业按照冷链物流标准进行作业，为消费者提供合格的标准化产品。

五、加强对冷链物流标准化的监督

推进冷链物流标准化，保障产品质量安全，一方面依赖于产品生产企业、冷链物流企业、销售企业的自我规范；另一方面则需要通过多种形式的监督来确保冷链物流标准化工作的正常进行，通过监督可以在未发生严重事件前，预防可能会发生的问题或及时解决问题，实现产品从产地到销地的全程控制。

首先，政府相关部门应做好监督工作。一是对各种产品制定相应的冷链物流标准监管制度，实行市场准入制度和严格的认证管理；二是对市场上的产品进行监督抽查，对重要的产品、敏感的产品加大监督抽查力度，并且抽查的结果需要向社会公布；三是要加强各部门之间的协调配合，如质量技术监督局、卫生局、工商局等，实现数据共享，完善数据信息，从而充分掌握企业信息；四是结合相关部门的管理工作，政府部门按照标准对行业进行管理，推动标准落地实施；五是对企业冷链物流标准执行情况进行监督检查，定期或不定期地进行抽查，督促企业做到有标准就要执行，对违规操作行为进行相应的处罚，责令整改，对严格按标准执行的企业进行嘉奖，树立行业标杆。

其次，行业组织作为企业与政府之间的沟通者和协调者，在冷链物流标准化推进中也应发挥相应的作用。在行业组织活动范围内，可以帮助企业制定冷链物流企业标准、岗位说明书、企业规章制度等，为企业人员提供冷链物流标准化培训和进修的机会。此外，也可以对行业内的企业成员进行监督，定期或不定期地对企业冷链物流标准执行情况进行抽查，虽然行业组织不能像政府部门那样具有执法权，有很强的行政性质，但是行业组织具有很高的专业性，可以为企业推进标准化工作提供专业意见，帮助企业解决问题，从而更好地接受政府部门的监督。

最后，媒体和消费者也可以对冷链物流标准化状况进行监督。在当下这个信息传递速度非常快的时代，一则新闻可以在短时间内快速传播，基于这个优势，媒体可以对不符合冷链物流标准的企业进行报道，媒体的这种影响力对不合规的企业或行为形成很强的威慑作用。另外，消费者也能作为冷链物流标准化监督的主力军，当消费者发现不合格的产品时，可能会在自己朋友圈、微博等社交平台上公布，影响自己周围的人，或者向政府部门、媒体举报。消费者要更好地发挥其监督作用，增强其安全意识、冷链物流意识、维权意识。

第三节　冷链物流标准对接国际高标准研究

随着经济全球化的发展，以及我国加入 WTO，我国的进出口贸易发展迅速。粤港澳大湾区由于地理位置优势，该地区的进出口贸易额更是在我国位居前列。冷链物流不仅是在一个小范围内进行，而且伴随着商流在世界各地进行，具有全球化的特点，因此，冷链物流标准化也具有非常强的国际性。冷链物流标准化水平成为决定出口产品国际竞争力的关键因素，标准上的差别会加大贸易难度，甚至造成巨大的经济损失，这就要求本国的冷链物流标准要与国际冷链物流标准相一致。在长期计划经济的影响下，我国之前制定的物流相关标准较少考虑与国际标准保持一致，目前，尽管一些权威机构制定了与国际标准接轨的冷链物流标准，但是这些标准在整体标准内所占比例非常低，必将阻碍冷链物流发展和经济发展。借助粤港澳大湾区发展的契机，必须加强冷链物流标准与国际标准的对接，制定与国际接轨的冷链物流标准和指导准则，以更有效地应对国际贸易竞争，加强产品贸易往来，为进出口贸易发展提供保障。

一方面，实行“走出去”战略。打铁还需自身硬，当自身的冷链物流实力较强时，在制定国际标准时就会有更大的话语权，因此本土的冷链物流相关企业要加大力度创新发展冷链物流技术、装备、产品、服务，推进特色领域的标准建设，创建标准品牌，积极开展国际交流与合作，争取承担国际冷链组织机构的领导职务，将本国的冷链物流标准推向世界，在国际上占有一席之地，并带动冷链物流技术、装备、产品、服务“走出去”。

另一方面，实行“引进来”战略。目前，美国、日本等发达国家的冷链物流产业已发展较成熟，大湾区的企业、行业组织、政府部门应积极与这些地区的冷链物流企业和行业组织开展合作与交流，及时掌握国际冷链物流标准化发展动态和发展趋势，加大对国际标准和发达国家标准的研究力度，科学借鉴国外冷链物流标准化经验，合理引进先进的标准，结合本地区的实际情况，探索适合地区发展的、具有国际性的冷链物流标准体系建设方案，邀请国际冷链组织参与本地区的冷链物流标准建设。例如，2018 年顺丰和夏晖的深度合作，顺丰董事长王卫公开表示，与夏晖合作的一个重要原因就是看中了夏晖的国际质量标准，希望夏晖的标准能帮助中国冷链物流标准化建设。

第八章 粤港澳大湾区冷链物流信息技术发展

信息技术的发展对粤港澳大湾区冷链物流的发展至关重要，粤港澳大湾区信息技术的发展应以国家冷链物流的发展方向和方针为指导。2017 年 4 月国务院办公厅印发的《关于加快发展冷链物流保障食品安全促进消费升级的意见》（以下简称《意见》）为我国冷链物流的发展指明了方向，《意见》分别从鼓励冷链物流企业的创新能力、加强冷链物流技术装备的创新研究、加大对减少产品腐败技术的核心工艺研究等方面做出了指示。2017 年交通运输部印发的《关于加快发展冷链物流保障食品安全促进消费升级的实施意见》也从以下几个方面对冷链物流发展提出了意见，主要包含冷链物流装备专业化水平的提高和使用、引导冷链物流企业转型升级，从传统生产为主转化为进行创新发展为主。

粤港澳大湾区的冷链物流信息技术发展和国家政策是紧密相关、相辅相成的，应该以国家政策为指导，结合粤港澳大湾区区域发展的实际情况进行研究。本章主要从粤港澳大湾区冷链物流现有信息技术、粤港澳大湾区冷链物流技术发展方向、粤港澳大湾区冷链物流技术的创新发展、粤港澳大湾区冷链物流信息化水平建设、粤港澳大湾区冷链物流人才培养五个方面加以论述。

第一节 冷链物流现有信息技术

冷链物流信息技术的发展离不开物流行业信息技术的发展，粤港澳大湾区冷链物流信息技术的发展依然是以冷链物流行业的信息技术发展为依托的。

冷链物流现有信息技术使用包括条形码技术、射频识别技术（RFID 技术)、GPS 技术、EDI 技术（电子数据交换）、物联网技术、云计算技术等。

一、条形码技术

条形码技术是冷链物流供应链管理的基础，可以在仓库管理、运输管理、分拣配送、销售管理、采购管理等方面广泛应用，快速、准确、高效地提升对产品的管理。在粤港澳大湾区冷链物流建设的过程中应当充分推广应用条形码，使其运用技术全面覆盖，尤其是在运输、仓储和配送环节，大幅提升冷链物流运输、仓储和配送时效，才能最大程度保证粤港澳大湾区冷链物流的运行效率，降低商品损耗和腐败。

二、射频识别技术（RFID 技术）

射频识别技术（RFID 技术）是一种前端自动识别和数据采集技术，属于物流业的前沿技术，自入市以来得到了企业的认可和推崇。使用 RFID 标签的商品，系统可以在不打开包装的情况下对商品进行识别，获得品类、生产商、生产时间和地点等信息，也可以对商品从原材料到生产、运输、销售等供应链的所有环节进行监控管理，提升供应链的运行效率。

三、GPS 技术

GPS 技术在运输车辆中的运用并不陌生，装有 GPS 的运输车辆可以实现对车辆地理位置信息的实时监控，但是国内大多数运输车辆因为成本高的原因并没有安装 GPS 系统，很多运输车辆利用对司机的手机进行监控的方法来定位，但这种方式存在不够精准、控制能力弱等弊端，粤港澳大湾区冷链物流的发展对位置信息的全面控制非常重要，对商品配送的时效性、对司机的运行路线需要更严格的监管和控制，因此应该加强对运输企业和生产企业的管理，要求在粤港澳大湾区内进行冷链运输的车辆必须安装 GPS 系统，政府也可以适当地对企业进行补贴，降低其安装成本。

四、EDI 技术（电子数据交换）

EDI 技术（电子数据交换）发展至今是一个比较成熟的技术，在物流行业的运用也比较普遍，粤港澳大湾区中深圳、香港、广州都属于国际贸易来往频繁区域，对 EDI 技术的使用需求更大，但是在互联网时代的 EDI 技术除了数据交换功能之外，还应该增加一些附加服务，例如物流供需信息、保险信息等，粤港澳大湾区政府应该结合 IT 技术、云计算技术建立第三方的 EDI 平台，使增值服务的提供成为可能。

除了上述几种技术，还有路径规划、优化配载、物联网、云计算、移动解决方案等技术，在粤港澳大湾区冷链物流建设中应该考虑将这些新兴前沿技术适当融合加以运用。

第二节　冷链物流技术发展方向

一、加强冷链物流理念与技术研究

国外对冷链物流相关理论的研究都已经形成了相对成熟的框架，但国内对于冷链物流的研究才刚刚起步，在理论研究、研究方法和研究内容上都需要加强和完善。国内的理论研究缺乏科学的以运筹学、数学及其他技术类学科为理论基础的研究；研究方法也多以定性研究为主，缺乏定量研究，缺乏对信息和数据的深层次挖掘；在研究内容上我国当前也很少对不同类别产品的冷链物流技术进行研究，多停留在比较宏观的层面。冷链物流理念和技术的深层次研究直接关系着粤港澳大湾区的冷链物流的发展，我们应该加大在这方面的投入力度，适当加大对粤港澳大湾区冷链物流相关企业、高校冷链物流相关专业的研发投入，只有这样才能促进粤港澳大湾区冷链物流的高效发展。

二、鼓励冷链物流企业的专业化、规模化经营

2018 年 6 月 11 日，智慧物流研究院发布的“改革开放 40 年——粤港澳大湾区电商物流发展洞察”中指出，粤港澳大湾区城市居民消费观念在过去三年里发生了重大改变，以传统消费方式为主的食品生鲜类产品逐渐转变为频繁的线上消费，“食品酒类生鲜特产”消费排名前三的城市为广州、深圳、东莞，另外惠州、江门等珠三角区域的几个城市在这类产品的消费订单和金额也成倍增长，而这些商品都属于冷链物流的范畴，这说明冷链物流企业的发展对粤港澳大湾区的发展尤其重要，是湾区经济增长的重要促进因素。

另外，经过调研发现，粤港澳大湾区冷链物流企业数量虽多，但成规模企业较少，多为供方和需方自己提供物流服务，外包给第三方物流企业的比例不高，导致冷链物流企业资源分散，市场化、社会化程度不高。部分地区重复建

设严重，资源利用率不高，导致冷链物流产业无法形成规模效应，无法分担冷链物流的高成本。因此，粤港澳大湾区在进行冷链物流建设时，应该着重发展第三方物流企业，使其具有专业化、规模化经营的条件；另外，还可以形成冷链物流的产业园区，组建冷链物流企业联盟，有助于在粤港澳大湾区发展的初级阶段迅速拓展市场，提高行业服务水平，集中力量发展自己的核心业务。

粤港澳大湾区冷链物流行业的小规模企业运作模式，导致行业集中度非常低，据了解我国排名前十的冷链物流企业市场占有率仅1%，排名前100的市场占有率10%，缺乏整合冷链物流企业的大规模企业，市场散乱无法形成规模效应，行业运营成本高盈利低也成为冷链物流发展的短板。

不断培育大型的冷链物流企业，淘汰小的冷链物流企业是行业发展趋势，粤港澳大湾区中很多城市属于冷链物流需求量大，订单量大并且频繁的城市，具备发展冷链物流的基础，粤港澳大湾区政府应该鼓励食品企业、果蔬市场将产品运输外包，加快对第三方冷链物流企业的扶持和培育，形成一批规模大、服务质量好、创新能力强的冷链物流企业。

三、加快冷链物流装备与技术升级

随着大数据、人工智能的发展，冷链物流装备技术也应该与时俱进，进行升级换代，主要包括仓储管理装备与技术、运输管理装备与技术。

在仓库管理中，尤其是冷冻仓库的分拣过程，可以使用自动化货架、自动识别技术、机器人分拣技术以及“立体冷藏库”“二氧化碳制冷剂”等新兴技术，能有效提高仓库管理效率降低人工成本；在仓库管理过程中还会涉及一些电子信息系统的使用，例如WMS、TMS系统，大大降低了人工操作的成本，使出入库、订单处理等操作高效运行。

冷链运输管理是否能规范运行直接关系着整个冷链供应链的运行质量，现有很多需要冷链运输的货物基于高昂的成本并没有使用冷藏车运输，或者对温度的控制不到位，粤港澳大湾区作为示范性的国家级区域，应该首先在运输管理过程中加强对冷链技术的使用和运输车辆的监控，例如加快淘汰高能耗的冷藏运输车辆，非法改装车辆，推广标准冷藏运输集装箱的使用，加强对冷藏运输车辆的定位和全过程监控，建立运输过程的监控追溯系统机制，使用节能环保的运输车辆等，不断提高冷链物流技术水平，提高运作效率，减少货物流通过程中的耗损，提高服务质量，促进粤港澳大湾区冷链物流步入良性循环。

第三节　冷链物流技术的创新发展

一、加快粤港澳大湾区冷链物流技术装备创新和应用

粤港澳大湾区政府应和科研高校进行合作，加强冷链物流技术的基础性研究，为我国冷链物流的发展提供强有力的理论支撑，例如加强生鲜农产品劣变和腐损的原理研究，为粤港澳大湾区冷链的发展提供科技基础；加强对延缓产品劣变的核心工艺进行研究，例如防腐技术、高性能包装材料、多温层冷链运输设备等技术。此外，冷链物流的发展对环境的污染相比传统物流业更严重，在进行技术研发的同时应该考虑到节能环保的要求，使用安全的节能环保材料和制冷工艺，以国际低能耗标准为目标，发展低能耗的冷链物流行业。

二、推动粤港澳大湾区冷链物流服务模式创新和功能创新

随着互联网和电子商务的发展，人们对食品生鲜、农产品等的需求从线下转移到线上，带来了冷链物流运输行业形态的变化，例如配送频率增多、单次配送量的减少、配送距离的变化等，要求冷链物流行业和相关企业必须加快服务模式的转型以适应消费者需求的变化。

电商业务模式的不同也会导致冷链运输需求的变化，例如电商有 B2B 和 B2C 两种主要的业务运作模式，这两种模式对配送需求的要求完全不同，冷链企业也需要根据这两种不同的需求制订不同的运输方案。

近年来，社区配送需求也大幅增长，尤其是生鲜蔬菜水果的配送，这也需要将末端配送和冷链配送联系起来，而不是让末端配送成为冷链配送的短板。

粤港澳大湾区应该认识到人们消费模式的变化，鼓励冷链物流行业急速转型，进行服务功能的创新，鼓励冷链共同配送、冷链宅配等创新经营模式，鼓励物流企业和商贸企业之间的融合，在冷链物流基础上提供一些增值和延伸服务。

三、粤港澳大湾区创新管理体制机制建设

粤港澳大湾区应该梳理现有冷链物流相关政策法规和管理规定，简化冷链物流企业的设立程序，建设适合粤港澳大湾区的物流市场，实现不同城市之间

管理的协调统一，加强粤港澳大湾区各区域的冷链物流一体化建设，例如统一冷链配送车辆和要求标准，加强各个城市之间的信息互通；在国际贸易的冷链产品方面，要结合不同冷链产品的特点和要求，优化商检、检验检疫流程，提高通关效率。提供物流企业和消费者的投诉平台，了解市场运行中的重要难题，积极协调解决。

在监管过程中应该学会使用一些信息化手段提供有效的监管，例如数据分析技术、大数据技术、信息平台技术，保证粤港澳大湾区冷链物流市场的正常运行。

四、鼓励粤港澳大湾区冷链物流企业经营创新

第一，鼓励冷链物流企业与农产品、生鲜等企业进行企业联盟发展，在基础设施建设、供应链管理等方面进行资源共享，促进生产企业和加工企业将核心优势集中在生产加工领域，将流通功能外包给冷链物流企业，提高冷链物流效率，降低冷链物流运营成本。连锁经营企业、大型批发企业也可以和冷链物流企业进行企业联盟，开展共同配送模式，提高城市配送和末端配送的服务质量，形成集约化发展。

第二，粤港澳大湾区政府应加快对冷链物流企业的培育，使冷链物流行业进行规模化发展，在技术、运作和专业化上都有所提高和创新。

第三，还应鼓励冷链物流平台的发展，使规模化企业、冷链物流企业、小微企业等都能够在平台上找到自己的冷链配送资源，在物流成本和运行效率上下功夫，加强对新工艺和节能设备材料的使用，推动粤港澳大湾区冷链物流的发展。

第四节 冷链物流信息化水平建设

安全追溯、温度控制、新鲜度的精细化管理已经成为冷链物流管理中的重点内容，这些需求的管理离不开信息化的管理。目前，我国冷链物流信息技术比较落后，虽然粤港澳大湾区所辖城市，尤其是广州、深圳、佛山和东莞的区域信息化水平已经处于全国领先地位，但是相对于发达国家仍然有很大的差距，信息化水平的落后已经成为制约我国冷链物流发展的主要因素之一。我国无法使用先进的信息化技术对冷链供应链过程进行良好监控，例如很多易腐食

品的装车在露天进行、大部分水果生鲜食品的运输依然没有使用冷藏集装箱，导致易腐食品容易变质，水果生鲜食品也容易出现运输过程中的大量损耗。

因此，应该把信息化水平建设作为粤港澳大湾区冷链物流建设的重点，从制约信息化建设的瓶颈因素着手，优化食品冷链的技术标准，提供有效的信息化手段。

一、优化粤港澳大湾区冷链物流信息技术

信息技术的优化是冷链物流信息化水平提升的基础，在冷链物流监控系统中应用现代信息技术，不仅可以优化冷链物流管理水平和质量，而且可以提高冷链物流管理信息的利用效率，加速冷链物流管理的现代化发展进程。

冷冻工艺学是冷链物流的发展基础，制冷技术是主要的技术手段，通过制冷确保整个运输过程中的环境保持低温状态，为运输产品提供良好的存放环境，减少运输过程中由于高温环境影响导致产品被损坏。所以，温度控制技术对冷链物流非常重要，使产品从原材料供应、储存、运输等环节保持合适的温度就需要我们不断提升温度控制技术。

粤港澳大湾区在冷链物流发展的过程中，应保证肉类产品、水产品、果蔬产品、速冻米面食品、药品、乳制品在供应、加工、流通、运输和配送等环节实现合适温度的控制。

另外，要想实时实现合适的温度控制，就需要以良好的温度监控系统为支撑。例如，政府应该在整个粤港澳大湾区推广使用条形码技术、RFID（无线射频识别）技术、GPS 技术等，使用信息化设备和技术建立起冷链物流的监控体系，推动冷库、冷藏车辆在政府监管下安装温度传感器和温度记录仪等监控设备，按照标准要求车辆安装温度检测、记录系统和车辆定位系统，为冷链物流产品的温度监控和追溯提供技术支持，使冷链产品在储存和运输中的所有信息数据能够实现可视化、透明化管理。

二、加强粤港澳大湾区冷链物流信息系统的应用

粤港澳大湾区的冷链物流运作要想实施全程温度控制管理，就必须依靠先进的信息系统。通过信息技术建立起生鲜农产品的全程供应链管理系统，对货物全程温度进行跟踪监控，使用仓储管理系统、运输管理系统整合各作业环节。同时，政府应该建立起粤港澳大湾区冷链物流行业的数据收集和统计工作机制，使冷链物流的全过程透明化和可视化，弥补全国冷链物流数据的缺失。

通过对数据的分析和管理可以加强企业对冷链运行成本的重视，从中找到不足进行优化。

（一）计算机网络技术的普及促进冷链物流管理信息化

粤港澳大湾区开展冷链物流系统设计，能够提升冷链物流的管理效率，通过计算机技术来对冷链物流供应链的信息进行检测，并反映到检测系统中，管理人员通过观察和反馈得到信息，实现对冷链物流的信息化管理，从而了解现场的实际情况，观察信息变化是否在合理范围，实现冷链物流获得安全性的保证。

（二）提高物流行业信息管理与传递的效率

粤港澳大湾区地处沿海地区，有丰富的海产品资源、热带水果以及蔬菜等资料，对冷链物流管理系统的使用需求量是十分大的，传统管理系统存在使用效率低的问题，并且难以达到使用需求。应用计算机网络技术在现场建立一个管理体系，并观察各个系统之间所存在的资源运用不合理现象，方便管理人员对现场的产业链进行综合调节控制，从而实现更理想的冷链效果。

（三）促进物流信息化发展意识与工作水平的优化

在所开展的物流管理中，通过网络技术应用可以解决物流冷链的距离问题，在各个产业区域内建立起联系体系，促进冷链物流管理水平得到提升。物流管理工作需要结合行业发展不断优化进步，发现问题后采取积极有效的解决措施，避免问题继续发展严重。工作人员掌握计算机网络技术，并将其应用在冷链物流产业的管理中，对自身管理能力提升也有很大的帮助，为粤港澳大湾区产品运输创造一个稳定的环境。

三、鼓励粤港澳大湾区冷链物流公共信息服务平台建设

目前，粤港澳大湾区冷链物流的信息化建设水平还比较低，尤其是在车货资源匹配方面，经常出现冷藏运输车辆找不到货源，或者生鲜农产品找不到冷藏车辆进行运输的局面，导致车辆资源的浪费，并且大大增加了冷链运输成本。在这种情况下，粤港澳大湾区作为国际性的湾区应该树立模范和示范作用，建立能够覆盖整个粤港澳大湾区的冷链物流信息化平台，信息化平台的建设可以从以下几个方面着手，推进“产品 + 冷链设备设施 + 冷链服务”的冷链物流服务信息平台建设，加快构建粤港澳大湾区冷链物流信息化平台。

（一）建设冷链物流信息服务平台工程

整合粤港澳大湾区现有冷链物流信息服务平台资源，形成跨城市的涵盖整个粤港澳大湾区的智能物流信息公共服务平台。借助平台初步实现粤港澳大湾区冷链资源共享化、智能化、精确化发展，高效匹配整合车、货、库资源，减少冷链车辆、冷库的闲置浪费，提升使用效率。另外，平台还可为企业提供金融、供应链等相关增值服务。

（二）政府、企业、消费者协同推进平台建设

政府应该对大型冷链物流企业提供支持，鼓励其主动开设冷链物流信息服务平台，进行平台化发展，吸引中小型冷链物流企业和冷藏车运输车队及司机入驻平台，促进货源和车辆以及冷库资源的匹配，大大降低冷链运输的空载率和运行成本。对农产品、医药产品等需要进行冷链运输的产品进行分类管理，根据不同产品、不同行业的运输要求，建立信息化管理平台，在平台建设过程中需要政府和相关部门的支持，政府部门可以适当进行补贴，为信息化管理平台的建立提供充足的资金支持，从而确保平台的功能更加完善。同时，建设冷链物流企业、消费者和政府部门的第三方服务平台，促进政府对冷链市场的监管作用。

四、大力发展粤港澳大湾区“互联网+”冷链物流

目前，我国的“互联网+冷链物流”处于起步阶段，但是其发展已经取得了一定的成效。在人民生活水平快速提高、国家政策逐步完善的背景下，一个打通冷链物流供应链各环节，实现冷链物流、人、车、货、库、路等信息透明共享，规范冷链物流行业管理体系标准，整合社会冷链物流资源，降本增效互利共赢的“互联网+冷链物流”平台的形成必然会促进“互联网+冷链物流”取得更快的发展。

为了实现对冷链物流运输过程的全面管理，需要加强对物联网技术的应用。基于时代大背景下，我国冷链物流行业发展正处于最重要的上升期，行业内科技创新正在驱动冷链物流企业发展转型。“互联网+”产业的快速发展，引发了“互联网+冷链物流”模式创新。通过互联网技术，对“车辆资源”“货物资源”等进行撮合交易，并对冷链物流“线路”“节点”等进行优化。“互联网+冷链物流”模式，有效地降低了冷链物流运输的运营成本，实现了冷链物流建设的平台化、系统化发展，“大数据”“云计算”“人工智能”等技

术的应用，也可为冷链物流“装上导航”“全程监控”，实现冷链物流“高质量”“透明化”“可视化”。

（一）建立完善的信息查询系统

从当前的应用趋势来看，物联网技术在产品冷链物流运输中的应用，首先必须要构建完整的信息查询系统，利用物联网资源建立产品物流信息追溯系统，构建产品物流信息备案管理制度，实施产品冷链物流运输环节的规范化管理，对每一个环节的管理质量都进行控制，以备查询。这不仅强调了对产品生产环节的控制，还强化了对整个冷链物流运输环节的质量和安全的监控，通过对生产以及运输过程中每一个环节的监控，实现有效管理，使产品的质量得到保障。

（二）加强对各种新技术的应用

从当前冷链物流运输发展现状可以看出，在冷链物流运输过程中还应该积极加强对各种新技术的应用，需要充分利用现有的射频技术、3S 技术及冷链物流信息化技术，将各种技术整合起来，形成一个统一的管理系统，实现对匀速产品的位置跟踪、原材料溯源、库存盘点、出入库管理、拣货管理等，从而建立完整的管理系统，促进冷链运输管理的高效化、人性化、一体化发展。

第五节　冷链物流人才培养

粤港澳大湾区冷链物流的发展离不开冷链物流人才的培养，在人才培养过程中应加强产学研深度融合。

一、冷链物流人才培养需求特点及现状分析

（一）冷链物流人才供给不足，冷链物流人才培养质量有待提高

1. 缺乏冷链物流领域专业性人才。

随着生鲜电商的发展、粤港澳大湾区规划的实施，粤港澳大湾区对冷链物流的需求也越来越强烈，但是粤港澳大湾区冷链物流人才的培养数量与冷链物流业的快速发展非常不匹配。虽然有近 150 所高校聚集在粤港澳大湾区，但是 2019 年所有高校均未设置冷链物流专业，大部分高校设置了一般物流管理专业，只有部分院校开设了冷链物流课程，并且是作为选修课来开设。冷链物流

专业较普通物流专业，其专业性更强，在物流管理基础课程之上，还涉及物流管理系统工程、制冷技术、食品工程等，是典型的交叉学科。很多高校不能同时具备上述相关专业，致使理论教学资源短缺，阻碍了冷链物流教育的开展。而少数综合性大学，虽然有相关专业，但由于体制等原因难以做到资源共享，致使有限的教育资源得不到有效利用。

2. 冷链物流供应链管理人才匮乏。

冷链物流要求学生不仅要掌握基本的物流知识，还需掌握其他相关专业知识，如人工智能（Artificial Intelligence，AI）技术、物联网（Internet of Things，IOT）技术、食品学、食品加工学、食品检验检疫、冷链物流设施设备、制冷技术、土建基础、管理学等知识，同时还需具备良好的仓储与运输管理能力及项目运营管理能力。粤港澳大湾区内大部分高校开设的物流管理专业都设置在经济与管理、工商管理等院系，授课的教师对管理类知识很精通，但对于食品学、食品加工学、食品检验检疫、冷链物流设施设备、制冷技术等交叉学科的冷链物流课程，所掌握的知识可能还有所欠缺，存在课程设置、授课内容与实际生产过程脱节的现象，培养出来的学生与实际社会需求不符。

传统的冷链管理主要集中在仓库和运输端的冷链管理，仓库和运输途中的温度控制对冷链物流至关重要，是检验冷链物流是否规范的重要因素，冷链的仓储和运输管理也是粤港澳大湾区冷链物流发展的关键环节。但是传统冷链管理已经难以满足客户与自身的需求，冷链物流对供应链的需求越来越高，例如我们应该对生鲜类产品从源头进行冷链管理，是针对供应链的全过程，而不是只关注仓库和运输节点；并且随着生鲜电商的发展，人们对配送时效的要求更高，这也要求我们从整个供应链的角度考虑降低成本，提高物流效率，从而需要相关从业人员对供应链知识有深刻的认识和知识储备。

粤港澳大湾区作为一个经济整体，如何保证货物从供应端到消费者手中全程高效低成本的运输，是高端供应链管理人才需要亟须研究的议题。并且随着粤港澳大湾区和国际接轨，越来越多的商品需要全程冷链进口和出口，如何在"一带一路"政策的带动下，让粤港澳大湾区和世界其他国家进行冷链相关贸易往来，需要构建全球的冷链供应链管理体系，需要更多的高端供应链冷链物流管理人才。

（二）冷链物流人才创新能力不足

在大众创业、万众创新的社会潮流下，培养创新创业人才是应用型本科院校重中之重的任务。目前，粤港澳大湾区大部分高校物流人才培养还是以传统人才培养模式和传统教育模式为主，培养出来的学生创新能力较缺乏。

（三）冷链物流高层次人才紧缺

1. 知识丰富的高层次人才。

目前，对冷链物流人才的社会需求主要有生产企业为代表的管理型和技能型冷链物流人才；以冷链物流企业为代表的管理型人才；以政府单位和高校为主的冷链物流研究型人才。

与其他行业物流相比，生鲜、易腐食品冷链物流对操作人员、环境卫生、交货时间效率、温度、湿度、气体成分等有特殊要求，冷链物流更需要应用型、复合型、实战型的物流人才，要求从业人员除具有必备的物流专业知识与技能外，还需掌握其他相关专业知识。但因实际教学过程中偏重于理论教学，实践教学环节薄弱，学生所掌握的专业技能与企业需求还有较大的差距。

2. 适应粤港澳大湾区发展背景的国际型冷链物流人才。

在粤港澳大湾区背景下，我们需要既懂物流，又懂 AI、IOT、大数据、区块链及 AR 技术，又掌握食品学、食品加工学、食品检验检疫、冷链物流设施设备、制冷技术等知识，同时对跨境物流也精通的复合型、实战型、国际型冷链物流人才，而这部分人才的培养在粤港澳大湾区发展过程中成了一个迫在眉睫的难题。

在“一带一路”政策的指导和推动下，粤港澳大湾区作为国际型湾区经济体，与世界其他国家的冷链贸易往来越来越多，跨国家和文化的交际能力变得非常重要，了解不同国家的冷链物流政策、不同国家的冷链物流标准体系，不同国家的语言都成为粤港澳大湾区建设过程中冷链物流人才所要学习的重要内容。

（四）冷链物流服务意识差，服务人才缺乏

1. 冷链物流信息服务人才。

随着经济不断发展、国际之间冷链物流业务不断增长，物流信息服务显得非常重要，冷链产品从一个国家运输到另一个国家，企业和消费者都希望了解商品运输的全过程是否都使用冷链管理；同时，与互联网互联互通，在冷链物流中运用大数据、云计算等技术，加快货物在不同国家和区域的流动，从而提高产品的销售额、降低冷链物流成本，提高冷链物流效率，在这个过程中，需要有对冷链物流信息增值服务有专业研究的相关人员进行平台建设、产品开发等。

2. 冷链物流金融服务人才。

金融行业和物流行业关系密切，物流金融服务已经成为冷链物流行业附加值较高的一项增值服务，未来粤港澳大湾区冷链物流金融将随着冷链物流行业的快速发展进入新的阶段，“一带一路”沿线各个国家在物流行业将显现对投融资的重要需求，既懂得冷链物流专业知识，又了解金融知识、国际贸易知识将成为粤港澳大湾区冷链物流人才的新要求。

（五）缺乏冷链物流实践基地和成功经验，冷链物流实践能力弱

国内设置冷链物流专业的高等院校寥寥无几，因冷链物流专业就业范围的限制，粤港澳大湾区 2019 年没有任何一所高校开设冷链物流专业，大多数高校开设物流管理专业，冷链物流只是其中一门课程，建设有冷链物流实验室的学校更是寥寥无几。现有物流管理专业培养模式依然存在着课程设置不够科学、实习实训基地建设滞后等共性问题，学生冷链理论知识和技能的提升有限。实践环节由于实训条件等原因，较少涉及冷链物流的运营管理，学生实践能力较薄弱。

二、冷链物流人才培养对策

（一）利用粤港澳大湾区高校众多的优势，鼓励高校加快冷链物流人才的培养

通过增设冷链物流专业，优化物流管理专业的才培养方案，对冷链物流管理专业进行课程改革，加强物流管理专业冷链物流实验室建设、培养能在粤港澳大湾区物流企业从事冷链物流管理的应用型、复合型、技能型人才。

1. 优化物流管理专业人才培养方案和课程设置。

粤港澳大湾区高校众多，开设物流管理专业的学校也不在少数，应该充分利用现有物流管理专业的资源，在此基础上进行人才培养方案的优化，有侧重地开设冷链物流相关课程，如冷链物流管理、冷链物流系统化管理、冷链与食品安全、冷链物流实训、冷链物流技术与运用等课程，让学生了解并掌握冷链物流相关知识和技术，以及一些基本的实训操作。

因为很少有开设冷链物流管理专业的学校，冷链物流相关教材也比较欠缺，从事冷链物流相关的教学人员应该利用自己在冷链方面的优势编写开发冷链相关教材，并且多和企业进行沟通，在教材编写过程中尽量和市场以及粤港澳大湾区的实际结合。

另外，国外发达国家冷链研究相对较早，高校教师在授课过程中应该多收集国外冷链的相关教材、研究资料以及成功案例，在授课的过程中结合我国及粤港澳大湾区的实际情况进行融合讲解。

2. 加强物流管理专业冷链物流实验室建设。

对于物流实验室的建设，很多高校把重点放在传统的仓储设备上，如立体货架、自动化货架、自动化打包流水线、叉车和托盘等物流基础设备，但是这些设备仅仅局限在传统仓储知识中，无法让学生学习操作一些冷链相关设备，如制冷设备、制冷车辆、低温库等。

冷链物流相关设备以及实验室的建设对很多高校来说都是一个难点，面临着成本高昂、使用频率低、利用率不高的问题，基于这些问题很多高校不愿意建设冷链物流实验室，从而导致物流管理专业的学生即使学习了冷链相关课程，也没有冷链相关设备可以操作，对冷链的认识还停留在理论层面。

国家对冷链人才的需求越来越高，粤港澳大湾区冷链物流人才的培养迫在眉睫，高校物流管理实验室的转型也势在必行，对于一些以冷链为特色的物流管理专业，必须把冷链物流管理实验室的建设提上日程，让学生在理论学习的同时也积累一定的实践经验。同时，在冷链物流实验室建设中，可以和企业进行合作，了解企业需求，政府也可以给予一定的支持和补贴。

3. 根据需要进行冷链物流课程教学改革。

随着经济全球化的发展、人们的生活水平也逐渐提高、“一带一路”倡议的提出，中国在和国际接轨，粤港澳大湾区规划纲要的实施也奠定了湾区经济的国际化发展基调，粤港澳大湾区在培养冷链人才的时候应该以市场和消费者为导向，例如，新零售的提出，使生鲜电商的配送难题集中在了“最后一公里”的城市配送，对配送时效和配送质量都提出了更高的要求，这就要求我们在课程设置中紧紧关注社会发展趋势。

在课程设置方面，冷链物流人才应该从整个供应链的角度去培养高层次的复合型人才，一些热门知识、新兴科技如 AI、IOT、大数据、区块链等知识应该融合在课程设置中给学生讲解学习。此外，冷链物流主要运用在药品、生鲜食品等方面，和食品密切相关，冷链专业学生在学习冷链知识的同时，还要了解食品学、食品安全、食品温度控制等相关知识。粤港澳大湾区对冷链物流人才的需求还体现在国际化方面，因此课程设置中还应开设国际贸易、国际商法、国际冷链标准等相关课程，培养出一批能够适应全球化进程以及和国际接轨的国际型冷链物流人才。

（二）以校企合作为依托，发挥企业在冷链物流管理人才培养中的作用

目前，粤港澳大湾区内各高校物流管理相关专业已相继与物流企业进行校企合作，但合作深度远远不够，大多停留在学生去校企合作企业参观和实习层面，有少数毕业生毕业后会留在校企合作企业。同时，校企合作企业中专业的冷链物流企业比较少，并且合作的企业中很多没有冷链物流相关业务，只是局限在传统的仓储和运输业务，这就导致学生在学校学习的冷链物流知识得不到充分的利用，大多数还是从事非冷链物流行业。中山大学、广东外语外贸大学、广州大学、广州工商学院、广东岭南职业技术学院等高校都开设了物流管理专业，但是均没有建设冷链物流相关实验室和实训室，这就要求高校必须和企业进行深度融合，利用企业的冷链物流资源去培养学生。顺丰速运有限公司、京东物流、深圳市泛亚物流有限公司、希杰荣庆物流供应链有限公司、广州鑫赞冷冻运输有限公司、广州保事达物流有限公司、广州长运冷链服务有限公司、深圳招商美冷供应链有限公司等都属于粤港澳大湾区内冷链物流行业比较有实力的企业，粤港澳大湾区内高校应该充分利用冷链物流企业众多的优势，实现校企深度合作。高校在冷链物流相关课程的授课过程中可以带领学生去企业参观，深入学习冷链相关的技术、设备和知识。高校也可以邀请企业中冷链物流经验丰富的专家到高校开设讲座，共同制订冷链物流人才培养方案。同时，鼓励高校冷链相关课程专任教师到企业参加顶岗实习，增强教师在冷链方面的实践经验。企业可以将内部冷链相关项目和课题与高校进行合作研究，加强产学研深度融合。

（三）由物流企业培养冷链物流人才，进行冷链物流人才储备

粤港澳大湾区内有规模的冷链物流企业众多，如顺丰速运有限公司、京东物流、深圳市泛亚物流有限公司、希杰荣庆物流供应链有限公司、广州鑫赞冷冻运输有限公司、广州保事达物流有限公司、广州长运冷链服务有限公司、深圳招商美冷供应链有限公司等，除了靠高校输送人才外，这些企业更应该充分发挥自己的优势培养人才，做好人才储备。

高校应届毕业生去企业后欠缺的是实践经验，企业不应该只看重眼前利益以实践经验不足拒绝招聘应届毕业生，应届毕业生知识结构丰富、有着冷链相关的基础知识，物流企业应该对这一类人群进行重点培养。在入职初期对其进行大量的轮岗、培训，促进其将冷链相关理论与实践相结合。在这方面，顺丰速运就特别重视对应届生的培养，以管理培训生的方式招聘，从而为企业储备

中高层的管理人才。

另外，对于企业内部员工，企业应该提供学习平台、提供一些交流和学习的渠道，让员工之间相互学习，激发员工的工作热情，提升企业活力，让员工和企业共同成长。

（四）以政府建设为主导，构建现代物流实训基地

政府可以对高校开设的冷链物流实验室进行有针对性的投资，对一些以冷链物流为特色专业的学校重点投资。基于冷链物流实训基地建设成本高昂的因素，物流管理专业的学生在实训环节基本上还是只有货物仓储管理、分拣等方面的实训，缺少冷链方面的实训，更缺少贴合粤港澳大湾区实际经验的实训项目和实训基地。因此，要以政府为主导进行冷链物流实训基地的建设，发挥政府的引导作用。另外，粤港澳大湾区冷链物流人才的培养应该是贴合实际的创新型、管理型高层次人才，高校单独进行实验室建设，基本上都大同小异，资源雷同并且无法得到充分利用，如果由政府主导进行冷链物流实验室的建设，可以实现资源的充分利用。政府在实训室投资建设时可以有针对性地强化实践与教学的结合，对实训项目和实训室进行优化，为学生提供冷链知识学习的良好环境。

（五）建设适合粤港澳大湾区的冷链物流人才管理机制

1. 利用粤港澳大湾区的自然条件和环境因素。

粤港澳大湾区应该充分利用自然条件带来的优势，如香港机场、广州机场、澳门机场、深圳机场等航空资源，香港港、蛇口港、黄埔港等港口资源，以及热带水果生产、海洋渔业等产品资源丰富的优势，进行生鲜农产品的冷链物流管理，加快发展冷链物流，跨境电商冷链物流。高校在开设物流管理相关专业时应该结合粤港澳大湾区这些优势条件和资源，为粤港澳大湾区提供高层次的冷链物流人才，改变目前高层次冷链物流人才匮乏的格局。

2. 加快构建粤港澳大湾区人才流动机制，尽快实现人才一体化建设。

粤港澳大湾区各个城市互联互通，有着地理位置优势，随着珠三角城市群政策发展越来越成熟，湾区内的冷链物流人才也要实现一体化建设，建立以香港、广州、深圳为核心实现互联互通、灵活就业的体制机制。

建立粤港澳大湾区内冷链物流人才互通互认机制，共同建立冷链物流人才服务体系，尤其是针对香港、澳门两地和内陆地区的出入境壁垒，提供便捷的绿色通道，如香港地区和深圳地区居民的居住和就业政策，尽快取消高端冷链

物流人才出入粤港澳地区的证件要求。

（六）全方位建设湾区人才高地，大力引进高层次冷链物流人才

增加人才激励政策，吸引优秀的冷链物流高层次人才。从物质和精神等各方面创造丰厚的条件，吸引高层次人才回国，针对粤港澳大湾区内冷链物流人才给予更优惠的人才激励政策，如提高薪资水平、税收减免、高层次人才补贴等；建立海外冷链物流人才入境的便利度，例如临时入境、留学生来湾区就业等方面享受出入境便利和社会福利。

放宽冷链人才引进政策，拓宽招揽渠道。建立粤港澳大湾区共同招聘平台，借助香港和澳门的高校和国际化优势资源，与海外企业寻求合作，组织冷链物流相关招聘会议，面向全球吸引适合粤港澳大湾区的高层次冷链人才；对于全球化国际化岗位可以重点吸引海外留学生回国就业，建立精准的冷链物流人才制度，提高粤港澳大湾区内冷链物流留学生的奖学金和生活津贴，在医疗、住宿等方面提供优惠政策。

吸引国内东北部地区、中部地区毕业生来粤港澳大湾区就业，实现教育成果转移，针对这类学生在落户、住房补贴、医疗方面给予关注。

（七）充分利用物流冷链行业协会的力量

粤港澳大湾区中的冷链建设可以以广东省冷链协会、东莞市冷链协会、香港物流协会为中心，根据湾区冷链物流的实际情况，联合各地方的物流协会和冷链协会举办冷链物流峰会，邀请知名冷链物流专家为物流企业、高校物流管理专业教师和学生开展讲座，分享冷链物流管理中的实际案例或经验，为粤港澳大湾区冷链物流人才提供一个学习交流的平台。例如，在“一带一路”、产学研融合等政策背景下，广州工商学院、广东省物流行业协会、广州拜尔空港冷链物流中心有限公司共同建立了“粤港澳大湾区智慧冷链产业学院”，以冷链物流为侧重点，为粤港澳大湾区输送培养创新型人才，开展粤港澳大湾区冷链物流标准化建设，促进科研成果的转化，引进了香港高校先进的冷链物流理念和运营模式，成为智慧冷链人才培养的重要机构。

第九章 粤港澳大湾区冷链物流绿色发展

第一节　绿色冷链物流概述

一、绿色冷链物流的相关概念

绿色发展这一概念，最开始被提出是在我国“十二五”发展规划纲要中，与创新发展理论、协调发展理念、开放发展理念和共享发展理念一起被称为五大发展理念。该规划纲要指出绿色发展是以低碳、高效、持续发展为目标的经济增长和社会发展方式。随后，各行各业开始倡导绿色发展，物流行业也不例外。根据《中华人民共和国国家标准物流术语》中对绿色物流的定义，绿色物流是指以降低对环境的污染、减少资源消耗为目标，利用先进物流技术来规划和实施运输、储存、包装、装卸、流通加工等物流活动。由此可见，绿色物流的内涵包括五个方面：一是集约利用资源，减少浪费；二是绿色运输；三是绿色仓储；四是绿色包装；五是废弃物物流。绿色物流的概念第一次被提出是在 20 世纪末，至今已有 30 多年的发展和研究历史。

绿色冷链物流是绿色物流的一个细分领域，参考绿色物流的定义，我们可以将绿色冷链物流定义为：绿色冷链物流是指将环境可持续发展理念融入冷链物流活动中，强调冷链物流相关产品在物流运输过程中不受污染，品质不受影响，且在加工、储存、包装、装卸等物流环节中落实低能量消耗及可循环利用，实现相关产品保值增值的同时，有效遏制因不合理物流而造成的环境污染与资源耗损。

二、绿色冷链物流研究现状

冷链物流的发展首先源于消费者对于绿色消费理念的认识的提升，居民更加注重食品和药品的安全与质量，希望能够买到新鲜的果蔬，新鲜的水产以及安全的药品等，因而冷链物流得到了快速发展。从“十二五”开始，冷链物流开始得到高度重视。2016 年，国家层面的冷链相关政策和规划就出台了 11 项。全国各省市因势利导，为满足社会的冷链需求，开始大规模投资建设冷库、鼓励冷藏车的使用。但是有关绿色冷链的政策出台较少，与绿色冷链相关的学术研究也不够丰富。目前，学者们对于绿色冷链物流的研究主要包括以下几个方面：绿色冷链物流评价体系的相关研究、绿色冷链物流发展现状及问题分析、从绿色发展视角来对冷链物流的配送过程进行优化以及冷链物流技术的研究等。

王忠伟（2015）用模糊综合评价法对农产品的冷链绿色物流的综合评价进行了研究，构建了湖南农产品冷链绿色物流的模糊综合评价模型，并运用具体的算例验证构建的评价模型，得出现阶段农产品冷链绿色物流的发展程度。陈宝丹（2016）对广东省农产品绿色物流系统构建及其运作模式进行了研究，对广东省农产品物流系统存在的问题进行了分析。张于贤（2017）基于熵权—灰色 TOPSIS 方法对农产品绿色物流发展进行了评价，建立了相应的评价指标体系。王晓思（2017）从提高绿色度的角度对冷链物流配送路径进行优化，建立了优化模型并设计蚁群算法进行求解，通过仿真实验来验证模型和算法，实验结果得出，基于绿色度的冷链物流配送路径安排可以在控制物流配送成本的同时，有效提升企业物流过程的绿色度。

总体而言，国内关于绿色冷链物流的研究相对匮乏，可见社会对于冷链物流的绿色发展的重视程度还不够高。冷链物流产品都是与居民日常生活饮食息息相关的，冷链物流的各个环节决定了产品的安全与质量，进而影响到居民的饮食健康。因此，对冷链物流绿色发展的相关研究是非常有必要的且是有重大意义的。

第二节　绿色冷链物流中的非绿色因素

要了解某一个地区的绿色冷链物流的发展水平，首先要清楚在冷链物流中存在哪些非绿色因素会对环境造成污染与破坏，对资源造成浪费。本节主要从冷链物流的采购、运输、仓储、配送等环节逐一分析。

一、采购环节的非绿色因素

冷链物流的采购环节主要是指冷链物流相关产品从产地生产出来，经过相应的处理后，到装上冷藏车进行运输的这个环节。这一环节虽然对环境的污染较少，但是很容易造成资源的浪费，尤其是果蔬、水产类产品。若相关的产区没有配备相应的预冷设施，那生鲜类产品的降温任务势必要留给冷藏车来承担，但问题的关键在于冷藏车的功能并不是为了降低所装载货物的温度，而是为了维持货物的温度。人们总认为冷藏车上的冷冻机组是可以将装入车厢内的货物冷冻或加热至其所需要的温度，因此把不满足运输温度要求的货物装入车厢，再将制冷机组设定到其所需要的运输温度，经过一定时间将货物温度降至或升至其所需要的温度。然而事实却相反，这样做不但货物温度降不下来（或升不上去），反而会使货物损坏或变质。冷藏车的原理类似于过去卖冷饮时，为了保持冷饮一直处于冷冻的状态而使用的棉被，通过棉被来将外界的热源与冷饮隔绝开来。冷藏车就是当外界的冷（热）源通过辐射、传导、对流到厢体内，被制冷机组吹出的冷气带走，隔绝热源进入货物。因此，在装货时，如果货物没有按照规定进行预冷，使制冷机组设定的温度高于或低于货物温度，冷藏车都很难将货物的温度维持在运输所需要的温度，从而造成货物的储存温度与运输温度不一致，如果货物温度经常变化，水分就会流失，货物的品质就会降低，最后的结果就是产品保鲜期缩短，从而导致产品的货架期缩短，造成资源的浪费。

此外，在采购环节按照要求进行预冷操作，还能提高冷藏车辆的装载率。如果蔬等产品，若在装车前预冷至合适的温度，不论什么季节，均可实行紧密堆码。有学者做过计算，装车前，进行预冷操作与没有进行预冷操作相比，车辆的装载率能够提高 17%—50%。

综合而言，在采购环节的主要非绿色因素包括：产品损坏比例高、车辆装载率低以及预冷的比率。

二、运输环节的非绿色因素

运输环节主要指货物被装载到冷藏车中到达目的地的过程。冷链物流的运输环节的非绿色因素不仅包含可能的资源浪费，还包含对环境的污染。冷藏车相对于普通的载重货车而言，其能源消耗量要更高一些。因为除了行驶要消耗燃料外，维持制冷系统的正常工作也需要消耗燃料，并且，在客户点进行装卸货物时，由于车门打开，外界环境中的热空气会进入车厢，此时也会增加冷藏车的能耗成本。

在环境污染方面，冷藏汽车和普通的载货汽车一样，由于燃料的消耗，会产生温室气体和污染性气体的排放，主要包括二氧化碳、甲烷和氧化亚氮、硫化物、一氧化碳、碳氨化合物和氮氧化物等；颗粒物主要包括可吸入颗粒物和细颗粒物。载货汽车在行驶过程中，车辆排放类型、道路条件、交通条件、车辆装载量及司机驾驶习惯都会影响载货汽车的燃料消耗，进而影响温室气体排放。除此之外，与常温物流配送不同的是，冷藏车厢体的隔热及密封性都会影响制冷效果，进而影响污染物的排放。从制冷角度来说，国内目前使用较多的制冷方式是机械制冷，一方面，压缩机为了维持动力需要消耗汽油或者柴油；另一方面，也需要消耗一定的制冷剂，制冷剂的消耗也会产生一定的污染物排放，因此，所有对冷藏车制冷效果产生影响的因素都会影响到运输过程中产生的污染物排放。

除了维持冷藏车在正常工作中所产生的能源消耗这一非绿色因素外，在运输过程中还存在的另一个非绿色因素是冷藏车的空载问题。由于冷藏车的特殊性，相对于普通的货车而言，其能装运的货物类型相对固定，不如普通货车灵活，因而大部分车辆在完成运输后都是空载而返，无法产生任何经济效益。

综合而言，在运输环节的非绿色因素主要包括：冷藏车运输过程中的温室气体及废弃物排放、制冷剂的污染物排放和车辆的空载率高。

三、仓储环节的非绿色因素

仓储环节的非绿色因素主要是指货物在冷库储存这一期间所产生的资源浪费与环境污染。2010 年以来，国内的冷藏库数量不断增长。广东省的冷库容量在 2016 年达到了 300 万吨以上，冷藏库的数量在逐渐追赶公众对于冷链物流的需求的脚步。但是在冷藏库的使用中却出现了使用率低、冷库制冷效果达不到要求等一系列问题。由于冷库的初始投入成本高、在投产后由于有制冷要求，从而要消耗较大的电量。一旦出现闲置，对于企业而言，其损失是非常大的，根据国家农产品保险工程技术研究中给出的数据，普通仓库的造价约为 400 元/平方米，冷库由于需要配备制冷系统，造价高达 2000 元/平方米，冷库运营过程需要消耗大量的电能，1 万平方米的冷库电费支出至少需要 20 万元/月。根据《中国冷链物流发展报告 2017》中的数据，冷库建设的成本占到了冷链企业成本的 45%—55%，电费则占到了 10%。

造成冷库利用率低的主要原因在于信息不对称导致的资源配置不合理。根据《中国冷链物流发展报告 2017》中的数据，全国排名前 10 的冷链仓储运营商仅占冷库市场 10% 左右的市场份额，前 30 名的冷链仓储运营商的市场份额也只占到 17% 左右。由于市场上缺乏市场占有率领先、冷库网点遍布全国的龙头企业，冷库的布局比较分散，很难形成规模效应，无法从整体的角度进行优化调度。闲置的冷库找不到货源，有冷藏需求的企业又找不到合适的冷库，信息的不对称进一步加重了冷库的闲置现象。这是目前在冷链物流仓储领域存在的一个重要的非绿色因素。

除了冷库的利用率低这一非绿色因素外，冷库在正常运营过程中由于能源消耗所产生的温室气体和污染性气体的排放，包括制冷系统的能源消耗、装卸作业机械的能源消耗、用电所产生的能源消耗以及库内车辆所产生的能源消耗等也是仓储环节的非绿色因素。

四、配送环节的非绿色因素

冷链物流在配送环节的非绿色因素主要是指将冷链物流相关产品从冷库装上运输车辆起到送到零售门店或消费者手中这一过程中产生的资源浪费与环境污染。目前我国的冷链物流配送存在以下几个特点。

（一）多频率、多品种和小批量配送

目前我国生鲜零售企业多位于市中心或居民社区周边，这些地方的冷库建设和使用成本很高，因此，大部分生鲜零售店内部的库存很少，这使生鲜零售店对于配送的需求频率很高，再加上生鲜产品种类众多，客户的需求多样化。这些都使客户对冷链配送的需求向高频率、多品种、小批量的特点发展。

（二）配送点繁杂

冷链物流涉及的主要产品包括蔬菜、水果、水产品、畜产品和药品等。由于冷链产品类别众多，因而其配送节点相较于普通产品的配送节点而言要更为复杂。其中，果蔬和水产品的配送涉及农贸市场、超市、社区生鲜零售店、饭店、食堂和小区居民等，药品的配送涉及药店、医院、各类小型社区门诊。这些配送点种类多，数量大，且大部分在市中心，给配送带来了很大的挑战。

(三) 配送时效性要求严格

冷链物流的配送对象都是易腐易变质的产品，这使得冷链物流必须在规定时间内完成作业，保证时效性。然而，由于冷链的配送点一般位于市中心，这些地方的收货场地一般比较小，导致送货的物流商、供应商都要排队卸货，再加上城市道路的拥堵状况等因素都会造成配送的延迟。

(四) 温度控制技术要求高

冷链物流配送过程中，为了保证冷链产品的品质，需要用到很多专业的制冷设施设备，如冷库、冷藏车、恒温车、特殊的包装材料以及运输冰袋等。仅有这些制冷的设施设备还不够，还要依靠先进的信息技术对冷链物品所处环境的温度进行实时监控。这些特点都说明了冷链物流配送相对于普通商品的配送要更加具有挑战性，更加容易出现资源浪费和环境污染。

我们可以根据配送对象来对冷链物流配送中存在的非绿色因素进行分析。冷链物流的配送对象主要有两种：一种是实体门店；另一种是普通的个体消费者。以下将分别对两种不同的配送类型中的非绿色因素进行分析。

时效性高是冷链物流配送的一个很大的特点，为了保证产品的质量与新鲜度，生鲜零售店或者餐饮店的配送频率是很高的。目前，我国大量的生鲜零售超市、便利店或餐饮店都聚集在城市中心繁华地带，卸货场地小，且生鲜产品的品种繁多，若配送频率为每日一配，卸货速度会相对较慢，且容易造成交通拥堵，增加冷链车辆的废气排放。参考学者王晓思对于快行线食品物流有限公司的调研数据，快行线公司冷藏车的平均装载率为75%，平均行驶距离每天150公里，每天平均运行次数1.2车次，5点至16点时段平均要为9个网点提供冷链配送服务，司机和配送员平均工作时间为每天13小时。每个小型门店平均交货时间为0.5小时，每个大型超市平均交货时间为2小时，而冷藏车处于行驶状态的时间只有3小时，用在交通管制时间段等待、商超排队交货的时间有10个小时。通过以上数据我们可以分析出，冷链运输车辆大量的工作时间都花费在了排队等待上，这导致了冷链物流配送效率很低，同时造成了严重的资源浪费和环境污染。

在针对个体消费者的配送中，这种配送模式主要出现在生鲜电商领域，国内典型的生鲜电商平台有京东生鲜、天猫超市、顺丰优选等。这些生鲜电商企业在全国范围内的配送网点布局相对完善，因而可以实现针对个体消费者的配送。还有一些O2O类型的生鲜企业，例如盒马生鲜、大润发旗下的淘鲜达等，两者的配送范围都是 3 公里内，盒马生鲜承诺半小时送达，淘鲜达承诺一小时送达。针对个体消费者配送和针对实体店的配送的最大区别就在于配送工具的不同。前者使用快递三轮小车，后者使用的是冷藏车。使用快递三轮小车配送如何保证产品不因温度变化而变质呢？一般是使用冰块加上保温箱来保证产品一直处于冷藏或者冰冻的状态。这样一方面很难准确控制产品的温度，另一方面若顾客无法在规定时间去提货，产品发生变质甚至腐烂的风险就比较大。另外，现在市场用的保温箱大多是只能一次性使用的泡沫保温箱，也有少部分公司推出可循环使用的循环保温箱，例如京东，但是推行的也不是很顺利，因为循环保温箱要求用户在收到快递后将商品拿出，然后把箱子归还给快递员，大量一次性泡沫保温箱的使用就会造成很多资源的浪费。也就是说，针对个体消费者的配送中的主要非绿色因素为包装材料的浪费和产品变质的风险增加。

综合而言，在生鲜产品配送环节存在的非绿色因素有：冷藏车的配送效率低、配送途中的温室气体及有害气体的排放、快递包装材料的浪费以及产品在配送途中的变质风险高。

第三节　冷链物流绿色发展的方向

一、冷链物流基础建设绿色化

冷链物流相关产品在运输存储过程中对温度的控制要求高，在运输过程中极易发生损耗，一旦损耗，就产生了不必要的浪费与污染。因此，要加强各类冷藏库、冷链物流中心、冷链配送中心、预冷站的建设以及鼓励和推广冷藏车的使用，务实冷链物流发展的基础。首先要保证相关产品在冷链物流的各个环节都能处于冷藏状态下。尤其是在采购环节，要确保产品的主要产地都配备有预冷站。这样一方面能够减少产品的腐坏，另一方面能提高冷藏车的装载率。其次是对于冷藏库的建设要保质保量，在正式投入使用前，相关部门要对其进行质量检测，确保温度的调控在该类型冷库的要求范围内。否则，即使投入使用了，也无法达到相应的冷藏效果。

二、冷链物流技术绿色化

科学技术是第一生产力。一切绿色冷链的政策、手段与方法，最终都要落实到对绿色冷链物流技术的研发上。目前，在冷链物流的各个环节，冷链物流技术的研发都在如火如荼地进行着。

在冷链仓储领域，目前比较前沿的技术包括智能温控技术、节能温控技术、预冷技术等。这些技术的主要目的是为了提高冷库的制冷效率、降低冷库的制冷能耗以及更精准地控制冷库的温度。

在运输领域的绿色冷链技术主要的研发对象是冷藏车。冷藏车辆是冷链物流运输中的主要设备。按照对温度的要求不同，冷藏车可以分为保温汽车、冷藏汽车、保鲜汽车和专门用于医药冷链的运输车四种。现在对于冷藏车技术的研发主要集中在对箱体绝热性能优化、新的制冷方式、新冷藏箱体结构、电动冷藏车的研制等方面，主要目的是为了提高冷藏车的保温和冷藏效果，降低冷藏车的能耗等。

根据《广东省冷链物流发展“十三五”规划》中的数据，截至 2016 年，广东省的冷藏车保有量约为 10000 多辆，主要集中在珠三角地区。随着生鲜电商的快速发展，大湾区的冷藏车保有量还将有很大的增长空间。因而对冷藏车的污染物排放进行控制是十分有必要的。继 2018 年广东省发布轻型汽车国五排放标准后，2019 年 6 月又发布了《轻型汽车污染物排放限值及测量方法（中国第六阶段）》（以下简称“国六排放标准”），标准规定在广东省销售、注册登记的轻型汽车新车应当符合国六排放标准要求。国六标准与国五标准相比，汽油车的一氧化碳排放量降低 50%，总碳氢化合物和非甲烷总烃排放限制下降 50%，氮氧化物排放限制加严 42%。这一新标准的出台，将对轻型冷藏车的相关环保技术的研发提出更高的要求。

在冷链运输领域还有一块待开垦的疆域，就是铁路冷链运输。一直以来，我国铁路冷链物流的货运量市场份额占比都比较小。根据 2017 年《中国冷链物流发展报告》中的数据，2016 年，我国的铁路运输冷链货物仅 5 万吨左右。主要原因在于传统铁路的冷藏机保车制冷方式很落后，且其运行线路编排起来比较复杂，因而相对于公路冷链运输而言，没有太大优势。2017 年，在我国政策的支持下，铁路冷链基础设施建设投入增加、铁路冷链新线路增多，运输时间上也进行了优化。在 2017 年的第一季度，铁路冷链物流就完成了 20.6 万吨的货物运输，相对于 2016 年，同比增长了 84%。一直以来，铁路运输的主要优势就在于运输距离长、运输能实现规模化，相对于公路运输而言，其具有比较好的价格优势。因而，如果铁路制冷技术能得到改善和提高，一方面将极大地促进大宗冷链产品的流通，尤其是长距离的运输，甚至是跨国运输；另一方面，它将有助于提高冷链物流运输效率，促进冷链物流绿色发展。

在冷链包装领域，冷链物流包装的需求主要分布在两个环节，一个是干线运输环节，另一个是城市配送环节。冷链物流包装的功能一方面是为了保护商品，更为重要的是要维持产品的温度，保证产品的品质。对于医药类产品而言，其对于冷链包装的需求主要是在干线运输上，对于食品类产品，其对冷链包装的需求除了在干线运输上，还有在末端配送上，且以末端配送为主。在干线运输环节，冷链相关产品的包装以“裸装为主”，温度的控制主要由冷藏车来完成。在末端配送环节，使用较多的冷藏配送包装一般是冷藏保温箱，且随着生鲜电商的发展，市场上对冷藏保温箱的需求量不断攀升。以国内的生鲜企业安鲜达为例，其对保温箱的需求一年超过 2000 万个。保温箱的类型很多，从是否可以重复使用角度可以将其分为一次性的保温箱和可重复使用的保温箱，有些企业还设计了可折叠、可套装的保温箱，以减少空间占用。为使冷链物流包装朝更为绿色的方向发展，政府应大力推广可重复使用的保温箱，减少包装材料的浪费于污染，并鼓励企业改进冷藏保温箱的设计，使其朝着更加智能、更加绿色、更加环保、更加节约成本的方向发展。

三、信息共享平台推动冷链物流绿色化

建立冷链物流信息共享平台的主要目的是为了解决目前冷链物流资源配置不合理而导致大量的闲置与浪费问题。在冷链物流信息共享平台上，可以共享各类冷链物流信息，如冷库的闲置信息、货物冷藏需求信息、冷藏车闲置信息以及货物冷藏运输需求信息等。通过这样的信息共享，可以很好地改善目前冷藏信息不对称的现状，尤其是对中小型的冷链物流企业和中小型的冷链零售企业而言是非常有利的。中小型的冷链物流企业有好的货源，但资金实力不够雄厚，没有完善的仓储网络或者运输网络，有货却没地方储存，没车运。有的第三方冷链物流企业有冷藏库，也有冷藏车，但是却找不到货源。而中小型的冷链产品零售企业对于冷链货物的运输和存储需求又很难达到一定的规模。冷链物流信息共享平台能够帮这些企业实现有货不愁运、不愁存，有库有车不愁没货。

四、推广冷链共同配送

共同配送的核心是通过物流配送集约化和规模化降低作业成本，充分利用物流配送资源，降低车辆“最后一公里”配送的成本，提高“最后一公里”配送的效率。通过采用共同配送的方法来解决中小企业配送的问题已经在很多

发达国家成功应用。欧盟一些顶级物流研究与咨询专家创新性地提出了 Citylog 项目计划，并在欧洲几个主要的城市推广实施，且实施效果很好。这项计划主要是通过货运班车、小集装箱配送、物流包裹终端智能自提等手段来提高配送资源的利用率。日本也很认同共同配送的理念，大约在国内推出了 10 种城市共同配送模式。

近几年，我国的共同配送模式也发展很快，商务部在全国 20 多个城市也推出了共同配送的试点工作，并取得初步成效，现有的比较普及的共同配送模式如顺丰投资建设的丰巢智能快递柜，很好地解决了配送的“最后一公里”问题，但丰巢智能快递柜这种模式比较适合普通的商品，生鲜类产品由于其对于保存环境的要求严格，一般还是以送货上门的形式为主。一些其他的共同配送模式也正在兴起，如有的物流企业通过同城配送的互联网平台，整合优质货运车辆，为客户提供专业的同城共同配送服务；有的企业通过建立同城货运智能 O2O 平台，整合行业的货运车辆资源，解决有货无车运的问题，降低租车的成本；还有企业上线了一些手机 APP，将货车司机和有配送需求的用户连接，为客户提供更加快捷的共同配送服务。

城市配送目前最大的难点是“最后一公里”问题，而与“最后一公里”关系最密切的恰恰是冷链物流行业，因为冷链产品在“最后一公里”的配送中极易发生腐坏，可见冷链配送急需共同配送来进行优化。共同配送的基本模式可分为两种：一种是共建配送中心，另一种是共同集配。

（一）共建配送中心

共建配送中心是指与冷链物流相关的企业（生产企业、批发企业、零售企业、物流企业等冷链企业）以企业联盟的形式共同建设冷链物流配送中心，搭建冷链物流共同配送信息平台，为冷链物流需求方进行统一配送。

共建冷链配送中心的优点之一是多家冷链企业共同建设配送中心可以降低单家冷链企业的投资成本和投资风险；优点之二是共享货运信息资源可实现车辆和货物的最佳匹配，也可以实现将货物分配给距离最近的车辆，降低运输成本，实现物流集约化经营，对城市交通拥堵和车辆废气的污染情况有一定的缓解作用。但其缺点就是需要新建冷库等设施、购买冷藏车等设备，前期需要各联盟企业共同投入大量的资金、设备、土地、人力等资源，要求成员企业之间的合作意愿比较强，且有一定的实力参与到联盟中；除此以外，成员企业还需要打破各自现存的封闭性的配送网络，共同构建开放性的冷链物流配送网络，这使得企业相对缺乏冷链物流的独立性。

（二）共同集配

共同集配和共建配送中心一样，第三方冷链物流企业都要联合其他冷链企业结成联盟形式，不同之处在于共同集配是共享既有的物流设施设备资源，为一个或多个批发企业、零售企业提供冷链配送服务。随着冷链行业的发展，涌现出了一大批中小型的冷链物流企业，对于这些中小型冷链企业中的大多数而言，建设属于自己的冷链物流配送体系往往是得不偿失的，而完善的第三方冷链物流同样能提供企业所需的冷链物流服务、帮助这些中小型的冷链企业集中精力发展自己的主营业务。

共同集配模式的优点之一是可以将冷链生产企业、冷链批发企业、冷链零售企业等从冷链运输和配送中解脱出来，冷链企业可以专注于其核心业务的发展；优点之二是可以通过整合多家中小型冷链物流企业的物流资源，避免冷链物流设施的重复建设，提高冷链配送效率，降低冷链配送成本，缓解城市交通拥堵的情况和车辆废气的污染等。缺点是需要协调合作企业之间的利益分配问题，参与企业只有在进行过充分商议的前提下，形成一个符合联盟内各方利益的、长期有效的合作交流与利益共享机制，才能形成长期稳定的合作关系，同时吸引更多冷链物流企业参与到其共同配送联盟中。

第四节 冷链物流绿色发展评价

一、冷链物流绿色发展评价方法

要了解某一地区的冷链物流绿色发展情况，我们可以通过建立相应的绿色评价指标体系来实现。建立冷链物流绿色评价指标体系的主要目的是帮助整个行业从关注问题到关注行动改变，用可以衡量的各项指标来引导社会慢慢削弱冷链物流中的非绿色因素，鼓励绿色发展，用具体的数据来判断大湾区冷链物流绿色发展的进程与进度。

通过对大湾区的冷链物流绿色发展进行评价，一方面可以为冷链物流的绿色发展在政策层面起到发展战略的导向作用；另一方面可以了解大湾区在不同的发展阶段，其冷链物流的绿色发展变化情况；除此以外，还可以通过将大湾区与世界其他三大湾区的冷链物流绿色发展情况进行对比，找出薄弱项与优势项，进行针对性的改善。

学者李晓西在2010年编制了中国绿色发展指数体系，通过该发展指数体系对全国内地31个省份的绿色发展情况进行了评价与比较研究。该指标体系包含三个一级指标，分别为：经济增长绿化度、资源环境承载潜力以及政府政策支持度。一级指标的选取主要是基于状态—压力—响应这样的一个原则。经济增长绿化度主要是为了衡量投入与产出的关系，如该指标下的三级指标包括资源投入量、资源的利用率以及单位生产总值的温室气体及污染气体排放量等。经济增长绿化度是一个现实的状态。资源环境承载潜力主要指某一地区的自然资源情况、人均各类污染物的排放情况以及单位土地面积的污染物情况。资源环境承载潜力是绿色发展的压力来源。政府的政策支持度主要指某一地区政府对绿色发展的支持情况，包括对绿色发展的投资情况、基础设施及对城市的管理水平等。该绿色发展指标体系的评价对象是对具体某一个地区整体的绿色发展情况，它覆盖了所有的行业。但是我们要建立的区域冷链物流绿色发展评价体系的评价对象是具体某一个行业，因此，在参考其指标选取的基本原则基础上，本研究也基于三分法：状态—压力—响应，但指标选取与分类会存在很大区别。

二、冷链物流绿色发展指标体系构建

笔者基于三分法来对冷链物流绿色发展指标体系中的一级指标进行划分，这三个一级指标分别为：冷链物流绿色经济增长效率、冷链物流发展环境友好度以及政府政策支持度（见图9-1）。

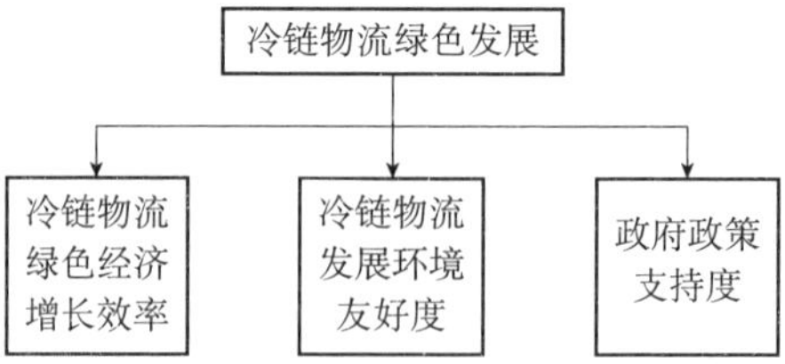

图9-1　冷链物流绿色发展评价一级指标

（一）冷链物流绿色经济增长效率

我们可以从冷链物流的各个环节来对冷链物流经济增长效率指标进行进一步划分，其中采购环节可以从冷链产品的采购量、预冷站的数量、预冷站的容量、预冷站的利用率、生鲜类产品在产地的初加工率、产地的货损率这六个指标来测量。

运输环节可以从冷藏车的数量、冷藏车的实际运输量、冷藏车的总载重吨、冷藏车的装载率、运输过程中的货损率、冷藏车的周转率、冷藏车的工作率这七个指标来进行评价，其中，冷藏车的工作率是指工作车日与总车日之比，也可以称为出车率。

仓储环节我们可以用冷库的数量、冷库的容量、冷库的闲置率、货损率、冷库缺货率、顾客满足程度、库容利用率、冷库周转率、设备利用率这九个指标来进行评价。其中，顾客满足程度是指实际满足顾客的商品数量与顾客实际需求数量之比，主要是用来反映冷库容量与顾客需求的匹配程度；库容利用率是指库存商品实际数量与仓库实际可以存储的商品数量之比，用来反映冷库的面积利用情况；设备利用率是指冷库的全部设备实际工作时数和设备工作总能力之比，主要用来反映冷库的设施设备的配置数量是否合理。

配送环节可以从冷藏箱的总数量、可重复使用冷藏箱的占比、冷藏箱的周转率、货损率、单笔订单的平均配送时长、按时交货率这五个指标来进行评价。

冷链物流绿色经济增长效率下的指标分类情况如表 9 - 1 所示。

表 9 - 1　　冷链物流绿色经济增长效率指标

冷链物流绿色经济增长效率	采购环节	产品的采购量
		预冷站的数量
		预冷站的容量
		预冷站的利用率
		产地的初加工率
		产地的货损率
	运输环节	冷藏车的数量
		冷藏车的实际运输量
		冷藏车的总载重吨
		冷藏车的装载率
		运输过程中的货损率
		冷藏车的周转率
		冷藏车的工作率
	仓储环节	冷库的数量
		冷库的容量
		冷库的闲置率
		仓储环节的货损率
		冷库缺货率
		顾客满足程度
		库容利用率
		冷库周转率
		设备利用率

续表

冷链物流绿色经济增长效率	配送环节	冷藏箱的总数量
		可重复使用冷藏箱的占比
		冷藏箱的周转率
		配送环节的货损率
		单笔订单的平均配送时长
		按时交货率

（二）冷链物流发展环境友好度

冷链物流发展环境友好度主要考察的是在冷链物流各个环节的温室气体及污染物的排放情况、资源消耗情况、废弃物的处理情况。这里的温室气体主要指二氧化碳，污染物的排放主要指二氧化硫、氮氧化物等；颗粒物主要包括可吸入颗粒物和细颗粒物。具体的指标的分类情况如表 9－2 所示。

表 9－2　冷链物流发展环境友好度的指标分类

冷链物流绿色发展环境友好度	气体和颗粒物的排放	预冷站单位面积的二氧化碳排放量
		冷藏车单位货运量的二氧化碳排放量
		单位面积冷库的二氧化碳排放量
		冷藏车的单位货运量的二氧化硫和氮氧化物排放量
		单位面积冷库的二氧化硫和氮氧化物排放量
		冷藏车的颗粒物排放量
	资源的消耗	预冷站的冷藏效率
		冷藏车的冷藏效率
		冷库的冷藏效率
		冷藏箱的冷藏效率
	废弃物的处理	预冷站废弃物的处理率
		冷库废弃物的处理率
		末端配送环节的废弃物处理率

（三）政府政策支持度

政府政策支持度主要可以从政府对于冷链物流绿色投资的程度、冷链物流绿色发展政策的颁布情况两方面来衡量。具体如表 9－3 所示。

表 9－3　政府政策支持度的指标分类

政府政策支持度	冷链物流绿色投资的程度	政府对冷链物流的投资占财政投资的比重
		政府投资建设的冷链物流园区数量
	冷链物流绿色发展政策的颁布情况	有关冷链物流绿色发展政策的颁布数量
		冷链物流绿色发展政策中已落实的政策占比

该指标体系的建立并不仅仅只针对大湾区，它是具有较强的通用性的，不

论是对某一个区域，或是对某一个省市，它都能适用。该指标体系一共有三级，一级指标有 3 个，二级指标有 9 个，三级指标有 44 个。

由于收集不到完整的数据，笔者也没有将建立的指标体系具体地应用在粤港澳大湾区的冷链物流绿色发展评价中，这是本书最大的遗憾。因为通过绿色发展情况进行评价，我们能更好地了解大湾区的冷链物流发展的优势与存在的问题，且可以通过对比世界其他湾区的冷链物流评价数据，找到差距存在点，然后有针对性地进行改善。希望其他学者们能在本书的基础之上，对此做进一步的研究。

第十章 粤港澳大湾区细分领域冷链物流发展现状

第一节 肉类产品冷链物流发展

一、粤港澳大湾区肉类产品市场的现状和发展趋势

肉类产品的产业链条自上游到下游主要包含三个产业板块，依次分别是禽畜养殖产业、禽畜屠宰产业和禽畜肉制品加工产业。禽畜养殖企业需要采购相应的禽畜养殖设备、饲料、疫苗以及禽畜幼崽等，并通过科学化的养殖实现禽畜幼崽的育肥。禽畜屠宰企业从禽畜养殖企业处购入育肥后的活禽畜，屠宰分类加工后形成各类生鲜肉品。禽畜屠宰企业生产的各类生鲜肉品的销售渠道主要有两个：一是通过超市、菜市场等各种零售渠道直接登上消费者的厨房和餐桌；二是供应给肉制品深加工企业以实现产业链的进一步延伸。肉制品深加工企业首先对采购的各类生鲜肉品进行加工制作，生产出各种低温肉制品和高温肉制品，之后通过超市等零售渠道出售给消费者。肉类产品的冷链物流主要存在于肉类产品产业链的后两个产业板块：禽畜屠宰板块和禽畜肉制品深加工板块。

目前，粤港澳大湾区肉类产品消费存在以下三种变动趋势。

（一）由热鲜肉到冷冻肉，由冷冻肉到冷鲜肉的消费变动

生鲜肉品市场出售的产品主要包括热鲜肉、冷鲜肉和冷冻肉三种。

1. 热鲜肉。

热鲜肉就是新鲜肉，是晚上宰杀，早上上市的禽畜肉。在屠宰禽畜之后，热鲜肉在极短的时间内（数小时）通过菜市场等各种零售渠道直接出售给消费者。过去几十年，粤港澳大湾区冷链物流基础设施不完善，生鲜肉品冷链物流普及程度较低，零售渠道的生鲜肉品无法长时间保存。因此，消费者通常认为，屠宰后数小时内即上市销售的热鲜肉是新鲜程度、健康程度最高的生鲜肉品，但事实上并非如此，热鲜肉具有以下三个缺陷。

（1）部分屠宰企业在对活禽畜进行屠宰之后，由于缺乏标准的品控制度，以及工作人员作业的不规范等，导致部分热鲜肉未经检验检疫即流入零售市场，从而无法保证热鲜肉的卫生和安全。

（2）即使屠宰企业制度完善、工作人员作业规范，热鲜肉通过了严格的检验检疫，但从加工到零售环节众多，热鲜肉会受到包装、运输车辆、微生物等多种污染源的污染，导致热鲜肉的安全性下降。

（3）屠宰企业在对活禽畜进行屠宰之后，若生鲜肉品未经降温处理，且在运输及销售过程中不使用冷藏设施设备，营养价值较高的热鲜肉，成为各种微生物繁殖的温床，从而极易腐烂变质。未使用冷藏设施设备的热鲜肉，其在零售渠道的上架销售期通常不超过 24 小时。

2. 冷冻肉。

冷冻肉是指屠宰企业在对活禽畜进行屠宰之后，将生鲜肉品进行预冷、急冻，然后在 -18℃的低温环境下进行仓储，深层肉品的储存温度需达 -6℃之下。优质冷冻肉的急冻温度应不高于 -28℃，此时，冷冻肉的品质接近于新鲜肉品。

冷冻肉保存期限都较长，故被广泛采用，但冷冻肉也有一些缺点。屠宰企业对活禽畜进行屠宰之后形成的生鲜肉品都含有大量水分，屠宰企业在对生鲜肉品进行冷冻时，含水的生鲜肉品体积会膨胀 9% 左右，这会导致肉品组织遭到破坏。冷冻肉在烹饪食用之前需先进行解冻，解冻过程中，冷冻时遭到破坏的肉品组织中会有汁液析出，从而使得冷冻肉口感下降、营养成分流失。

3. 冷鲜肉。

冷鲜肉又叫作冷却肉、冰鲜肉等。冷鲜肉是指经过严格检验检疫的禽畜经科学工艺屠宰后，胴体置于 -18℃的环境下持续 1—2 小时进行急速冷却，后转入 0℃—4℃的环境中脱酸 16—24 小时，并在后续的加工、流通过程中，肉品温度始终保持在 0℃—4℃范围内的生鲜肉。冷鲜肉具有众多优点，所以在粤港澳大湾区肉类产品消费量中占比越来越高。

（1）食用口感好。与热鲜肉相比，冷鲜肉提前经过预冷排酸，使肉品完成成熟过程，所以冷鲜肉更湿润更有弹性，烹饪也更易入味，食用口感较好。与冷冻肉相比，冷鲜肉组织结构完整、细胞未遭破坏，汁液流失少，食用口感较好。

（2）保存期限长。从屠宰完成急速冷却开始，冷鲜肉的加工、流通、销售过程始终处于0℃—4℃的低温环境中，绝大部分微生物的繁殖速度都被抑制，从而大大延长其保存期，冷鲜肉在0℃—4℃低温环境下保存期可长达7天。

（3）安全系数高。在活禽畜检验检疫、屠宰、加工、仓储、运输、销售等一系列过程中，冷鲜肉始终处于严格监控下。屠宰后，冷鲜肉始终处于0℃—4℃的低温环境中，其卫生状况好，食用安全性好。

（4）营养价值高。与热鲜肉相比，冷鲜肉嫩度较高，非常适宜人体消化吸收。与冷冻肉相比，冷鲜肉储存温度较高，无须冻结，烹饪食用前亦无须解冻，营养成分流失少，营养价值高。

在欧美日等发达国家生鲜肉品市场中，由于热鲜肉存在诸多无法克服的缺陷，其早已被淘汰，而冷冻肉主要也用于国家战略储备或出口，在生鲜肉品市场中占据统治地位的是冷鲜肉，其在生鲜肉品消费量中占比高达九成左右。

粤港澳大湾区的鲜肉消费市场发展很不均衡。港澳广深地区居民收入水平和生活水平高，鲜肉市场消费中冷鲜肉占比较高，但粤港澳大湾区的其他地市，冷鲜肉的综合普及率只有20%—30%。随着居民收入水平和生活水平的进一步提高，粤港澳大湾区的鲜肉市场需求将出现明显变化，呈现出从热鲜肉到冷冻肉、从冷冻肉到冷鲜肉的消费变动，粤港澳大湾区肉类产品冷链物流的发展也将呈现出相应的变动趋势。

（二）由鲜肉消费向肉制品消费变动

肉制品是指以禽畜鲜肉为原材料，经不同加工工艺添加调味料制成的肉类食品。根据肉与肉制品术语（GB/T19480—2009）国家标准，肉制品可分为中式肉制品和西式肉制品两大类。中式肉制品主要包括咸肉、腊肉、酱卤肉制品等；西式肉制品主要包括培根、火腿、肉灌肠等。

随着粤港澳大湾区经济的发展，消费者的生活水平不断提高，其生活节奏也在不断加快。消费者对肉类产品的消费，由满足温饱向追求品质和方便快捷转变。因此，与生鲜肉品消费相比，粤港澳大湾区消费者对营养卫生、食用便利的肉制品的消费需求日益庞大。

（三）由高温肉制品向低温肉制品的消费变动

高温肉制品是指在高压高温下加工制成的肉制品。在恒定压力下，杀菌温度在115℃—120℃之间加工而成的肉类制品，此类肉制品又名为软罐头或硬罐头，如铝箔软包装肉制品、耐高温薄膜包装的火腿肠、铁听罐头等。

高温肉制品的突出优点是常温下具备较长的保质期，通常在25℃常温下高温肉制品保质期可达三个月以上。高温肉制品也具备一些缺点，比如由于高温蒸煮造成其口感较差，以及营养成分的流失等。

低温肉制品是指采用较低的温度进行杀菌的肉制品。低温肉制品通常在肉制品中心温度达到68℃—72℃时保持30分钟左右进行杀菌。与高温肉制品相比而言，低温肉制品的制造工艺更为科学，所以肉质鲜嫩口感好，营养价值更高，且食用方便，易于被人体消化吸收。

在欧美等发达国家，消费者的肉制品消费选择中，低温肉制品远多于高温肉制品。在日本，家庭消费肉制品总量中，低温肉制品占比达到90%。根据中商产业研究院发布的《2018—2023年中国肉制品行业发展前景及投资机会研究报告》显示，2018年全国肉制品产量达1713.1万吨，其中，低温肉制品产量达1155.5万吨，占肉制品总产量的65.08%；高温肉制品产量达620万吨，占肉制品总产量的34.92%。

随着粤港澳大湾区人均收入水平和居民生活水平的不断提高，以及健康饮食观念的强化，高温肉制品市场消费量占比不断缩小，低温肉制品市场消费量占比持续扩大。而低温肉制品由于低温杀菌不完全，故在加工、流通过程中均需进行冷藏。低温肉制品在粤港澳大湾区的市场消费量的日益膨胀，也有力推动着粤港澳大湾区肉类产品冷链物流的发展。

二、粤港澳大湾区肉类产品冷链物流的发展

粤港澳大湾区居民肉类产品消费数量不断攀升，与此同时，高品质的肉类产品，如冷冻肉、冷鲜肉以及各种低温肉制品的消费数量在肉类产品消费总量中的比重不断攀升，这都对粤港澳大湾区的肉类产品冷链物流提出了更高的要求。

以下以广州、深圳、东莞、珠海四个代表性地市的猪肉产品供应链为例，来具体考察粤港澳大湾区肉类产品冷链物流情况。

（一）广州市

广州市为推进生猪屠宰场向冷链化发展，对原有生猪屠宰场进行撤并整合、改造升级，并通过新建、迁建、扩建等措施，建立与消费者生活需求相适应、产品质量安全的冷链化生猪定点屠宰加工网络。根据广州市农业局的文件要求，到2020年底全市生猪定点屠宰场减少到5家，全面实现冷链化、品牌化生产经营，以保证所产出的猪肉产品的质量安全，向粤港澳大湾区消费者供应优质猪肉产品。

广州市全市拟建5家冷链化生猪定点屠宰场，具体布局如下：白云区1家，以原广州皇上皇集团股份有限公司孔旺记肉业分公司地块为基础进行改造升级；番禺区1家，以原番禺食品有限公司大石分公司地块为基础进行改造升级；从化区1家，以原广州市从化食品企业有限公司肉类联合加工厂地块为基础进行改造升级；花都区1家，需新选址建设；增城区1家，需新选址建设。

以上5家原址扩建改造或新建的生猪定点屠宰场，将按照《生猪定点屠宰厂资质等级要求》（SB/T1039—2011）4A级及以上标准建设，设计日均产能为1万头生猪屠宰量，其业务范围包括生猪屠宰、猪肉加工、冷冻存储、冷链配送等。各生猪定点屠宰场将建立健全包含猪肉生产、加工、仓储、运输、销售的全程冷链品控体系。

（二）深圳市

2007年，深圳市开始规划建设4家现代化冷链化生猪定点屠宰场。到2013年底，4家生猪定点屠宰场全部完工并投入使用。前后耗时7年，深圳市建成的4家生猪定点屠宰场所提供的冷链宰杀、冷链加工、冷链仓储、冷链配送等保证了市场上猪肉产品的质量安全，走在了粤港澳大湾区各城市的前列。

2016年，深圳市食品安全委员会办公室印发《深圳市加强肉类质量安全监管工作方案》（以下简称《方案》）。《方案》提出，全市所有商超必须实现猪肉产品的冷链销售；与此同时，对全市农产品贸易市场的猪肉零售档口进行升级改造，所有猪肉零售档口经营者必须安装肉类产品冷藏设备。截至2017年3月底，深圳全市所有商超和农产品贸易市场均实现了猪肉冷链销售，为消费者提供高品质的猪肉产品。

（三）东莞市

2018年5月，东莞市政府审议通过《东莞市生猪定点屠宰场整合方案》（以下简称《方案》）。《方案》提出，到2021年底，将把东莞市现有的28家生猪屠宰场逐步减少到8家。根据《方案》规划，将把东莞全市分为6大片区，原则上1个片区建设1家生猪定点屠宰场。

其中，城区片区保留万江街道的市中心定点屠宰场；松山湖片区保留石排镇生猪定点屠宰场；滨海片区保留长安、厚街两镇生猪定点屠宰场；水乡新城片区由中堂镇重新选址建设1家大型现代化冷链化生猪定点屠宰场，2021年底前新场建成投产；东部产业园片区保留常平镇生猪定点屠宰场，并由黄江镇重新选址建设1家现代化冷链化生猪定点屠宰场；东南临深片区由塘厦镇在现址新建扩建1家大型现代化冷链化生猪定点屠宰场，2021年底前建成投产。

2017年，东莞市各企业购入专用冷链配送车辆207辆，日均配送猪肉产品超过1万头，供给东莞全市商超及农产品市场600余家。在东莞市农业局部署下，东莞市各镇街统一实施猪肉产品冷链配送。东莞市各级政府部门建立起从生猪养殖场到生猪屠宰场，再到猪肉产品终端消费市场的全程冷链监管链条，有效堵塞了东莞市猪肉产品屠宰、加工、运输、仓储、配送等环节的监管漏洞，保证了终端消费者所购买的猪肉产品的卫生状况和质量安全。

（四）珠海市

2019年4月，珠海市防控非洲猪瘟等动物疫病应急指挥部办公室印发《关于在非洲猪瘟防控期间实施生猪肉品统一冷链配送的通知》。按照该通知的要求，珠海市将积极推进生猪定点屠宰企业实行生猪肉品统一冷链配送工作。自6月1日起，珠海市香洲区、保税区、万山区、高新区将率先实施为期三个月的生猪肉品统一冷链配送业务。从9月起，将在全市范围内实施生猪肉品统一冷链配送业务。

珠海市实行生猪肉品统一冷链配送工作，所有生猪定点屠宰场须使用专用冷链运输车辆对其屠宰分类加工的生猪肉品统一进行冷链配送。对于来自市外的生猪肉品，须使用符合国家标准的生猪肉品专用冷链运输车辆完成配送。珠海市符合冷链配送相关要求的企业，应使用经核准的“珠海市生猪肉品冷链配送专用车”方可经营生猪肉品冷链配送业务。投入使用的生猪肉品冷链配送专用车辆的车厢上须喷涂相关标准和字样，并安装GPS系统。除此以外，每次冷链配送业务前后必须对冷藏车进行清洁消毒，以确保生猪肉品的卫生状况和质量安全。

在推进实施全市生猪肉品统一冷链配送的过程中，珠海市各级政府部门付出了极大努力。各级政府部门积极动员生猪定点屠宰场、商超、农贸市场经营者、生猪肉品零售商等主体，使他们参与并落实好生猪肉品的冷链配送业务。组织定点生猪屠宰场、第三方冷链物流企业等购置符合要求的生猪肉品专用冷链运输车辆，并指导企业完成冷链运输车辆备案工作。监督生猪定点屠宰场完成生猪肉品统一冷链配送方案的制订和完善，并督促其与农贸市场、商超及生猪肉品零售店做好冷链配送的对接工作。

第二节　蔬菜冷链物流发展

新鲜蔬菜是生活必需品，但也是易腐食品。粤港澳大湾区各市是国内重要的蔬菜产地，所产蔬菜品类多，产量大。与此同时，粤港澳大湾区地处亚热带气候区，全年平均气温高达 21.8℃，即使在每年气温最低的 1 月，平均气温也不低于 10℃。在此气温环境下，若不采取冷藏保鲜措施，叶类蔬菜将在短短数天内变质，并失去食用价值。粤港澳大湾区的气候条件对新鲜蔬菜的仓储、运输、配送、销售等活动十分不利，需要大力发展蔬菜冷链物流以保证市场上蔬菜的良好品质。

蔬菜冷链物流是指为采摘后的新鲜蔬菜的仓储、运输、加工、配送、销售等各环节提供全程低温环境，以延长新鲜蔬菜的保存时间，确保市场上所销售蔬菜的品质，并减少各环节所造成的蔬菜物流损耗。蔬菜冷链物流是国际公认降低物流中蔬菜损耗率、提高物流经济效益的主要方法。欧美发达国家已构建起较完善的蔬菜冷链物流系统，蔬菜冷链物流流通率达到 95% 以上，而物流中蔬菜损耗率则不到 5%。我国蔬菜冷链物流流通率低于 5%，而物流中蔬菜损耗率则高达 30%，与欧美发达国家相比差距巨大。粤港澳大湾区虽然是我国重要的蔬菜产地，但市场中销售的蔬菜质量却无法和欧美发达国家相比。

粤港澳大湾区内地九市所产蔬菜主要供应以下地方：①本地居民消费；②销往国内其他 150 多个大中型城市；③出口到中国港澳、新加坡等地区和国家。基于粤港澳大湾区各城市之间相邻的地理区位以及便利的交通条件，粤港澳大湾区内地九市出口蔬菜中的 40% 供应给港澳地区，且呈上升趋势。只有重视并不断推进蔬菜冷链物流在粤港澳大湾区的发展，才能解决蔬菜冷链物流流通率低、蔬菜损耗率高的问题。为了推进粤港澳大湾区蔬菜冷链物流的发展，政府和相关冷链物流企业付出了巨大努力，也取得了较好的成效。

一、政府引导，建立蔬菜冷链物流标准化示范企业

粤港澳大湾区各地市政府部门积极推动辖区内冷链物流企业开展蔬菜冷链物流标准化示范企业的申报。围绕着生鲜蔬菜的冷链物流，力争培育出一批制度完善、标准严格、设备先进、操作规范的生鲜蔬菜冷链物流标准化示范企业，并在此基础上建设生鲜蔬菜冷链物流标准化示范城市。通过示范企业和示范城市的建设，构建更加完善的蔬菜冷链物流监管体系，形成便于复制推广的蔬菜冷链物流标准化模式，推动粤港澳大湾区蔬菜冷链物流流通标准的体系化和一体化。

粤港澳大湾区蔬菜冷链物流标准化示范申报企业应为从事生鲜蔬菜的流通业务的企业，或者为生鲜蔬菜流通企业提供物流信息或流程监控等服务的企业，比如生鲜蔬菜生产加工企业、生鲜蔬菜电商企业、商超和农贸市场等零售企业、第三方蔬菜冷链物流仓储及配送企业等。这些企业所采用的冷链物流设施设备应满足国家、地方和行业标准，应监控蔬菜冷链物流全流程的温度，并对冷链物流各种数据进行实时采集、存储、交换、展示。粤港澳大湾区蔬菜冷链物流标准化示范企业应具备以下三方面的示范作用。

（一）健全蔬菜冷链物流标准体系

结合蔬菜冷链物流实际工作，各示范企业应制定满足粤港澳大湾区实际需求的蔬菜冷链物流企业标准。这些企业标准应高于现行的国家标准和行业标准，并在适当时候将企业标准转为粤港澳大湾区地方标准。

（二）提高标准应用水平

1. 推动粤港澳大湾区冷链物流企业蔬菜冷链物流标准化设施设备的应用。示范企业应提高蔬菜冷库、蔬菜专用冷藏车辆的标准化程度，并对装卸货月台、蔬菜货架、叉车等仓储设备实施标准化改造，以与标准化蔬菜冷库相适应。示范企业应采用标准化的数据采集、存储、传输设备，如车载 GPS/GIS、温度传感器、温度自动报警装置等冷链物流设备对蔬菜运输、在库、配送以及交接过程中的温度进行实时监控和管理。

2. 强化粤港澳大湾区冷链物流企业蔬菜冷链物流操作流程的标准化。示范企业应结合不同品种蔬菜的具体特点，就不同蔬菜运输、出入库、仓储、配送过程中的温度变动范围、操作流程和操作时间制定科学严格的标准，尤其是要重点强化运输、仓储、配送及各流程交接环节的温控能力。示范企业要完善

内部管理，明确蔬菜冷链物流各环节操作人员的岗位职责，并对蔬菜冷链物流各环节的操作人员进行定期培训。

（三）创新粤港澳大湾区蔬菜冷链物流监管模式

粤港澳大湾区蔬菜冷链物流应建立集政府监管、社会监督和行业管理为一体的监管模式和监管体系。蔬菜冷链物流示范企业应完善蔬菜冷链物流数据的采集、传输、存储系统，构建蔬菜冷链物流信息平台，以实现蔬菜冷链物流信息的实时化与可视化，确保冷链物流数据的完整准确，满足示范企业外部监管和内部管理对冷链物流数据的需要。蔬菜生产类示范企业应构建完善的信息查询系统，消费者可随时随地查询市场上出售的蔬菜在冷链物流各环节所采用的标准以及温控等信息，以实现对蔬菜冷链物流的社会监督。

二、蔬菜生产企业构建“菜篮子”全产业链体系

粤港澳大湾区蔬菜生产企业依托蔬菜基地构建“菜篮子”全产业链体系。以雪印集团有限公司为例，该公司每天都对蔬菜基地进行采摘。每天下午16:00—18:00采摘后的新鲜蔬菜在冷库完成低温预冷；晚上19:00—23:00在蔬菜基地车间完成新鲜蔬菜的安全检测、包装、分拣，并生成蔬菜溯源二维码；凌晨1:00—4:00使用专用冷链配送车辆将新鲜蔬菜配送到客户手中。

雪印集团已建立起覆盖粤港澳大湾区所有地市的蔬菜冷链物流系统，其蔬菜基地所生产的新鲜蔬菜，24小时之内即可通过冷链配送到粤港澳大湾区各地消费者的餐桌上，为粤港澳大湾区消费者提供了优质的生鲜蔬菜。

三、粤港澳大湾区“菜篮子”工程的提出和实施

2019年5月，广州市印发《粤港澳大湾区“菜篮子”建设实施方案》（以下简称《方案》）。《方案》规划在三年之内构建以广州市为中心的粤港澳大湾区“菜篮子”项目，该项目要在粤港澳大湾区建立一个生鲜蔬菜生产和冷链流通体系，为消费者供应更多优质生鲜蔬菜。基于国家现行供应港澳两地生鲜蔬菜检验检疫管理制度，制定统一的供应粤港澳大湾区消费者生鲜蔬菜的质量标准，并在穗港、穗澳之间建立生鲜蔬菜供应工作协调制度，定期举办相关会议，以推动粤港澳大湾区优质生鲜蔬菜的供给。

依据《方案》，粤港澳大湾区“菜篮子”工程所供给粤港澳大湾区所有消费者的生鲜蔬菜均采用统一的质量标准。基于供应港澳两地生鲜蔬菜的质量标

准，构建粤港澳大湾区“菜篮子”生鲜蔬菜面向粤港澳大湾区主要地市消费者的供应体系，在粤港澳大湾区各主要地市商超、农产品贸易市场等设立“菜篮子”品牌零售专档。

粤港澳大湾区“菜篮子”工程逐步在全国主要优质蔬菜产地建立生鲜蔬菜生产基地和加工基地，另外，也将在广州市南沙区建立生鲜蔬菜冷链配送中心。被选入该工程的生鲜蔬菜“一品一码”，消费者可随时扫码查询生鲜蔬菜产地信息、冷链标准、冷链流程、质量检测报告等相关数据。

在粤港澳大湾区“菜篮子”工程生鲜蔬菜生产基地和加工基地附近建设粤港澳大湾区“菜篮子”生鲜蔬菜冷链配送中心，单个生鲜蔬菜冷链配送中心占地应超过5万平方米，建成后的粤港澳大湾区“菜篮子”生鲜蔬菜冷链配送中心具备独立法人资格，并且能提供生鲜蔬菜的低温加工、质检、海关验放、冷链仓储、冷链配送等服务，可以将粤港澳大湾区“菜篮子”工程生产基地和加工基地所产出的生鲜蔬菜通过冷链物流输入粤港澳大湾区市场。

为了满足粤港澳大湾区消费者对优质生鲜蔬菜的需求，粤港澳大湾区“菜篮子”生鲜蔬菜冷链配送中心应建设功能完善的服务区。

1. 生鲜蔬菜仓配集散区。

为粤港澳大湾区生鲜蔬菜需求者提供生鲜蔬菜冷藏储存、低温深加工、贸易集散、冷藏配送等服务。

2. 电商。

依托粤港澳大湾区“菜篮子”工程信息服务平台，开展生鲜蔬菜线上展贸及交易。统一使用该信息服务平台完成对生鲜蔬菜电商、生鲜蔬菜质量信息、生鲜蔬菜冷链物流、通关服务等的管理。

3. 运营管理信息区。

在主要品种生鲜蔬菜生产地块、质量安全检测室、生鲜蔬菜冷藏库等关键节点建立视频监控，实时监控生鲜蔬菜状态。以GPS、GIS、网络技术等，建立生鲜蔬菜冷链物流跟踪系统，实时监控生鲜蔬菜冷链运输状态。对蔬菜生产基地的蔬菜化肥、农药等投入品使用情况、蔬菜质量自检情况等数据进行全面记录，以实现对终端生鲜蔬菜的快速溯源。

4. 生鲜蔬菜冷链物流合作交流区。

构建粤港澳大湾区“菜篮子”工程生鲜蔬菜冷链物流合作交流平台，提供冷链物流企业合作交流、生鲜蔬菜进出口合作等服务。

5. 报关服务区。

报关服务区提供第三方检测、报关等“一站式”服务。以粤港澳大湾区“菜篮子”工程广州冷链配送中心为例，该中心的检测平台不但提供生鲜蔬菜检测服务，还参与制定生鲜蔬菜质量监控指标，评估“菜篮子”工程生鲜蔬菜质量安全状况，为确保供给粤港澳大湾区的生鲜蔬菜质量提供可复制的监控模式。

第三节 水产品冷链物流发展

粤港澳大湾区地处亚欧大陆和太平洋交接处，拥有多个沿海地市，在水产品产业上具有得天独厚的区位优势。粤港澳大湾区主要水产品生产基地是珠江口渔场，水产品种类众多。近岸浮游生物 250 多种，鱼类 1000 多种，其中捕捞价值较大的经济鱼类有 200 余种，此外还有海蜇、海蟹、虾等经济价值较高的水产品。

粤港澳大湾区水产品养殖业比较发达，而水产品捕捞、运输、仓储、配送、销售等流通过程必须以冷链物流为基础。目前，粤港澳大湾区水产品冷链物流发展不完善，存在诸多问题，不能满足粤港澳大湾区消费者对优质水产品的消费需求。本节将分析粤港澳大湾区水产品冷链物流过程中存在的一些突出问题，并提出相关建议。

一、粤港澳大湾区水产品冷链物流发展现状

在水产品冷链物流过程中，水产品养殖、捕捞等处于上游；水产品供应商、冷链物流中心等处于中游；水产品批发零售市场、商超、饭店、家庭等处于下游，以上节点结合在一起共同组成了水产品冷链物流系统。只有各节点密切配合，才能实现水产品冷链物流的时间价值和空间价值，为粤港澳大湾区消费者提供优质的水产品。粤港澳大湾区水产品冷链物流网络正在逐步完善，运输网络、冷藏设施设备已初具规模，冷库和冷藏车辆等设施设备的冷藏技术得到极大改善，粤港澳大湾区水产品冷链物流产业不断向规模化、规范化发展。

二、粤港澳大湾区水产品冷链物流存在的问题

（一）水产品流通渠道不畅

粤港澳大湾区水产品流通环节过多，且各环节之间协调性较差，导致水产

品的流通环节成本在水产品销售价格中占比过高。从捕捞开始直到消费者手中，粤港澳大湾区水产品流通环节有5道以上。①贩销户在海上或水产品养殖基地收购捕捞完成的水产品；②贩销户将水产品通过冷冻冷藏设备运输到码头，并将其转卖给各渔港代理商；③渔港代理商通过冷冻冷藏设备将水产品运输到水产品批发市场，并将其卖给水产品批发商或加工企业；④水产品被批发商转卖给商超或水产品零售商；⑤商超或水产品零售商将水产品转卖给消费者。粤港澳大湾区水产品冷链物流环节过多，冷链运输成本高昂，冷链运输耗时较多，水产品质量难以保证。与此同时，粤港澳大湾区水产品冷链物流全流程参与主体较多，水产品冷链物流信息采集共享不充分，交易费用较高。

（二）水产品冷链物流标准化程度低

水产品冷链物流标准化是粤港澳大湾区水产品冷链物流走向规范化规模化的必要措施。目前，粤港澳大湾区水产品冷链物流市场准入制度尚未完善，市场行为规范尚无统一标准；粤港澳大湾区水产品冷链物流缺乏统一的物流设施设备技术标准和工作标准；粤港澳大湾区水产品冷链物流缺乏统一的生产标准，由于水产品自身标准化程度低，大小不一、形状不同，同一品种水产品的包装标准与冷链物流设施设备标准不相符。粤港澳大湾区水产品冷链物流标准化的缺失，增加了水产品冷链物流的运作成本，降低了其运行效率和服务质量。

（三）水产品冷链物流高素质专业人才匮乏

与传统物流不同，技术密集型的水产品冷链物流，对从业人员冷链物流知识储备和专业技能都有较高要求。在水产品冷链物流全流程中，不同环节不同岗位专业人员通力合作才能使其高效运转。目前，粤港澳大湾区水产品冷链基层操作人员学历层次普遍较低，操作方式比较陈旧。而水产品冷链物流管理人员对整个行业的认知有限，导致粤港澳水产品冷链物流行业发展缓慢。

三、粤港澳大湾区水产品冷链物流发展建议

（一）完善交通及水产品冷链物流设施设备，规划水产品冷链物流园区

粤港澳大湾区各级政府和相关冷链物流企业应加强水产品冷链物流基地、水产品冷链物流配送中心以及水产品冷链物流信息平台的建设。对于水产品专用冷链运输车辆、水产品专用冷库等进行持续的技术更新，以保证水产品全程冷链过程的温控，确保水产品流通中的质量安全。

结合本地水产品冷链物流行业发展现状和趋势，粤港澳大湾区各地政府部门应做好大湾区内水产品冷链物流园区规划和建设。政府部门可以给予水产品冷链物流企业一定的优惠，吸引各类相关企业落户冷链物流园区，并引导各企业在合理分工的基础上开展有序合作和竞争。围绕水产品冷链物流园区，各类冷链物流企业集聚在一起，使各企业之间的信息传递、业务交流和业务合作更加便捷，实现资源节约成本降低。

（二）完善水产品冷链物流标准化

政府部门应制定统一的粤港澳大湾区水产品冷链物流标准体系，包括制定统一的水产品冷链物流操作规范、统一的水产品质量检测标准和水产品认证体系、统一的水产品经营主体市场准入制度、统一的水产品市场准入制度和统一的水产品第三方冷链物流市场准入制度。

1. 制订统一的水产品冷链物流操作规范。

制订水产品的规格标准、计量标准、包装标准、存储标准、统计标准等；制订完善水产品冷链物流设施设备标准、冷链业务流程标准、水产品冷链物流信息传递标准等。

2. 制订统一的水产品标准、水产品质量检测标准和水产品认证体系。

基于 HACCP 建立水产品全程质量体系，在粤港澳大湾区推进水产品的市场准入机制和水产品的质量安全认证。制订统一的水产品质量安全标准、检验检疫制度等，建立水产品质量安全可追溯制度、实施水产品质量安全公示制度，以及水产品冷链物流信息反馈机制等。

3. 水产品经营主体市场准入制度。

水产品经营主体市场准入制度是指以水产品养殖、加工、流通等为业务范围的水产品市场经营主体必须取得工商部门颁发的营业执照，以及卫生等政府部门颁发的卫生许可证，取得水产品市场经营主体资格。

4. 水产品市场准入制度。

水产品市场准入制度是指达到特定质量安全标准的水产品才允许进入水产品市场流通领域，而低于质量安全标准的水产品将被禁止进入水产品市场流通领域。进入粤港澳大湾区市场流通的水产品的养殖者，须与水产品市场经营者协商签署定向经营合同，通过明确流入市场的水产品的生产地、养殖过程安全规范执行情况，以及明确追究质量安全责任的措施等方法来确保粤港澳大湾区水产品质量安全。粤港澳大湾区实施水产品准入制度，是确保流通中水产品质量安全的有力措施，粤港澳大湾区相关政府部门应协调制订统一的水产品质量安全准入标准。目前，世界各国水产品市场准入方面通常采用水产品质量安全认证机制。依据不同的认证性质，水产品质量安全认证机制又分为自愿认证和强制认证。

5. 水产品第三方冷链物流市场准入制度。

目前，粤港澳大湾区水产品第三方冷链物流企业规模普遍不大，行业集中度低。通过设立严格的水产品第三方冷链物流市场准入制度，将部分专业性和运作规范性较差的水产品第三方物流企业从市场中排除出去，提高行业的集中度，可以保证粤港澳大湾区水产品冷链物流服务质量，确保水产品在冷链物流各环节的质量安全。

（三）加强冷链物流人才的培养

水产品冷链物流产业是劳动和技术双密集型产业，对从业人员的专业知识和专业技能均有较高要求。粤港澳大湾区水产品冷链物流形成完整的供应链，离不开大批量专业人才的参与。

目前，高校物流相关专业课程设置方面无法满足粤港澳大湾区水产品冷链物流的发展需要。物流相关专业学生在学校所学知识相对浅显，且以理论知识为主，学生缺乏将理论运用到实践当中的能力。在人才培养中，要积极推动校企合作，建立水产品冷链物流企业实践基地和校内实践教学基地，为学生提供更多实践机会。对于水产品冷链物流从业人员，水产品冷链物流企业应加强技能培训，普及水产品冷链物流专业知识和专业技能，提高其从业能力。

第十一章 国外湾区冷链物流发展经验及借鉴

2019 年 2 月《粤港澳大湾区发展规划纲要》的印发，使粤港澳大湾区成为和纽约湾区、旧金山湾区和东京湾区并驾齐驱的国际型湾区，粤港澳大湾区冷链物流的发展和转型也成为迫在眉睫的重要问题，必须紧跟国外发达国家的步伐。

在世界冷链物流的发展过程中，美国、日本、加拿大、荷兰和英国冷链物流的发展一直走在世界的前端，取得了辉煌的成绩，本章以美国和日本冷链物流的发展为主要研究对象，结合纽约湾区、旧金山湾区、东京湾区冷链物流发展的成功案例，对中国冷链物流发展进行对比分析，希望能对粤港澳大湾区冷链物流发展提出一些发展对策和借鉴意义。

湾区经济属于一国经济发展密不可分的一部分，湾区的冷链物流发展也离不开湾区所处的宏观经济环境、物流行业环境、物流政策环境和物流标准环境等方面，本章以美国冷链物流业、日本物流业为对象，结合纽约湾区、旧金山湾区和东京湾区的成功经验对粤港澳大湾区的冷链物流发展进行分析。

第一节 美国湾区冷链物流发展

一、美国冷链物流发展概况

（一）美国冷链物流发展基础

由于全球化的不断推进、技术不断进步、资源环境的不断变化，发达国家的物流业出现了很多新技术、新形式、新服务，美国属于物流业发展较早的国家，在物流业结构调整和转型升级上都取得了巨大的进步，形成了高效率的现代物流体系，对美国旧金山湾区和纽约湾区的冷链物流发展有着深远的影响，同时对粤港澳大湾区的物流业发展也有着重要的借鉴意义。

1. 物流业分工专业化，新兴物流服务不断涌现。

（1）物流服务日益分化和专业化。美国传统物流业以运输和仓储为主，但是随着经济的发展逐渐演变成专业化的分工，出现了危险品业务、冷链物流业务、快递业务等。除了传统的运输和仓储之外，逐渐衍生出物流服务，例如和物流设施和装备相关的仓库、集装箱、托盘等的投资、租赁、物流金融服务，在提高物流效率的同时，也降低了物流企业的资金压力。普洛斯集团（ProLogis），是一家专门提供仓储设施租赁和物流园区物业管理服务的投资企业，业务已经遍布 20 多个国家。

（2）新兴物流服务不断涌现。物流企业在探索增值服务的同时，出现了第三方物流企业。传统物流大多数为生产企业自建，自建物流成本高昂，耗费企业巨大的资金成本，第三方物流出现以后，专门从事仓储、运输、信息沟通等业务的中间商服务模式就诞生了。

2. 信息技术不断推动物流技术创新。

信息化成为创新的原动力，物流业在实现机械化、自动化的基础上，也在不断探索信息化发展道路。

（1）物流业全程活动信息化。商品从产地供应开始，经过生产、储存、运输、配送、销售、订单处理等一系列的环节到达消费者手上，应该全面地进行物流信息化管理，在提高物流效率的同时也提高了企业的运行效率。

（2）信息技术进行不断创新。物流业的运输方式，如多式联运的出现，设施设备的使用、港口自动装卸装置的产生、仓库中的柔性管理方式、车辆定位系统、TMS 运输管理系统等信息管理系统和管理设备都离不开信息技术的创新。

（3）互联网等新兴技术对物流信息的推动。互联网的出现给物流业的发展也带来了新的机遇，例如生产企业和物流企业之间的信息沟通、系统对接，各个物流企业之间的聚集效应，一个企业物流部门和其他部门之间的信息互通，物流信息服务平台的出现，都可以从节约资源、提高物流运行效率方面得到体现。

3. 物流业发展逐渐规模化、集群化和平台化。

物流产业为了适应全球化的发展需要，需要进行大规模的变革，美国物流业为了跟上物流市场的发展变化也开始向规模化、集群化和平台化转变。

（1）规模化巨头物流企业涌现。美国物流业开始通过大规模的上市、兼并重组等方式进行扩张，一批规模化物流业出现，如美国联邦快递公司（Fedex）。

（2）物流集群快速发展。与物流企业规模化发展并行发展的还有物流集群化的快速发展，美国一些中小型物流企业开始向交通枢纽城市、制造业中心城市和经济发达城市聚集，形成一批具有多样化服务和优势竞争力的物流产业集群，成为全球物流体系的骨干节点网络。例如芝加哥依靠作为美国制造中心和物流中心的优势，大力发展运输网络，聚集各类运输企业，使芝加哥转型成为联通全球市场的国际物流中心。

（3）平台型物流成为新型物流产业组织。在互联网发展迅速的背景下，美国物流业也开始向平台化发展，一些中小物流企业为了达成规模效应，充分共享资源，形成了物流园区、物流信息平台、物流产业园区等多种形式的平台组织。

4. 服务方式创新加速物流资源整合与优化配置。

随着经济发展水平的提高，美国的物流设施、物流企业数量和物流服务能力都逐渐提高，需要更有效的资源整合方法以及物流资源的优化配置，探索一些新型的物流服务和物流模式来提高物流效率，创造更多的价值。

（1）多式联运为核心发展综合类的运输服务。多式联运是采用海上运输、航空运输、铁路运输、公路运输等多种运输方式进行联合运输的新型运输方式，可以进行运力资源的整合和优化。多式联运起源于20世纪80年代的瑞士，是将海铁联运和江海联运逐渐发展为多种方式联运的国际集装箱运输。美国物流企业非常重视多式联运的发展，集装箱海铁联运比例达到40%，江海联运也超过20%，多式联运的发展不仅使多种运输方式进行有效分工和协作互补，也使得在基础设施、物流设备设施标准化等方面完成对接，可以促进一个国家综合运输能力和物流效率的提升。

（2）第三方物流发展迅猛。第三方物流的发展是20世纪80年代以来全球重要的物流创新。第三方物流是由供方和需方以外的第三方物流企业来提供物流的仓储、配送等服务。美国大力发展第三方物流企业，为传统生产企业提供运输、仓储、加工配送等综合性的物流服务，而且基本上是属于链接下游承运商的轻资产型第三方物流企业，整合下游仓库、运输车辆、运输司机等资源，为生产企业、商贸企业提供多方面的物流服务。例如美国典型的第三方物流企业罗宾逊公司（C. H. Robinson）是全球物流 50 强企业。

（3）以供应链管理为核心的系统化物流服务。在经济全球化和信息化的不断推动下，供应链的概念被越来越多的国家和企业重视，从原材料的采购到工厂内的生产、产品的销售等逐渐形成一体化的供应链活动，物流企业提供的服务也从单一的功能性的物流服务向整个供应链进行整合，进行系统化和一体化的物流管理服务。美国近年来发展起来的冷链物流行业，已经可以实现对生鲜农产品、蔬菜水果等产品从原材料采购到消费者的供应链全程覆盖，这不仅没有增加美国冷链物流运输的成本，反而减少了产品损耗和腐败，大大提高了冷链物流运行效率。

（二）美国冷链物流发展背景

随着电冰箱等制冷设备的出现，生鲜和冷冻食品开始进入物流流通环节，早在 20 世纪 30 年代，美国的食品冷链体系已经初步建成。现在美国等发达国家已经具有先进的冷链技术设备，形成了供应、生产、储存、销售、运输、配送一体化的冷链物流体系。美国基本上已经实现了供应端、仓储端、运输端为一体的全程冷链模式，广泛采用冷藏集装箱或冷藏汽车运输，低温运输率达 80% 以上。在冷链物流设施设备上，美国的投资也远远高于中国。例如，美国在田间采摘食品后采用真空预冷、差压通风、强制通风、冷水预冷等预冷技术，预冷保鲜率达 80%—100%；冷冻冷藏能力高达 1600 万吨，仅 AmeriCold 一家拥有的冷库总量就与我国冷库总量相当；在冷链运输方面拥有冷藏车辆 16 万辆，保温车 6 万辆。

美国政府在冷链物流环节的法律法规上也高度参与，制定了一系列的法律法规政策，确保冷链物流产品的食品质量和安全问题。例如在运输、储藏的各环节都制定了严格的温度标准，对于食品添加剂和杀虫剂残留物等方面也有严格的限制。

（三）美国冷链物流发展现状及优势

1. 高度发达的运输网络体系。

虽然美国国土面积辽阔，达到 937. 3 万平方公里，经过多年的发展，美国已经形成了较为发达的综合运输体系，美国有四通八达的高速公路和完善的铁路网络，为美国的物流运输企业提供了良好的基础设施建设。

美国的高速公路建设比较早，拥有洲际高速公路 4. 69 万英里，州内高速公路 11. 55 万英里，其他道路 384. 9 万英里。目前大多属于免费通行的道路，虽然相比中国的高速公路建设条件和标准较低，但是基于免费的优势，利用率高，通行量也很高，这使冷链运输有着很大的优势。尤其是州际高速公路的建设，使得美国各州之间能够实现互通互达，使冷链集装箱公路运输高效运行，可以实现1000公里以内24小时送达，能够更好地实现冷链运输对时效的高要求。

美国的铁路运输也非常发达，铁路的总里程数稳居世界第一，超过22万公里，是中国的将近1倍，州与州之间都有四通八达的铁路网络，用来实现50个州之间的货物运输，是美国冷链运输的主力；并且美国拥有世界上最好的铁路货运系统，货运总量比世界上任何一个国家都要多。借助于铁路网络的优势，美国还大力推广使用火车温控集装箱，用以进行铁路冷链运输，基于铁路运输运载量大，运输速度快的优势，美国的冷链运输也越来越发达。

美国的航空业也高度发达。全国拥有大型航空公司50多家，公共机场5217个，定期航线达28万公里。全世界最繁忙的10大机场中，7个在美国。航空运输速度快，效率高的运输优势也为美国的冷链物流助力起飞。

2. 冷链物流行业专业化程度提高，第三方冷链物流发展迅速。

中国从事冷链物流行业的企业很多是同时从事仓储和运输业务的综合性企业，除此之外还可以提供分拣、装卸、配送、仓库设计等一系列的综合服务，同时还可以提供信息咨询、信息管理、金融服务等附加服务。但是美国冷链物流企业完全不同，分工越来越细化，从事运输的冷链企业只需要对司机和运输车辆进行管理，从事仓库的企业只需要做好仓库管理。每个客户需要对接仓储、运输、装卸等多家冷链物流服务商，这些明细的分工基本上都由第三方冷链物流企业完成。而在中国，大部分的生鲜易腐农产品的配送还是由生产者和经销商完成，专门的第三方冷链物流企业占比非常低。

3. 广泛运用信息化工具进行冷链信息管理。

美国发达的冷链运输行业离不开物流信息化的发展。美国大多数冷链物流企业使用电子数据交换（EDI）技术进行物流企业和客户之前以及和上下游的承运商之间的信息处理；美国还充分利用射频识别技术（RFID技术）和GPS技术、条形码技术对仓库和运输商品进行温度控制和跟踪，信息系统的使用是美国冷链物流行业发展高效和快速的基本条件。美国大型冷链企业C. R. England英格兰要求必须为每辆运输车辆配备GPS定位系统，使订单能够按时送达，避免食品公司因不能按时送达承担的违约赔偿责任。美国冷藏公司（USCS）也已建立起仓库、运输温度管理控制系统，成为美国主要的冷藏库和冷链运输供应商、管理和配备温控范围广的冷藏集装箱，保证了作为第三方冷链物流企业的优质服务和安全放心服务。

4. 运用先进的冷链物流装备与技术。

美国的冷链物流企业多采用冷藏集装箱进行冷链运输，冷藏车辆配有GPRS系统、车载温度控制仪器等高端的冷链运输设备，为客户提供全程冷链运输服务。在冷链仓库也都配置先进的自动化喷淋系统，仓库进出货口可以实现和冷藏集装箱的无缝对接，确保冷链产品在对接过程中的各个环节的温度控制，避免产生断层阶段。对于这些先进设备，还必须配备一定的人员进行使用和调配，对仓库人员和司机进行培训，实现对运输车辆的GPRS远程温度控制，确保车辆在运输途中车内货物一直处在后台温度监控中，能够按照冷链运输标准送到客户手上。

而我国的冷链物流运输设施设备还比较落后，需要进行全程冷链运输的产品大多数还是利用敞篷车厢进行运输，只有30%使用了箱式车箱，使用装有制冷装备的冷藏车厢运输车辆数量更少，远没有达到产品冷链运输标准。而易腐保鲜食品的冷藏运输只占运输总量的20%，其余80%的禽肉、水产品、水果、蔬菜等大多是用普通卡车运输。铁路运输中使用冷藏运输车厢的食品仅占铁路货运总量的1%。

5. 冷链物流企业进行合作或联盟，形成规模效应。

美国虽然有美国冷藏公司（USCS）、CR英格兰（C. R. England）、Able-Freight、PFS普菲斯等一些历史悠久、成规模的冷链物流企业，但是数量不多，大多数企业还是规模小、起步晚的中小企业。但是对于冷链物流业务而言，必须有一定规模的业务量才可以降低物流成本、提高物流效率、避免造成冷藏车辆装载率低下、冷库使用效率不高的局面。因此，美国的冷链物流企业采用企业合作、企业联盟的方式进行聚集，形成一定的规模效应。

一些规模较大的冷链企业已经在美国区域内有一定的货源基础，和一些生鲜食品、易腐食品进行长期合作，有着稳定的规模较大的货源，但是大企业会有成本高、资产资金占用成本高等缺点，尤其是对于冷链企业，车辆和设备购买成本更高，这部分企业会和一些中小冷链企业进行合作，签订长期的合作合同，把一部分业务在区域内外包给中小企业，进行一些区域内的短途冷链配送，这样就可以减少购置冷藏运输车辆的成本，中小企业也可以获得长期稳定的货源，大型企业可以用更多的经历扩展自己的业务范围，提高管理水平，提供更优质的服务，建立全国，甚至国家化网络体系。

另外，中小型的冷链物流企业由于货源较少往往会出现装载率不高，冷库运行效率低下等问题，中小型企业之间也可以形成物流联盟，扩大自己的运输范围，提高运输车辆的装载率和冷库的使用率。

二、美国纽约湾区冷链物流发展分析

纽约湾区从 19 世纪 80 年代开始逐步发展，是世界金融核心中枢和国际航运中心。纽约作为纽约湾区的核心，是美国第一大港口城市和商贸中心，位于纽约州东南，濒临大西洋。纽约湾区作为一个跨州建设的湾区，要想实现各个州际之间的互通互达，必须要有强大的交通基础设施作为支撑，这也是湾区物流业和冷链物流业发展的关键基础。纽约湾区冷链物流发展的基础环境可以体现在以下几个方面。

（一）纽约湾区的自然环境

纽约湾区由纽约州、康涅狄格州、新泽西州等 31 个县组成，是一个跨州建设的湾区，纽约州是国际金融中心，康涅狄格州和新泽西州为传统工业中心和制造业中心。这一庞大的城市群以纽约为中心，北起波士顿，南至华盛顿。

纽约湾区在港口方面有着天然的优势，纽约湾区的核心纽约市，位于纽约州的东南部哈德逊河口，由曼哈顿、布鲁克林、布朗克斯、里士满和昆斯 5 个区组成的纽约，面积 828.8 平方公里。19 世纪初伊利运河开通后，纽约港的吞吐量大增，成为美国东海岸唯一连接内陆航运和五大湖区域港口的大型海港，港口不仅可以为纽约湾区带来大量的物产资源，也带来了世界各地的人才和财富，成为纽约发展的优质资源。曼哈顿就是依靠天然港的优势发展起来的，集中了闻名全球的华尔街、百老汇、中央公园、联合国总部、第五大道、大都会艺术博物馆等著名机构和标志性建筑。面积不足 1 平方公里的华尔街金融区内，更是集中了超过 240 万人，3000 多家银行、交易所、保险公司等金融机构。

另外，纽约港在联通欧洲上也有着得天独厚的地理优势，距离伦敦很近，大大缩短了航运和空运的时间，不管对于频繁出差的高层次人士还是大量进出口的货物都非常重要。

（二）纽约湾区经济环境

纽约是重要制造业中心，食品、化妆品等在制造业中占比很大，食品行业中生鲜、农产品、水产品等的运输都离不开冷链物流，是纽约湾区冷链物流发展的重要驱动因素。依托海洋贸易，纽约的制造业在 19 世纪初逐渐兴起。到

1860 年，纽约制造业产值便已是全美第一，成为美国制造业的中心，并逐渐形成了以轻工业、服装业和制糖业为主要支柱的产业格局，基于此更巩固了其航运中心的地位，并为成长为金融中心奠定了坚实的基础。

纽约的经济和金融非常发达，是世界三大经济金融中心之一，经济的发展为湾区冷链物流发展提供了资金支持。

（三）纽约湾区的规划发展

纽约湾区的成功不仅得益于优越的地理位置，也离不开科学合理的城市规划。纽约湾区作为唯一一个跨州建设的大都市区，基础设施，尤其是交通建设的规划非常重要，纽约湾区的规划组织工作都是统一规划的。

纽约区域规划委员会成立于 1921 年，后发展成为纽约区域规划协会（RPA），从成立至今，RPA 已对纽约湾区提出了四次规划方案。纽约湾区作为四大湾区之首，成功之路绝对离不开 RPA 的四次规划作用。RPA 的规划为重构纽约湾区的区域秩序，使之成为更具活力、更加丰富多样的大都市区作出了重要贡献。1929 年，RPA 发表《纽约及其周边地区的区域规划》，提议构建湾区的公路和铁路网络，使之具有强大的交通网络等基础设施建设。

纽约湾区的交通建设协调规划工作是由纽约都市圈规划组织（MPO）统一规划管理，纽约都市圈规划组织（MPO）的纽约大都市交通委员会（NYMTC）负责评估区域内整体的交通建设方案、建立统一的规划项目、维持长期交通规划、发展交通改善项目等。纽约都市圈规划组织（MPO）和纽约大都市交通委员会（NYMTC）机构的存在一定程度上避免了跨区域情景下人员职能重叠，手续烦琐冗杂带来的时间、人力、物力的无效消耗，在提高规划效率的同时，能以长远的目光看待整个区域的交通运输，使之协调发展。

纽约的交通网络高效便捷，重视轨道交通和港口建设，形成了以纽约为枢纽的对外交通网络，为冷链物流的发展提供了良好的基础设施，降低了冷链物流的运作时间和成本。

（四）纽约湾区的人才培养

纽约整体教育水平较高，有三所为世界级的常青藤大学，纽约州的哥伦比亚大学，新泽西州的哥伦比亚大学，康涅狄格州的耶鲁大学，除此之外还有康奈尔大学、纽约大学、哈佛大学、麻省理工大学等 58 所著名高校，人才资源优势明显，各高校为培养高层次人才提供了基础保障，可以为冷链物流行业提供高层次的科技创新型人才。

纽约湾区内产学研合作也非常密切，校企合作、政企合作对创新型人才的科技成果转化有着非常大的优势，对创新型人才提供了更多的发展空间，很有吸引力，从而可以带动湾区内冷链物流技术的创新发展。

政府也非常重视湾区内的人才引进，制定了多种税收减免政策，设置多项奖金，鼓励全球各地高层次人才来到纽约湾区就业，有着宽容的就业环境，对冷链物流服务业的发展提供了政策支持。

三、美国旧金山湾区冷链物流发展分析

（一）旧金山湾区的经济环境

旧金山湾区是美国加利福尼亚州北部的一个大都会区，位于沙加缅度河下游出海口的旧金山湾周边，包括旧金山、奥克兰、圣何塞等城市，旧金山湾区的南部有世界著名的硅谷，还拥有斯坦福大学、加利福尼亚大学等20多所世界著名高校，是全球著名的创新型人才聚集地，为旧金山湾区冷链物流的发展输送人才，提供知识和人才基础。

旧金山湾区是全球重要的高科技研发中心之一，为湾区冷链物流发展注入前言科技和创新技术。湾区的三个中心城市分别承担了不同的产业功能，其中奥克兰以港口经济为主，促进了冷链物流的跨境运输业务。

（二）旧金山湾区的人才培养

旧金山湾区虽然不及纽约湾区著名高校数量多，但也是教育圣地，拥有着汇集全球的创新型人才。斯坦福大学和加州大学伯克利分校科研能力强，科研成果转化率高，政府和高校非常支持科研成果的转化，为此提供多项吸引科研人才的政策，如在签证和移民方面对科研人才的优惠政策。硅谷非美国出生的科研人才高达40%。除此之外斯坦福大学等高校专门成立科研成果转化机构，促进成果转化。

另外，企业、政府、高校合作密切，为培养创新型人才提供资金和实践支持。完善的风险投资系统也吸引了大量的人才到湾区创业，人才的聚集和科研成果转化率高的优势都为旧金山湾区冷链物流技术的发展提供了人才和技术支持。

第二节　日本湾区冷链物流发展

在20世纪80年代，日本经济开始高速发展，日本冷链物流产业也随之高

速发展，经过几十年的发展和完善，日本冷链已经形成从产地到消费者的完善冷链物流系统，从冷库库容、出入库数量、储存量等可以看出，日本的冷链物流目前已经处于平稳发展阶段。这得益于日本政府对冷链物流建设的重视，长期以来大力推进冷链基础设施的建设，例如在食品配送聚集地建设低温仓库，并进行分拣配送、流通加工等冷链物流相关业务，目前日本冷链在物流技术设备、信息系统、运作模式等方面都处于世界领先水平。

一、日本冷链物流发展现状

日本是最早建设农产品冷链政策法规体系的国家之一，日本政府从 20 世纪 20 年代就开始了冷链政策法规体系的探索。1921 年，日本认识到食品安全问题，发布了《中央批发市场法》，对食品质量进行认证。1950 年日本开始注重农产品整个流通环节的冷链控制，发布了《农林物质标准化及质量标志管理法》。20 世纪 90 年代日本开始颁发一些正式的法律法规政策，对农产品的冷链物流运输进行比较规范的建设，如《物流法》《中央批发市场法》《农林物质标准化及质量标志管理》《综合物流实施大纲》《物流效率法》。21 世纪以来，根据物流业出现的问题，日本对冷链物流基础设施的建设提供了大量的政策和资金支持。

日本的冷链物流起步较早，开始于 20 世纪 70 年代。从 20 世纪 90 年代开始日本对冷链基础设施的建设越来越重视，例如，在 1993 年日本冷库数量就已经达到 6985 个，2013 年冷库数量为 6309 个，但是冷藏能力和冷链从业人数已经翻倍增长。同时，日本对水产品的冷库温度划分也有严格的标准，分为 C 级、F 级、SF 级，F 级的冷藏数量覆盖了冷藏总量的 86%。

1955—1965 年，日本经济快速增长，促进了物流业的增长，水果蔬菜等生鲜食品的保鲜技术得到了重视和广泛的应用，日本政府开始从供应、生产、储存、运输、销售等全部流通环节进行冷链控制。20 世纪 70 年代以后，日本开始在全国进行生鲜食品低温流通保鲜体系建设，到了 90 年代，已经在全国范围内实现了全程冷链的生鲜保鲜流通体系建设。目前日本的生鲜食品主要通过冷链流通，采用在供应端建设冷库的方式预冷，全国各地的农业协会，生鲜农产品批发市场均建设有冷库资源，例如蔬菜采摘后必须预冷才能进行储存和运输。

对于冷库基础设施，早期的日本采用强制通风的制冷方式，随着制冷技术的进步，设计出一次制冷的压差式通风冷库和真空式冷库，制冷时间快，效果更好。

1975 年，日本在生鲜食品冷链方向继续努力，进一步提高了冷链相关的研究水平，成立了食品低温推进会议，发布《低温管理食品的品质管理方法及低温通设施完善方向》，文件不仅制定了不同食品不同温度范围的管理方法，也为生鲜食品的冷链基础设施建设提供了新的方向，至此，日本生鲜食品的冷链保鲜技术已经基本建设完善。

虽然日本冷链物流企业数量不多，但是规模型的冷链物流企业在全球领先，例如 Nichirei（日冷）物流集团是日本国内最大的冷链物流企业，冷库储存能力位居日本第一、世界第五，日冷物流集团的壮大主要得益于其强大冷藏能力和冷冻物流中心，而且日冷物流在信息化水平建设中也属于领先位置，对仓储和运输过程中的温度控制要求非常严格，连装卸期间的温度也要进行严格管理，因此对于需要冷链运输的产品可以提供非常优质的服务。日冷还计划进军越南和印度尼西亚为中心的东南亚国家联盟，致力于在东南亚国家继续扩大冷链业务。大和运输是日本最大的快递企业，也是世界首个建设零担冷链物流网络和提供国际冷链宅急便服务的快递企业，目前已经在中国香港、中国台湾、新加坡等地区或国家提供国际冷链宅急便服务，并且致力于把市场拓展到全亚洲。

二、日本冷链物流发展策略

日本国土面积小，自然资源匮乏，和美国的情况完全不同，因为日本的农户分散导致交易成本高、物流成本高，当地政府只能通过建设农副产品物流平台和农产品冷链物流体系来解决这个问题，保证日本城市农产品的供应和配送。虽然日本先天条件没有优势，却是冷链物流建设较早并且较为完善的国家之一，之所以在冷链物流领域如此成功，主要得益于日本在以下几个方面的努力。

（一）注重基础设施建设

日本非常注重冷链基础设施的建设，冷链物流的发展离不开完善的基础设施建设，2017 年已经拥有冷藏车辆 20 万辆，占日本总的公路货运总量的 2.65%，日本冷藏仓库数量为 3000 个，占地 3800 万立方米，农产品、生鲜产品冷链运输率高达 95%以上。

冷链配送是指将需要冷藏储存运输的货物通过专用冷藏车辆运输到目的地，中冷联盟统计数据显示，我国冷藏车的保有量仅能满足实际配送需求的

30%，大部分货物无法按照适宜冷藏温度进行冷链运输，而日本专用冷藏车及多功能冷藏车已经十分普及，快递企业也能将普通货物和冷链货物混合运输。例如，日本邮政打造冷链 EMS，日本邮政于 1996 年开始提供“保冷邮件”服务，有着多年从事冷链物流的经验。目前，日本邮政在国内提供的“保冷邮政包裹”服务分为冷藏与冷冻两种。冷冻服务只针对企业，费用为普通包裹的基本费用 + 保冷费用。客户可在邮局窗口交寄，也可提前预约上门揽收。日本全国（部分地区除外）均为次日或第 3 天送达，并免费提供投递完毕通知和跟踪查询服务。

日本的冷链物流企业虽然数量不多，但非常重视基础设施的建设，例如日冷物流冷链基础设施投资规模非常高，尤其是冷库建设。日冷物流投入了大量的资金建设冷库和分拨中心，用以形成高效的冷链物流网络，形成规模效应，目前日冷物流已经在日本全国范围内建成并运营有 7 大区域冷库公司，77 个 DC，75 个 TC，总计 152 个物流中心，每日通过 4000 台车辆的运营，满足近 5000 个门店的物流需求。从北海道到福冈地区，日冷都有其子公司和配送中心分布，充足的冷藏、冷冻网络支撑使得公司业务遍布全国，形成冷链物流配送的规模效应。截至 2018 年 4 月，日冷物流的冷库库容量总计达到 151 万吨，冷库库容量为日本第一，世界第 5。日冷物流通过积极布局冷库建设，形成全国性的仓配运营网络，有效提高运营效率，为运输配送、综合物流服务等其他业务提供仓储保障，使生鲜产品保持全程冷链，同时保证了稳定的收入以及利润来源。

（二）政府政策支持

随着人们生活水平的提高，食品安全问题越来越受重视，据统计，日本超市有 50% 的商品在低温环境中销售，而我国仅有 10%，我们国家对一些蔬菜、水果、生鲜食品需要在低温环境运输、销售的食品安全意识还未形成，与日本差别较大，这一方面和人们的观念的普及有关，另一方面也和政府的重视程度、标准化程度和监管水平有关。

日本政府非常重视食品安全问题，对冷链物流的发展早就形成了相应的政策体系支持，例如以日本的农林水产协会为首推动成立的低温流通协会，对日本不同食品的流通温度范围制定了严格的规定，对食品的冷链运输起到了关键的监管作用。

（三）重视科技投入和自动化水平的提高

日本劳动力短缺，人工成本高，这也使得日本在冷链物流领域的机械化和自动化程度非常高，智能物流分拣系统在日本非常普及，节省了很多人力，很好地解决了劳动力成本高的问题，这不仅大大提高了冷链物流的分拣效率，也降低了由于人工因素引起的差错率，从而提高物流效率；除此之外，自动化立体仓库在日本也非常普及，货物的存取都可以通过自动化实现，节约了货物上下架的人工成本，效率也较人工上下架高。

另外，日本的冷链物流企业还普遍使用电子数据交换技术（EDI），EDI技术的使用使企业和客户之间、和上下游供应商之间进行订单信息的传递和沟通，节约了沟通的成本，提高了沟通效率，降低了出错率；同时，冷链运输车辆上都会安装 GPS 定位系统，能够实施监控司机的运输路线和货物的运输位置，为货物的安全高效送达提供帮助。

日本对冷链运输的每个环节都非常注重技术的运用，例如生鲜食品的供应、冲洗、加工、冷藏、运输、配送、销售等环节的冷链控制，对每个环节进行温度控制和管理，确保生鲜食品运输的整个供应链都能够在冷链状态下运输，注重研究低温流通设施和冷链机械研发，目前机械产品和自动化产品的普遍使用已经使日本冷链物流属于低成本的物流行业，中国还在起步阶段，应该借鉴日本在此方面的经验，注重使用冷链物流的机械化和自动化设备，注重前期研发和资金投入，才能得到持续的利润。

（四）发达的冷链设备和技术做支撑

冷链物流发展的基础就在于冷链仓库的建设和冷藏车辆的使用。日本在进行冷链运输时，对冷链运输工具的使用要求非常严格。普遍使用冷冻车和保冷车两种运输设备。冷冻车除了使用机械冷冻方法对货物进行冷却外还要在运输过程中对货物进行温度的实施监控，一旦发现温度发生大幅度变化就可以通过数据收集系统判断故障。保冷车利用自身装置就可以保持低温而不需要制冷装置，同时还配备有 GPS 装置可以对车辆进行实时定位，保证车辆准时运输到目的地，降低因为不准时到达造成的损耗。

另外，日本在货物末端配送过程中还设置冷冻、冷藏、恒温三种温度进行分别配送，在包装材料上也使用绝热性能好的，保证货物在配送中的优质状态，因此还被称为世界上最高水平的冷链物流配送。

三、日本东京湾区冷链物流发展分析

（一）东京湾区自然环境和经济环境分析

东京湾区位于本州岛中部太平洋海岸，是围绕东京湾发展的都市圈，东西

两侧被千叶县和神奈川县包围，包含东京都、崎玉县、千叶县和神奈川县一都三县，面积占全国的3.5%，GDP总量却占全国的三分之一。

东京以金融服务、对外贸易、高科技产业为主，经济繁荣，为湾区的冷链物流业的发展提供经济支持，现代物流业主要集中在湾区的横滨和千叶；同时东京湾区也非常注重科技创新，有东京大学、筑波大学等世界一流高校做支撑提供人才支持，促进冷链物流的技术发展。

日本国土面积狭小，资源有限，只能依靠海湾大力发展制造业和对外贸易，依赖进出口业务和运输业务。日本以制造业立国，自由贸易体制和经济全球化之所以如此成功，一方面依赖于东京湾区的自然条件优势，东京湾深入内陆80km，是天然的优良深水港湾，又和平原地区紧密相连，特别适合仓储和工业区的建设。另一方面东京湾区良好的港口群布局，也是湾区经济成功的必要因素之一，东京湾区拥有东京港、横滨港、川崎港、千叶港、木更津港和横须贺港六大港口，同时还拥有大量产业专用码头，东京湾两侧京滨和京叶两大工业地带基于其临海的优势，形成了大规模的产业集聚和高效的大规模的进出口，成为世界上最先进的新型工业地带。湾区六大港口和湾区内的六大城市（东京、横滨、川崎、千叶、木更津、横须贺）形成的港口群和城市群相互促进发展。

东京湾的六大港口还能从全球进口大量的消费物资以满足东京大都市圈的大量需求，例如粮食、水果等产品，湾区内设有庞大的仓库群，支撑着东京湾区高质量的大规模消费。

（二）东京湾区的规划发展分析

东京湾区虽然在自然环境上有着得天独厚的优势，但是另一方面东京湾区的成功离不开日本对湾区的重要规划。

日本湾区港口的成功建设，港口间的良性互通都离不开国家的战略规划，1951年，日本政府就颁布了《港湾法》设置港口管理机构，制定了全国港口的长期发展规划和地方对应港口的长期规划。1967年港湾局又提出了《东京湾港湾计划的基本构思》，将东京港，千叶港、川崎港、横滨港、横须贺港、木更津港、船桥港等港口进行整合，形成能够与世界其他港口竞争的港口群。

港口群的有效互通和集聚效应使得东京湾区各大港口的吞吐量长期居于世界前十，六大港口在进行独立经营的过程中又互通互联，形成不同的职能和优势互补效应，例如东京港主要是商品进出口港，是输入型港口和集装箱港；千叶港是能源输入港和工业港。

东京湾的港口为经济交流提供了良好的场所，同时提供了对外交流的门户，使得港口城市的开放程度提高，提升到国际化城市的氛围，并且港口城市的国际化效应能够辐射到周边，为整个地区带来开放和包容。

东京湾区内的一都三县包含着大大小小的城市，要想保持各个城市之间的长期有效沟通，必须有对应的政府部门主导，更离不开缜密而详细的规划。日本有着衔接各种部门不同规划的政策研究机构智库，能够对整个地区的整体有效把握，并且有着长期的研究规划和发展方案。

（三）东京湾区人才培养分析

东京湾区高校资源丰富，拥有263所高等学校，占日本高校总量的近三分之一，其中有应庆大学、武藏工业大学，横滨国立大学等知名研究型高校，这些高校可以为冷链物流的发展输送高层次人才。东京湾区内的高效和产业特别重视产研结合，从20世纪80年代开始就形成了一套科学的“产学研”体系，为冷链物流企业的发展提供了实践支撑。

湾区内的冷链物流企业也特别重视对冷链物流科技的创新和人才的培养，企业内部会设立专门负责人才储备和培训的部门，也会邀请知名高校教师或行业内专家为企业员工进行培训。

另外，日本湾区对从国外引进人才也专门制定了具体的人才引进政策，例如购买国外实验室、在国外设立研发机构等。

第三节　国外湾区冷链物流发展对粤港澳大湾区的启示

一、完善粤港澳大湾区冷链物流法律法规，加大政府投入和政策支持

近年来，中国对冷链物流也高度重视，并出台了一些针对冷链物流的相关政策，要求各省加快建设以低温冷藏储存和运输为主要方式的农产品冷链系统，在重点农产品生产区域建设冷冻和冷藏仓库、有冷冻和冷藏能力的批发市场和农贸市场，对农产品冷链运输的整个环节进行冷藏保鲜，在大型屠宰场和肉类批发市场配备冷藏库，从而实现冷藏配送。

目前，政府出台的冷链相关政策法规有《冷链物流分类与基本安全》《食品安全法》《道路交通安全法》《冷链物流发展规划》等，但是这些法规政策

对于冷链物流行业针对性不是很高，实施起来也比较困难，未来政府还会出台一些比较具体的、操作性强的政策法规，促进冷链物流的规范化、法制化发展。

粤港澳大湾区作为世界级的国家规划的湾区，应该在冷链物流法规政策方面有先行的试点义务，湾区政府组织应该有一定法规自治权，针对湾区经济进行冷链物流的政策制订，例如在冷链物流车辆的运营标准方面可以在国家政策基础上进行制订，针对国家在《冷链物流发展规划》中的规划目标制订政策；还有针对冷库的温度分级标准，生鲜农产品运输过程的控制标准等，都可以在粤港澳大湾区制订详细、可操作的标准和法规政策，配合严格的监管，在粤港澳大湾区进行试运行，对全国冷链物流的发展将有非常大的示范作用。

二、加强粤港澳大湾区冷链物流基础设施建设

强大的冷链物流基础设施建设是提高冷链物流运行效率和发展水平的前提条件，粤港澳大湾区相关部门应该利用湾区发展优势进行冷链物流基础设施的建设。可以以政府投资为主，结合和湾区内冷链物流企业进行合作建设冷链物流场地和设备，如产品供应端冷库的建设、农产品批发市场的冷藏设施投资、冷链运输车辆的补贴等，推动粤港澳大湾区冷链物流企业积极参与基础设施建设。

粤港澳大湾区冷链基础设施建设小而分散，如产品供应地、批发市场、低温配送中心物流节点的冷藏设施建设，这些设施主要分散在生鲜食品主产地区、大型蔬菜基地、大型肉类储藏基地等，没有形成一个系统，在冷库建设上还有很大的缺口。基于此，粤港澳大湾区应加快冷库基础设施建设，一方面可以鼓励湾区内冷链物流企业在现有低温冷藏库基础上，通过技术改造，建设一批先进高校的冷藏和冷冻库，提高现有冷库水平和质量；另一方面在政府引导下，通过扩建、新建，大量增加冷库数量和容量，在冷链运输主干线的物流节点上形成与之相配套的冷藏仓库设施。同时，鼓励冷链物流企业在广州、深圳、佛山、东莞等湾区节点城市周围建设一批用于中转和分拨的低温配送中心，用来满足湾区内居民的日常生鲜农产品、水产品等的配送需求，形成一体化的冷链物流配送体系。

有了冷库和配送中心做支撑，还必须有对应匹配的冷链运输车辆，才能保证产品在全程冷链流通的环境下配送到客户手上，粤港澳大湾区应该针对运输车辆给予企业适当的补贴，鼓励物流企业购买冷藏车，广泛使用全程温湿度自

动检测和控制设备，提升服务质量和服务能力；鼓励生鲜产品加工、流通和销售企业购买冷链运输车辆，推动湾区内生鲜产品冷链运输的比例，降低损耗。

三、制定和完善粤港澳大湾区冷链物流标准体系

随着市场经济的发展，我国物流行业虽然取得了一定的进步，冷链物流的概念也逐渐被企业和市场接受，但是我国冷链物流发展相对于发达国家仍然有很大的差距，冷链物流行业标准缺失，虽然近几年农业部等各部门也先后颁布了一些冷链相关标准，如《冷冻食品的包装、标志、运输和储存》《易腐食品机动车辆冷藏运输要求》《农产品冷链物流发展规划》等，但是还有不少漏洞，也没有形成一定的标准体系。

粤港澳大湾区覆盖香港、澳门两个特别行政区和广东省广州、深圳、珠海、佛山、惠州、东莞、中山、江门、肇庆九个城市，湾区的概念刚刚被人们熟知，湾区经济处于发展初期，湾区的冷链物流也没有形成一个区域型的整体，更没有建设一定的针对粤港澳大湾区的冷链物流标准体系，这方面属于目前欠缺但亟须去完成的重要任务。

粤港澳大湾区属于中国开放程度最高、经济活力最强的区域之一，冷链生鲜食品市场需求越来越大，越来越多的企业加入冷链行业，给粤港澳大湾区冷链物流的发展带来新机遇。虽然市场和资本对冷链物流的关注和投入都非常高，但是大多数政府和企业对冷链物流的认识多停留在宏观层面，对冷链物流标准的制定没有具体落实到产品上来，仅仅有个别的大型食品生产企业制定了一些自己的标准。

冷链物流标准是否完善直接关系着食品的安全问题和冷链的运输效率以及质量问题，粤港澳大湾区应该在国家冷链标准的基础上，参考国外湾区冷链标准体系建设的成功经验，结合粤港澳大湾区的自然条件和经济发展环境等，建立起适应粤港澳大湾区的，能够与国际接轨的冷链物流技术标准，例如修改和完善冷链运输温度控制标准、低温冷库冷冻和冷藏温度范围标准、冷链物流能耗标准、冷藏车辆标准、冷链商品包装标准、冷链物流设备叉车、货架、托盘等的使用标准、仓库低温装卸平台标准、冷链物流各环节对接标准等，推动粤港澳大湾区的冷链物流向标准化、规范化、专业化发展，建立起示范带头的先行作用。另外，粤港澳大湾区还应该建立起湾区冷链物流标准的执行制度和监管体系，制定相应的标准体系后使企业和冷链各相关部门都能够按照标准执行，保障湾区内冷链物流水平。

四、大力支持第三方冷链物流企业的发展，提高行业集中度

向第三方物流企业发展和转变是物流行业的发展趋势，也是冷链物流行业的发展趋势，粤港澳大湾区应该借鉴美国和日本湾区的成功经验，鼓励和支持第三方冷链物流企业的发展，支持经营生鲜农产品的生产企业、批发市场、销售企业将仓储和运输等冷链物流业务外包给第三方企业，支持第三方物流企业通过企业合作、企业联盟、兼并重组等方式扩大规模，形成几家实力雄厚的冷链物流企业，引进国外先进第三方物流企业的经验，提高冷链物流企业的行业集中度。

产业集聚可以促进企业的相互融合，提高技术创新能力，粤港澳大湾区应该支持建设冷链物流相关园区，促进传统物流和冷链物流的融合，形成集仓储、运输、金融服务、售后服务为一体的冷链物流产业园区，为冷链物流企业之间的相关合作、技术创新提供良好的基地和政策支持。

五、加强冷链物流信息化运用和冷链物流信息平台建设

日本在冷链环节的信息控制和收集方面做得比较成功，粤港澳大湾区也应该借鉴日本的成功经验进行信息化建设，实现冷链物流各环节资源的共享。加强射频识别技术（RFID）、地理信息技术、物流网、大数据等信息技术在冷藏车辆和冷库中的运用，对其进行温度的实施控制和状态跟踪，保证生鲜等产品从源头到消费者全过程的冷链控制和跟踪，提高冷链产品的质量与安全，提高冷链物流效率。

近几年，传统物流行业已经在探索建立大型物流信息平台，通过互联网进行车货资源匹配，但是冷链物流货量小、车辆资源也少，很少有针对冷链物流建设的信息平台，互联网是实现信息平台化的重要工具，加强粤港澳大湾区“互联网＋”冷链物流信息服务平台建设是目前粤港澳大湾区需要亟须建设的一项工作，冷链物流企业或信息服务企业可以针对粤港澳大湾区的生鲜产品生产者、大型批发商、销售商等建立集冷链仓储、运输、加工、包装、配送、金融服务等为一体的信息服务平台，形成生鲜等产品的规模化效应，将整个冷链物流链条上的上下游企业和客户资源进行整合，实现对冷链运输车辆和货物的全过程跟踪，更好地为湾区内企业和客户提供冷链服务。

六、借鉴国际湾区冷链物流人才培养策略

从国际湾区日本和美国的冷链物流人才培养方案来看，创新型人才是冷链物流发展的基本条件之一，虽然冷链物流行业属于劳动密集型产业，劳动人员数量多，但是粤港澳大湾区应该从高层次创新型人才、科技型人才着手，在重视发展冷链物流企业的同时，重视对教育的投入，加强对冷链紧缺型人才的培养，一方面，粤港澳大湾区政府应该鼓励湾区内冷链物流企业和高校进行密切合作，组织学生到企业进行实践和重点培养，建立长期的校企合作机制；另一方面，政府应该把冷链相关人才引进放在重要位置，完善激励人才的税收政策、改善引进人才居住条件和环境、医疗服务、出入境服务等，探索海外人才绿卡制度、增加针对高层次人才的税收优惠政策。最后，粤港澳大湾区内香港地区高校众多并且教育水平较高，广州、深圳等地区可以和香港进行合作，吸引香港高校来内地建设分校，借助香港国际化水平较高的优势，培养冷链物流相关国际型高层次人才。

参考文献

1. 安久意．我国冷链物流标准化现状及发展思路研究[J]．标准科学,2010(7):9－13.

2. 陈宝丹．广东省农产品绿色物流系统构建及其运作模式研究[J]．中国农业资源与区划,2016(8):198－203.

3. 陈继．建立预冷站是搞好蔬菜运输工作的关键[J]．铁道运输与经济,1987(3):30－32.

4. 陈满,向秦,魏香梅,等．“互联网＋”背景下我国冷链物流与互联网产业融合及实施路径研究[J]．科技经济月刊,2017(12):25－28.

5. 陈丙成．我国航空冷链物流信息化发展研究[J]．空运商务,2017(10):12－15.

6. 陈佳怡,徐菱．我国物流信息化的现状和发展前景分析[J]．物流科技,2016(6):25－28.

7. 陈艳丽．日本冷链物流扩张之路[J]．中国邮政报,2017(5):1－2.

8. 曹小曙,杨景胜,廖望．全球机场群空间格局及其对粤港澳大湾区的启示[J]．城市观察,2017(6):35－44.

9. 曹乔松,赵根华,李志．中山市融入粤港澳大湾区交通一体化的思路及对策[J]．交通与港航,2018(2):36－41.

10. 崔瑞玲．基于物联网的蔬菜冷链物流配送体系构建[J]．内蒙古科技与经济,2016(11):18－19.

11. 崔冬．《粤港澳大湾区规划纲要》带来的物流机遇[J]．中国物流与采购,2019(5):20－21.

12. 常燕宁．我国水产品冷链物流标准化推进实施策略研究[D]．北京:北京交通大学,2015.

13. 程丽林,范志强,张长峰,等. 我国农产品冷链物流标准体系构建的思考[J]. 物流工程与管理,2016,38(7):8-11.

14. 窦涛,刘彩红. 浅谈国际湾区经验对粤港澳大湾区建设的启示[J]. 商业经济,2019(6):31-32.

15. 邓焕彬. 构建粤港澳大湾区一体化交通体系[J]. 中国港口,2017(5):56-59.

16. 大公网. 粤港澳大湾区内地城市居民人均消费支出(2017)[R/OL]. [2019-02-19]. http://www.takungpao.com/finance/236131/2019/0219/248997.html.

17. 傅文刚,甘卓霞. 广西北部湾经济区农产品冷链物流的机遇与挑战[J]. 中国物流与采购,2019(15):33-34.

18. 冯佳. 广东省珠三角地区蔬菜冷链物流供需情况探析[J]. 特区经济,2014(9):77-79.

19. 耿如花. 道路运输对物流产业发展的影响研究——以陕西省为例[D]. 西安:长安大学,2010.

20. 高贵侠,李学工. 我国医药冷链物流发展问题分析及建议[J]. 物流技术与应用,2013,18(10):150-152.

21. 郭笑筱,岳治强. 论香港冷链物流物业价值应用在国内物流行业中的可行性[J]. 冷藏技术,2016(2):21-24.

22. 葛春凤,黎文峰. 促进粤东西北农产品冷链物流发展的对策研究[J]. 创新研究. 2018(5):6-19.

23. 郭锡铎. 肉类产品概念设计[M]. 北京:中国轻工业出版社,2008.

24. 葛运飞. 政策市场利好,冷藏车市场前景依旧广阔[J]. 专用汽车,2019(4):24-27.

25. 戈阳,周应恒,胡浩. 日本水产品冷链物流发展及对中国的启示[J]. 世界农业,2017(6):181-190.

26. 广东统计信息网. 2018 年广东国民经济和社会发展统计公报[R/OL]. [2019-03-04]. http://stats.gd.gov.cn/tjgb/content/post_2207563.html.

27. 黄本新. 基于冷链物流供给模型的生鲜电商探索[J]. 工程技术研究,2018(8):65-69.

28. 洪丽. 生鲜电商背景下冷链物流发展现状及对策[J]. 安徽广播电视大学学报,2018(2):28-31.

29. 何静,张歆祺,宗传宏.连锁超市生鲜食品冷链物流网络构建与优化研究[J].广东农业科学,2011,38(22):166-169.

30. 霍青梅.连锁餐饮行业冷链物流现况及发展趋势[J].物流技术与应用(货运车辆),2011(4):69-71.

31. 黄桂媛,胡存贵.广西发展水产品冷链物流的对策研究[J].太原城市职业技术学院学报,2018(7):26-28.

32. 何诚颖,张立超.国际湾区经济建设的主要经验借鉴及横向比较[J].特区经济,2017(9):10-13.

33. 黄建初,李崇高,陈嘉仪.广东生鲜农产品冷链物流发展的SWOT分析[J].广州城市职业学院学报,2018(9):21-24.

34. 侯秀英,丁和水,黄莹.冷链物流人才培养探析[J].物流工程与管理,2018(9):177-179.

35. 郝丹.国际水产品冷链物流优化[D].青岛:中国海洋大学,2009.

36. 航空翻译网.国际机场理事会:2018年世界机场货邮吞吐量20强排行榜[R/OL].[2019-04-16].http://www.aviation.cn/2019/0416/49851.html.

37. 金芯名.生鲜农产品电商冷链物流研究[D].武汉:华中师范大学,2017.

38. 贾卫丽.连锁超市生鲜食品冷链物流问题探析——基于食品质量安全的视角[J].惠州学院学报(社会科学版),2012(5):30-34.

39. 蒋惠,马万太,孙万成.基于GIS的肉品全周期质量安全追溯系统设计[J].机械制造与自动化,2017(4):174-177.

40. 姜华.我国肉类产品检疫问题分析及对策[J].轻纺工业与技术,2018(3):68-72.

41. 孔维宏.粤港澳大湾区城市群陆路交通一体化的问题与对策[J].城市观察,2018(2):52-63.

42. 刘涛.电子商务环境下茂名农产品冷链物流运作体系优化途径研究[J].物流工程与管理,2017(3):91-94.

43. 刘旷.农产品冷链物流成各方竞逐"新战场"[J].物流技术与应用,2019(S1):20-22.

44. 刘悦,程丽林,张长峰,等.关于冷链物流标准体系示范省建设的思考——以山东省为例(下篇)[J].保鲜与加工,2018(6):150-156.

45. 刘创.制度视角的粤港经济合作模式研究[D].沈阳:沈阳师范大学,

2018.

46. 刘淼．肉类产品营销渠道与模式研究[J]．商,2016(6):109.

47. 刘炳城．我国冷链物流标准化发展研究[J]．物流技术,2018(4):13－15.

48. 刘雪雪,李倩,杨志鹏．生鲜农产品冷链物流及标准化对策分析[J]．物流工程与管理,2017(7):98－99.

49. 刘彬,孟祥燕,李辉,等．蔬菜流通体系的优化思路与对策分析[J]．河北企业,2016(2):62－63.

50. 李学工．冷链物流管理[M]．北京:清华大学出版社,2017.

51. 李学工,张媛．我国农产品冷链物流标准化体系的重构[J]．标准科学,2015(7):48－53.

52. 李学工,孙晓云．我国农产品冷链物流标准化的整合研究[J]．台湾农业探索,2015(6):35－39.

53. 李光集．从十九大精神看农产品批发市场未来转型发展方向[J]．上海商业,2019(4):27－30.

54. 李家莉．商品条码与条码标准化的发展探究[J]．科技经济导刊,2019(13):235.

55. 李晓西,潘建成．中国绿色发展指数的编制——《2010中国绿色发展指数年度报告——省际比较》内容简述[J]．经济研究参考,2011(2):36－64.

56. 李俊毅．水产品冷链物流标准体系构建研究[J]．标准科学,2019(4):80－83.

57. 李丽平,张莉,张彬,等．国际三大湾区经验可资借鉴[J]．中国环境报,2019(5):1－2.

58. 李明贤,卿凯．美日两国农产品冷链物流的发展及对中国的经验启示[J]．农业经济,2018(10):124－126.

59. 李华,冯国苓．海南自贸区背景下冷链物流管理人才培养探析[J]．物流工程与管理,2019(2):135－143.

60. 梁瑞华．农产品批发市场持续发展能力研究[J]．现代商贸工业,2019(9):137－138.

61. 廖江军．珠三角农产品冷链物流配送交易中心项目策划书[D]．广州:华南理工大学,2014.

62. 罗健,叶晓琳．粤港澳综合交通运输体系的完善对跨境水上高速客运业务的影响探析[J]. 珠江水运,2013(21):78-81.

63. 雷声海. 解读CEPA为香港物流业带来的机遇和挑战[J]. 当代港澳,2005(1):27-32.

64. 黎江韵."一带一路"建设背景下,粤港澳大湾区的发展与挑战[J]. 特区经济,2018(10):41-46.

65. 芦春荣,张子文. 关于实现物联网技术优化冷链物流管理的探讨[J]. 全国流通经济,2018(3):15-16.

66. 林晓佳. 基于计算机网络技术的沿海地区冷链物流管理系统研究[J]. 信息系统工程,2017(12):48.

67. 苗露. 医药冷链物流外包决策问题研究[D]. 天津:天津工业大学,2018.

68. 苗洁莹. 农产品冷链物流标准化体系构建研究[J]. 现代营销(下旬刊),2018(8):110-111.

69. 马小雅. 互联网+背景下广西生鲜农产品冷链物流发展对策分析[J]. 商业经济研究,2017(3):212-214.

70. 民航资源网. 2018年全球50大机场吞吐量排名[R/OL]. [2019-01-15]. http://news.carnoc.com/list/477/477819.html.

71. 牛晓迪. 广东省水产品出口所面临的问题与对策[J]. 中国外资,2013(16):25-25.

72. 庞彪. 粤港澳大湾区的物流机遇[J]. 中国物流与采购,2019(6):32-33.

73. 綦琦. 构建粤港澳机场新网络 创新临空经济新模式[N]. 中国民航报,2018-10-18.

74. 祁雁凌. 中日冷链物流发展状况对比研究[J]. 商,2016(4):273.

75. 祁雁凌. 广东省冷链物流行业发展情况研究[J]. 农村经济与科技,2017(1):111-112.

76. 渠晓阳. 医药物流中心全面升级的挑战与应对策略[J]. 物流技术与应用,2017(10):136-139.

77. 阮晓波. 粤港澳大湾区港口融合发展研究[J]. 广东经济,2018(11):28-33.

78. 任芳. 冷链包装技术及其升级发展[J]. 物流技术与应用,2018(S1):18-21.

79. 宋帅邦．中国药品流通体系的现状、问题及发展方向[J]．物流技术，2019(2):5－10.

80. 宋金芳,王宋涛,李鲤．汕头湾区融入粤港澳大湾区的挑战、思路和对策[J]．中国发展,2019(3):77－81.

81. 沈俊宇．区域冷链物流配送中心选址及配送路径优化研究[D]．成都:西南交通大学,2018.

82. 沈绍基．日本冷库业发展状况[J]．物流技术与应用,2008(8):80－83.

83. 搜狐网．中物联冷链委2018冷链物流相关标准情况分析报告[R/OL]．[2018－12－29]．http://www.sohu.com/a/285549895_608787.

84. 田洪燕．绿色物流绩效评价及其影响因素分析[D]．南昌:江西财经大学,2018.

85. 田丛．广东省发展水产品冷链物流的对策研究[D]．湛江:广东海洋大学,2016.

86. 田华,周瑞琪,朱柏青．发达国家冷链物流发展的成功经验及启示[J]．价格月刊,2016(4):68－71.

87. 唐宋元．珠三角港口群协同发展模式研究[J]．港口经济论坛,2014(2):13－17.

88. 唐红军．国外关于湾区经济的理论与实践及其对粤港澳大湾区的启示[J]．特区经济,2019(2):48－50.

89. 陶琴,汤霞．珠海港冷链物流发展研究[J]．中国市场,2017(19):186－187.

90. 童楠．我国农产品冷链物流模式选择研究[D]．北京:首都经济贸易大学,2018.

91. 谭琴．西安市批发市场主导的农产品冷链物流运作模式研究[D]．西安:西安建筑科技大学,2013.

92. 腾讯网．《粤港澳大湾区(城际)铁路近期建设项目》(征求意见稿)[R/OL]．[2019－4－16]．https://new.qq.com/omn/20190508/20190508A09ASF.html?pgv_ref=aio2015&ptlang=2052.

93. 腾讯财经．粤港澳大湾区居民生鲜消费能力惊人 618京东物流助力在线消费升级需求[EB/OL]．[2019－4－16]．https://finance.qq.com/a/20180614/031824.htm.

94. 王玉．连锁餐饮企业的冷链物流升级[J]．物流技术与应用,2018

(S1):38－39.

95. 王玉. 餐饮冷链悄然兴起"共享"模式[J]. 物流技术与应用,2017(S2):20－23.

96. 王富民. 粤港澳大湾区为物流业发展带来新机遇[J]. 中国物流与采购,2017(24):29－30.

97. 王瑶. 广东省冷链物流发展现状与对策[J]. 商场现代化,2017(4):32－33.

98. 王晓思. 基于绿色度的冷链物流配送路径优化研究[D]. 北京:北京交通大学,2017.

99. 王向民. 完善物品编码标准体系的应用研究[J]. 条码与信息系统,2018(1):27－29.

100. 王嵬. 生鲜农产品冷链物流的标准化问题研究[J]. 现代经济信息,2016(15):338－339.

101. 王硕. 京津冀协同发展背景下河北省物流信息平台建设研究[D]. 石家庄:河北科技大学,2017.

102. 王忠伟,赵芳妮. 基于模糊综合评价法的农产品冷链绿色物流综合评价研究[J]. 华中师范大学学报(自然科学版),2015(4):546－550.

103. 王大军. 从冷链物流需求看冷藏车市场发展[J]. 专用汽车,2018(5):56－59.

104. 王紫昀,朱紫薇,郝雅茹,等. 基于可视化技术的生鲜水果冷链追朔机制研究[J]. 中国自动识别技术,2018(4):66－68.

105. 王身相,邱东怡,李灯艺. 我国冷链物流标准建设情况分析[J]. 北京城市学院学报,2018(2):77－81.

106. 王磊,何思学. 世界三大湾区人才发展对粤港澳大湾区人才战略高地建设的启示[J]. 人才资源开发,2019(5):15－16.

107. 吴传淑. 中美农产品冷链物流对比[J]. 世界农业,2015(7):43－44.

108. 徐学才,罗湘建,孙逊,等. 基于物联网的铁路冷链物流园区信息平台构建[J]. 物流技术,2017(3):138－151.

109. 徐剑,刘文钊,唐卫宁. 我国水产品冷链物流发展瓶颈及对策研究[J]. 现代经济信息,2018(1):381.

110. 徐助胜. 我国连锁超市生鲜品冷链物流存在的问题及对策[J]. 企业家天地,2013(9):24－25.

111. 熊靓. 我国居民食物消费特征及影响因素研究[D]. 北京:中国农业科学院,2016.

112. 向丽. 关于加快我国农产品冷链物流标准化建设的思考[J]. 标准科学,2009(4):61－65.

113. 新浪财经. 粤港澳大湾区:GDP 可排全球经济体第 13,股票市值全球第 2[R/OL]. [2019－02－19]. http://finance.sina.com.cn/roll/2019-02-19/doc-ihqfskcp6555482.shtml.

114. 西江网. 粤港澳三地合作守护"舌尖上的安全"[EB/OL]. [2019－03－17]. http://www.xjrb.com/2019/0317/409417.shtml.

115. 杨荻. 电子商务环境下农产品 O2O 运作模式研究[J]. 特区经济,2017(7):70－72.

116. 杨伶俐,丁蒙依. 浅析连锁超市食品冷链物流系统协同配送模型研究——以联华华商超市生鲜配送为例[J]. 物流工程与管理,2014(11):50－52.

117. 颜博. 中小餐饮连锁企业物流配送研究[D]. 昆明:云南大学,2016.

118. 姚卓顺. 苏州华润万家连锁超市生鲜冷链物流研究[D]. 南京:南京理工大学,2013.

119. 元晓鹏,黄大明,汪超. 珠三角港口群发展现状评述[J]. 交通企业管理,2017(6):19－22.

120. 严雪晴."一带一路"下广东农产品冷链物流人才培养模式与路径[J]. 物流科技,2019(6):171－173.

121. 袁媛. 数据中心管理标准化依据——国际标准化体系分析[J]. 通信与信息技术,2017(4):48－50.

122. 原玲玲,王贝贝. 我国生鲜农产品进口贸易增长的成因及趋势分析[J]. 中国流通经济,2017(12):58－66.

123. 尹德凤,张莉,张大文,等. 生鲜肉类产品中腐败细菌研究[J]. 农产品质量与安全,2018,(3):23－31.

124. 喻庆芳. 生鲜农产品国际冷链物流网络节点选址优化与风险评价研究[D]. 昆明:昆明理工大学,2015.

125. 于海食,张庆芬,林秀旎,等. 广东省制药企业的空间分布特征与集聚区识别[J]. 中国药物经济学,2018(4):107－110.

126. 余碧仪,黄何,王静雯. 国际三大湾区科技人才发展经验对粤港澳大湾区的启示[J]. 科技创新发展战略研究,2019(6):45－50.

127. 余蕾. 粤港澳大湾区物流体系构建及协同发展[J]. 发展改革理论与实践,2017(7):14-20.

128. 闫茹. 粤港澳大湾区战略下交通一体化建设研究[J]. 经贸实践,2019(12):278.

129. 央广网. 粤港澳大湾区快速交通网络正在加快形成[EB/OL]. [2019-04-02]. http://www.cnr.cn/gd/ygsy/20190402/t20190402_524565009.shtml.

130. 粤港澳大湾区研究院. 世界500强,20家在粤港澳[EB/OL]. [2019-07-02]. http://www.dawanqu.org/2019/7-25/2NMDE0MTlfMTQ5OTc2Nghtml.

131. 张良卫,黄建明,曾亮兵. 区域物流学,发展与管理[M]. 武汉:武汉大学出版社,2012.

132. 张建奎. 物联网技术在农产品冷链物流平台上的运用分析[J]. 中国市场,2017(32):137-138.

133. 张玉洁. 连锁超市生鲜品冷链物流优化研究[J]. 教育教学论坛,2013(6):147-148.

134. 张文峰,张小花,刘芹,等. 广东省生鲜农产品产后环节布局研究[C]. 中国农业资源与区划学会学术年会. 2013.

135. 张院萍. 屠宰监管"扫雷行动",让肉类产品质量更安全[J]. 中国畜牧业,2017(13):22-23.

136. 张于贤,黄鑫,韩文胜等. 基于熵权——灰色TOPSIS方法的农产品绿色物流发展评价研究及应用[J]. 江苏农业科学,2018(16):319-322.

137. 张曼婕. 云南省医药冷链物流发展研究[J]. 合作经济与科技,2018(21):59-63.

138. 张广敬. 冷链物流标准化工作的研究与实践[J]. 全国流通经济,2017(24):24-26.

139. 张根苗,黄祥国,谈剑. 冷链物流信息化系统的构建[J]. 科技创业月刊,2013(9):85-88.

140. 张辉,房亚群. 现代信息技术在冷链物流监控系统中的应用分析[J]. 无线互联网科技,2014(12):25-27.

141. 张璐遥. 广东省水产品冷链物流现状分析[J]. 经贸实践,2017(2):152-153.

142. 曾艳英. 粤港澳大湾区背景下物流人才培养研究[J]. 智库时代,2019(9):215-218.

143. 曾艳英. 珠江三角洲地区生鲜农产品冷链环境保护技术[J]. 福建农业,2015(4):161-162.

144. 曾艳英,陈鹏. 珠江三角洲地区生鲜农产品冷链运输安全技术研究[J]. 中国市场,2015(28):29-30.

145. 曾艳英,陈涛. 广东省农产品冷链物流技术改进分析[J]. 农业与技术,2015(16):37-39.

146. 周玉涛. 合久必分,医药物流"裂变"[J]. 中国药店,2018(1):86-87.

147. 周权驹,许桂莲. 我国农产品批发市场发展形势及对策建议[J]. 现代园艺,2019(5):48-50.

148. 周朝晖,曹倩,王世民. 生鲜肉类产品可追溯系统研究[J]. 食品工业,2017(12):207-211.

149. 周知宇. 粤港澳大湾区背景下珠海市物流业发展探析[J]. 物流工程与管理,2019(8):30-31.

150. 郑舒. 冷藏车行业面临五大发展困境[J]. 专用汽车,2018(9):29.

151. 赵爱臣. 粤港澳大湾区的航运发展机遇[J]. 中国远洋海运,2018(1):78-79.

152. 赵皎云. 中国冷链物流标准化建设的现状及方向[J]. 物流技术与应用,2019,24(S1):40-42.

153. 赵皎云,王玉. 关于中国生鲜冷链物流标准化建设的思考——访上海安鲜达物流科技有限公司副总裁牟屹东[J]. 物流技术与应用,2019,24(S1):50-52.

154. 赵皎云. 标准化是医药冷链物流行业发展的必由之路——访国药集团物流有限公司副总经理张世元[J]. 物流技术与应用,2019,24(S1):53-55.

155. 赵帅,李学工. 生鲜电商冷链物流发展瓶颈及标准化体系构建[J]. 山东商业职业技术学院学报,2016(4):9-12.

156. 赵伟鹏. 打造粤港澳大湾区国际高端人才集聚区[J]. 珠海特区报,2019-04-16.

157. 朱琴. 水产品冷链物流技术现状及对策研究[J]. 经贸实践,2017(9):148.

158. 朱虹,孙广芝,王淑敏. 传感器及传感数据分类与描述标准化研究[J]. 标准科学,2018(12):126-129.

159. 钟嘉毅．国际湾区经验及其对粤港澳大湾区建设的启示——基于SLEPT的分析[J]．北方经贸,2018(9):5－7.

160. 仲颖．从中外对比中看我国冷链物流发展的“冷”与“热”[J]．对外经贸实务,2012(12):90－92.

161. 中国经济网．广东省推进粤港澳大湾区建设领导小组印发《广东省推进粤港澳大湾区建设三年行动计划(2018—2020年)》[EB/OL]．[2019－07－05]．http://www.ce.cn/culture/gd/201907/05/t20190705_32537032.shtml.

162. 中物联冷链委.2018年中国冷链物流标准目录手册[EB/OL]．[2019－09－02]．http://img.lenglian.org.cn/Other/pdf/2018/0905/1669504.pdf.

163. 中物联冷链委.2018年全国冷链物流百强企业名单[EB/OL]．[2019－07－04]．http://www.lenglian.org.cn/news/2019/26849.html.

164. 中国冷冻食品行业网．食品标准不能“自打乱仗”[EB/OL]．[2017－3－24]．http://www.freezefood.cn/news.asp?cid=%D0%D0%D2%B5%B1%EA%D7%BC&csid=%B1%EA%D7%BC%B6%AF%CC%AC&aid=75714.